高等教育选择论

GAO DENG JIAO YU XUAN ZE LUN

李枭鹰 著

中国社会科学出版社

图书在版编目（CIP）数据

高等教育选择论/李枭鹰著.—北京：中国社会科学出版社，2011.8
ISBN 978-7-5161-0277-0

Ⅰ.①高… Ⅱ.①李… Ⅲ.①高等教育—研究 Ⅳ.①G64

中国版本图书馆 CIP 数据核字（2011）第 223982 号

责任编辑	张　红
责任校对	李　莉
封面设计	郭蕾蕾
技术编辑	戴　宽

出版发行　中国社会科学出版社
社　　址　北京鼓楼西大街甲 158 号　　邮　编　100720
电　　话　010—84029450（邮购）
网　　址　http://www.csspw.cn
经　　销　新华书店
印　　刷　新魏印刷厂　　装　订　广增装订厂
版　　次　2011 年 8 月第 1 版　　印　次　2011 年 8 月第 1 次印刷
开　　本　880×1230　1/32
印　　张　12
字　　数　325 千字
定　　价　36.00 元

凡购买中国社会科学出版社图书，如有质量问题请与本社发行部联系调换
版权所有　侵权必究

序

大凡对高等教育历史有所了解的人,都不难体悟出:高等教育史就是一部高等教育选择史。从历史的长河看,高等教育结构的完善、高等教育功能的拓展、高等教育政策和制度的演进、大学理念的嬗变、大学课程的调整、大学教学模式的变革等,无不渗透着人类主体的能动选择。人类主体对高等教育所做出的种种历史性努力与抉择,不仅改变着高等教育,同时也改变着人类社会以及人类自身。今天,只要用理性的眼光审视高等教育走过的历程,我们就不难发现或判断:在既定的时空背景下或历史的限度内,人类主体的选择正确与否,在很大程度上决定着高等教育的发展状态和未来走向。如此判断的逻辑性和学理性解释是,人类通过自觉的、能动的、合规律的选择,不仅可以改变影响高等教育发展的内外部条件,而且可以改变各种条件发生作用的方式,形成和建立新的高等教育运行秩序,进而改变高等教育的演化发展轨迹。

尽管人类主体选择之于高等教育的意义如此彰显,尽管人类主体之于高等教育的能动选择早就开始了自己的征程,但作为一个专门话题或学术概念,主体选择一直以来并没有引起国内高等教育理论研究者或高等教育学太多的关注。鉴于高等教育选择这种尴尬的研究现状和学术地位,也缘于一种对主体选择所怀有的特别情愫，寻找机会系统而专门地研究高等教育选择，一直是我的一个梦想和夙愿。20世纪80年代末以来，这个话题一直在我心头萦绕，数次萌生抽专门时间研究它的念头，但又数次因特殊的历史原因抑或一些莫名的理由而将其搁浅。近十年来，中国的高等教育发展迅猛，走过了不平凡的历程，取得了令世人瞩目的成就，当中无疑也经历了各种影响高等教育改革与发展进程的抉择。今天回过头去看，当中不少的选择是理性的，也有不少选择是非理性的，还有一些选择起初是理性的，但到后来则异化成非理性的。比如说，多渠道获取办学经费或教育资源，可谓是创建高水平大学的一种内在需求。然而，一些大学为了从外部世界获取尽可能多的经费支持，以牺牲自身的内在逻辑为代价，开始毫无选择地迎合经济社会的发展需要，有的甚至甘愿充当某些经济组织的附庸和奴婢，完全置学术自由和大学自治而不顾，经典的大学理念遭受严重冲击甚至面临着丧失的危机，大学或高等教育的根基开始动摇。每每想起或看到此类非理性的高等教育事件或行为，我愈发觉得人类理性的主体选择之于高等教育改革与发展意义重大，愈益感到研究高等教育选择迫在眉睫。但近些年来，我因机缘巧合走上了高等教育管理岗位，日常管理事务缠身，很难有过去做纯学者般的闲暇与自由，自知要亲自完成这种艰巨的拓荒性研究已是很难，只能将其交予我的博士生们。

然而，我深知真正的学术研究不能强压，它离不开研究者内在的志趣。否则，任何学者都将难以忠诚于自己的学术，都将无法获得高品格的科研成果。通俗地说，如果你以学术为志业，那么你得尽量选择一个和自己趣味相投的学科、专业或课题。惟其如此，你才有可能将学术研究、日常生活以及生存意义融合在一起，真正达到学术与生命不分彼此的境界。为了找到志趣于高等教育选择研究的学生，2006年4月的一个周末，我特意组织研究生召开了一个主题为"高等教育的理论与实践：选择论的视角"的学术沙龙。当时的情景依然记得，沙龙气氛活跃，学子们积极发表了自己独特的认识和看法。回过头看，当时绝大多数人还只是列举一些简单的现象或问题，并未对高等教育选择作深刻的学理分析，也未触及高等教育选择的本质和核心。这次沙龙结束后，过了近两个月，没有发现有学生继续谈论高等教育选择问题，也没发现学生对此主题表现出学术兴趣。尽管如此，我依然希冀有学生愿意来耕耘这片充满荆棘的学术荒地。2006年6月底，我和我的几位博士生在逸夫楼大厅商讨博士论文选题问题，当时李枭鹰希望我能给他"指定"一个值得研究的主题。基于对李枭鹰的了解，也缘于我对高等教育理论研究的使命感，便建议他以"高等教育选择"为题作博士论文。

今天回过头想，让李枭鹰将高等教育选择作为博士论文主攻方向，与其说是我的一个"建议"，倒不如说是我的一种"有意安排"。说实话，让学生写"命题作文"，从来不是我的"嗜好"，更不是我的教育理念。对于毕业论文，我一贯崇尚学术自由，主张学生自己选题，尤其是学生选择本人感兴趣和喜欢的题目。关于这个问题，我非常赞同洪堡的说法，即"不是人自己选择的东西，人在其中只会处于受限制和被领导的地位，这种东西并不能内化为他的本质，它对他来说依旧永远是陌生的，他并不是真正用人性的力量，而是用机械的技巧来做这种事情"。当然，有时候我也会根据自己对学生的了解，让有些学生从事他们兴趣之外的学术研究，那是因为考虑到这样做，更能发挥他们的潜能和优点，同时也可能对他们未来的发展更为有利。这就是我对因材施教的另一种诠释和践行吧！李枭鹰来厦门大学高教所读博士之前，曾在广西民族大学的教务处、研究生处工作过八年，读博士期间又在该校的发展规划处工作，对大学发展定位、学科专业布局、课程设置、教学制度安排、教学方法改革、教学质量评估、人才培养模式选择等有丰富的感性认识与体验，深知科学的选择之于大学改革与发展的关键性意义。另外，他在大学本科和硕士研究生期间所学专业分别为教育管理、教育经济与管理，有比较扎实的教育学理论功底。考虑到这两方面的因素，我觉得让他对高等教育选择作学理性分析和研究，容易做到理论联系实际并获得理论与实践相结合的学术成果，容易避免犯那种简单的理论移植或嫁接以及常见的"假、大、空"的理论研究毛病。

诚然，让自己的学生研究高等教育选择，也带有相当的感性元素，甚或说还是一种比较"冒险"的决定。为什么这么说？因为对于选择学知识或选择理论，我没有太多的储备，只是在20世纪80年代末，与国内少数年轻的选择理论研究者有过一些接触而已，而我本人并未对选择理论进行过系统而专门的学习和研究。况且，作为哲学的分支学科，选择学在中国还不是一门成熟的学科，它在中国哲学界尚缺乏本应有的地位；尤其在某一特殊时期，它还曾是一个有争议的研究领域，几乎沦落为中国学术研究的"禁区"。正因为存在如此种种的客观原因，对于选择理论之于高等教育研究的意义和价值，我并没有太多的把握和自信，曾有过数次怀疑和自问，甚至到李枭鹰的博士论文最终答辩送审时，我依然还在担心它的"前程"。毫不谦虚地说，是李枭鹰的执著与行动，是他那初生牛犊不怕虎的学术勇气与自信，是他对跨学科理论的准确把握与灵活运用，才最终坚定我对这一选题的信心。历经两年多的艰苦跋涉

序

和辛勤耕耘，李枭鹰顺利地完成了他的博士论文——《高等教育选择问题探究》的写作，并获得了厦门大学优秀博士论文和中国高等教育学会第五届"高等教育学"优秀博士学位论文提名奖，这可以说已经达到甚至超越了我的预期目标。今天回过头来看，李枭鹰的学术勇气与自信是理性的，"建议"或"有意安排"他从选择论的视角研究高等教育无疑也是理性的。《高等教育选择问题探究》是国内第一篇也是迄今国内唯一一篇专门研究高等教育选择的博士论文，《高等教育选择论》一书正是由这篇博士论文稍加修改和拓展而成。该书能够得以出版，是对他所付出的劳动和汗水的一种肯定与尊重，我为此感到由衷的欣慰。

高等教育选择是一个包容性极强的研究领域，它触及高等教育的方方面面，诸如高等教育理念选择、高等教育道路和模式选择、高等教育制度选择、高等教育体制选择、高等教育政策选择以及大学的定位、学科专业设置、课程设置、教学方法选择、教育教学管理制度安排、教育质量评估指标体系的构建等。从以往的研究看，这些问题中的任何一个几乎都可以做成一篇博士论文或写成一部著作，不少问题甚至用多篇博士论文或多部著作都难以阐述清楚。正因为如此，李枭鹰的《高等教育选择论》没有沉迷于对这些问题进行具体的、罗列式的研究，只是有选择地回答了诸如"高等教育能否选择"、"高等教育是否需要选择"、"高等教育选择是否自由"、"高等教育选择的本质是什么"、"谁来选择高等教育"、"怎样选择高等教育"之类的最基本、最核心的问题。从学科理论体系的系统性看，这部著作似乎还不能完全承担起"高等教育选择"的认识与实践功能，也不能完全承担起"高等教育选择论"的自我认识和自我反省的功能。但毋庸置疑和令人高兴的是，

· 5 ·

高等教育选择论

作为一名年轻的高等教育理论研究者，李枭鹰已具有自觉构建自己分析框架的方法论意识，尝试性地构建了一个值得尊重的研究高等教育选择的框架，这意味着一个研究者开始走向理性和成熟。在这部著作中，作者刻画了高等教育演化发展的多样性与可选择性，解读了高等教育规律的统计性与非线性，剖析了高等教育选择主体的多元性与共生性，揭示了高等教育选择的关系性与两难性，诠释了高等教育选择思维的复杂性与系统性。在这部著作中，作者重新看到了高等教育世界不是简单的、机械的高等教育世界，而是复杂的、有机的高等教育世界，倾注着作者对高等教育世界新的系统性理解，这无疑是对高等教育的一种新的本体论解释。我相信该著作的出版，既能为希冀了解高等教育选择的人提供一个良好的学理平台，也能为高等教育工作者提供一种理性的选择思维。

高等教育选择是一个深刻的理论命题，更是一个复杂的实践命题。这种理论的深刻性与实践的复杂性的彼此关联和内在统一，意味着高等教育选择的理论研究必须立足于高等教育的选择实践，尤其是要观照特殊的高等教育实践。我始终认为，任何的高等教育研究都要立足于它的特殊性，因为这具有特殊的认识论和方法论意义。关于这一点，我在带研究生和指导学位论文时，特别地重视和强调。从世界范围看，每一个国家的高等教育都有自己的"特殊性"，都有自己的"本国特征"，这种"特殊性"和"本国特征"不仅是一个国家高等教育理论研究的出发点，更是一个国家高等教育实践选择的立足点。如果我们忽视或忘记了这一点，那么我们的研究就没有针对性，就是空泛的和模棱两可的，所谓的理论的普适性也就缺乏根基。中国的高等教育具有典型的"中国特征"，这是由中国

序

独有的政治、经济、文化、科技、地理、人口等条件决定的。这种"中国特征"的客观存在，要求中国的高等教育理论创新或实践选择，必须立足于中国的历史文化传统，立足于中国的政治、经济、文化、科技、地理、人口等环境，立足于中国的高等教育现实需要和社会现实需要。高等教育是需要刺激下的人为的产物，需要是高等教育变革与创新的根本动力。从历史的长河看，人类文明发展到今天，高等教育已不再是原来的那种社会发展的被动适应者，业已成为社会发展的引领者，立足于本国的实际，解决本国高等教育实践中的特殊问题，适应并超越社会发展的现实需要，为高等教育实践乃至社会发展需要提供一个富有前瞻性的理论体系和制度性框架，是世界各国高等教育研究创新的立足点和逻辑起点，也是高等教育选择理论走向成熟的最终标志。

高等教育选择是一个值得关注的研究领域，是一个颇为复杂的研究领域，是一个全新而永恒的研究领域，希冀有更多的学子和同仁能到这片土地上来播种和耕耘，大家共同努力一起去揭开高等教育选择的神秘面纱。另外，我赞同"真正的哲学在于重新学会看世界"（梅洛－庞蒂）的说法。运用选择学理论审视高等教育，具有这种认识论和方法论的意义。作为一种全新的分析和研究视角，它可以修正我们过去对高等教育发展机械而片面的认识，帮助我们准确把握和深刻理解复杂的高等教育世界，积极推动高等教育改革与发展。诚然，作为一个复杂的研究领域，高等教育选择犹如一座庞大的"庐山"，要透视它和识得其真面目，离不开非线性的循环考察和解释，即不仅需要系统的视野，也需要多维的视角。从选择论的视角考察高等教育选择是我们的一种尝试，真诚地希望有众多的学者能从其他的视角来研究高等教育选择。因为同样的问题与现象，从不同的视角分析，会具有不同的意义。更何况，百家争鸣，方能繁荣学术；百花争艳，才能形成共生的百花园；多视角研究，方可丰富高等教育选择的理论园地。

是为序。

厦门大学副校长　邬大光

2010年2月28日

目 录

绪 论 ……………………………………………（1）
 一、选题缘起 ……………………………………（1）
 二、研究意义 ……………………………………（5）
 三、文献综述 ……………………………………（13）
 四、方法论选择 …………………………………（24）
 五、本书框架 ……………………………………（41）

第一章 高等教育选择研究的理论支点 ………（44）
 第一节 高等教育预成论与进化论辨析 ……（44）
  一、宇宙世界的预成论与进化论之争 …………（45）
  二、进化论视野中的高等教育 …………………（51）
  三、进化论思想对高等教育选择研究的
    方法论意义 …………………………………（56）
 第二节 高等教育的复杂性与可选择性 ……（58）
  一、高等教育的复杂性 …………………………（58）
  二、高等教育的可选择性 ………………………（70）
 第三节 高等教育的可预测性与可控制性 …（72）
  一、不同类型系统的可预测性水平 ……………（73）
  二、高等教育的可预测性水平 …………………（77）

三、高等教育的可控制性水平 ……………………（83）
第四节　高等教育的自发秩序论与社会干预论 ………（87）
一、"自发秩序"的根性解读…………………………（88）
二、干预社会系统的"合法越界" ……………………（92）
三、自发秩序与社会干预并非发展高等教育的
　　"死结"…………………………………………（95）

第二章　高等教育演化的选择性 ……………………（101）
第一节　高等教育结构的演化与选择 ………………（102）
一、动态考察高等教育结构 …………………………（102）
二、高等教育结构演化的多维解读 …………………（105）
三、功能选择导向下的高等教育结构演化 …………（123）
第二节　高等教育功能的演化与选择 ………………（126）
一、高等教育功能的形成与释放 ……………………（127）
二、社会需要刺激下的高等教育功能选择 …………（138）
第三节　高等教育演化的目的性与选择性 …………（144）
一、社会系统演化的目的性 …………………………（144）
二、高等教育演化的目的性与选择性 ………………（147）

第三章　高等教育选择的规律性 ……………………（152）
第一节　两种范式的截然对立 ………………………（153）
一、非决定论：否认教育规律的客观性 ……………（154）
二、决定论：肯定教育规律的客观性 ………………（160）
第二节　教育规律的属性与特征 ……………………（167）
一、不同决定论视野中的规律观 ……………………（170）
二、教育规律的特性与定位 …………………………（181）
第三节　高等教育选择的自由与必然 ………………（194）

一、选择与自由的关系 …………………………………（194）
　二、主体选择的限度 ……………………………………（196）
　三、高等教育选择与教育规律的辩证关系 ……………（199）

第四章　高等教育选择的本质与特征 ……………………（202）
　第一节　高等教育选择的本质 …………………………（203）
　　一、选择之界说 …………………………………………（204）
　　二、高等教育的界说 ……………………………………（213）
　　三、高等教育选择的本质解读 …………………………（219）
　第二节　高等教育选择的基本特征 ……………………（227）
　　一、高等教育选择本质上是一种关系选择 ……………（228）
　　二、高等教育选择主要表征为一种非经济的
　　　　集体选择 ……………………………………………（230）
　　三、高等教育选择的实现过程是合乎目的
　　　　与合乎规律的辩证统一 ……………………………（234）
　第三节　高等教育"两难现象"与"两难选择" …………（238）
　　一、高等教育"两难现象" ………………………………（239）
　　二、高等教育"两难选择" ………………………………（242）
　　三、高等教育"平衡选择观" ……………………………（246）

第五章　高等教育选择主体构成及其关系 ………………（253）
　第一节　高等教育选择主体的历史变迁 ………………（254）
　　一、中世纪欧洲：大学基本上都是教会的
　　　　侍女和附庸 …………………………………………（254）
　　二、文艺复兴到宗教改革：大学控制权从教会向世俗
　　　　政府转移 ……………………………………………（261）
　　三、民族国家兴起至"二战"结束：大学逐渐演变成

· 3 ·

国家政府的工具 ……………………………………（264）
　　四、"二战"结束到全球化时代：大学由政府的附属
　　　机构逐渐转变为政府的服务机构 ……………（267）
　第二节　高等教育选择主体间关系的构建 …………（271）
　　一、高等教育选择主体间的"实然"关系 …………（271）
　　二、高等教育选择主体间的"应然"关系 …………（281）
　第三节　高等教育主体选择权的生态架构 …………（291）
　　一、多元主体治理的高等教育系统 ………………（292）
　　二、高等教育治理权力的"三角架构" ……………（294）
　　三、高等教育治理权力的"生态构型" ……………（298）

第六章　高等教育选择的复杂性思维 …………………（304）
　第一节　高等教育选择的非线性思维 ………………（305）
　　一、用非线性思维审视复杂系统 …………………（305）
　　二、非线性思维中的高等教育选择 ………………（310）
　第二节　高等教育选择的整体思维 …………………（323）
　　一、还原论思维的历史命运 ………………………（323）
　　二、整体思维中的高等教育选择 …………………（329）
　第三节　高等教育选择的关系思维 …………………（339）
　　一、关系思维的本质解读 …………………………（339）
　　二、关系思维中的高等教育选择 …………………（344）
　第四节　高等教育选择的过程思维 …………………（355）
　　一、过程思维的理路 ………………………………（355）
　　二、过程思维中的高等教育选择 …………………（358）

后　记 ……………………………………………………（364）

绪　论

选择不仅是高等教育领域的普遍现象，也是高等教育领域的必然行为。从选择学的视角看，高等教育史就是一部高等教育选择史：一部高等教育选择主体不断增多的历史，一部高等教育主体选择权分散和集中相互交迭变化的历史，一部高等教育不同主体为获取选择权不断斗争的历史；一部高等教育选择客体日益丰富和多样的历史；一部高等教育选择环境日趋变幻莫测的历史；一部高等教育结构在功能选择导向下不断优化的历史，一部高等教育功能在个体需求和社会需要刺激下不断提升的历史。事实上，在社会的其他各个领域，选择又何尝不是如此普遍和必然。可以毫不夸张地说，选择无处不在，选择无时不在。我们无须去寻找它，只需去揭示它。

一、选题缘起

美国学者莫里斯有句至理名言："活着就是选择一些事物，放弃另一些事物，中立是选择正在形成的那一个片刻。单单坚持中立的自我则是死亡了的自我。"[①] 莫氏之意非常明确，即

---

① ［美］C. W. 莫里斯：《开放的自我》，上海人民出版社1965年版，第11页。

高等教育选择论

存在就要选择,选择才能存在,才能着实体现生命的意义。我们也坚信,人生就是在不断地选择,而且快乐与否在于能否有权选择,成败与否也往往在于能否很好地把握"分叉点",即身处"十字路口"能否作出正确的选择,抑或说把握好关键性的选择。选择对个人是如此,对整个人类社会的存在与发展又何尝不是如此!事实上,这还只是对选择的一种狭义理解,仅仅是局限在社会领域言说选择的意义和作用。假如我们将视野从社会领域拓展到广阔的自然领域,就会发现选择所蕴含的意义和作用更加复杂和深刻。为了便于直接阐述问题,也便于理解问题,我们暂时先从狭义的人类主体选择切入和说起。

  站在历史的长河看,选择之于个体和社会的意义是客观的,是显见的,是永恒的。作为一种特殊的活动方式,选择几乎从最遥远的时空上就开始了自己的征程,可谓是人类社会亘古的主题和生生不息的主旋律。然而,在相当长的一段时间内,无论在哲学话语里,还是在常识性观念中,选择几乎都没有被看成是一个"具有人本的、存在意义的、最普遍的、最基本的概念"[①]。亦即说,作为一个概念范畴,选择在很长的一段时间内没有引起哲学的广泛关注。这并非因为选择的意义不够彰显,也不是哲学"有意"忽视了它的存在,而是因为人的本质力量还没有得到足够的发挥,选择本身的研究与发展还不足以引起哲学的注意。这种尴尬的局面到科技获得相当发展的近代社会才得以逐步改观,人类也直到此时才真正自觉地意识到选择特有的魅力和作用。大凡某事物的作用或价值一经被发现,它在人们心目中的地位也将随之改变。选择的作用和价值一旦被人们所认知,它就必然要求享有一种与此以前不同的待

---

① 周书俊:《选择论》,中央编译出版社2006年版,第1页。

遇，必然要求在常识性观念乃至哲学话语中确立自己原本应有的地位。历史与逻辑也近乎一致地显示，随着科学技术的不断发展，人类认识世界和改造世界能力的提高，人的本质力量的逐渐释放，人类主体意识的日渐觉醒，以及人类从"必然王国"向"自由王国"的迈进，带有"目的设定"和"价值导向"的选择必然会进入人们探求的视野，成为包括科学和哲学在内的诸多学科关注和考察的对象。不过，作为一个理论或实践命题，选择最终成为人们关注的对象和探究的领域来得稍晚了一些，与它应有的地位和作用很不相称。这可谓是一件令人感到遗憾的事。

随着科学和哲学领域研究选择的兴起，教育选择和以选择性为主要特征的主体性教育逐步成为教育理论界关注的"热点"和"焦点"。20世纪80年代起，"教育选择成为西方国家教育体制变革浪潮中的热点问题，教育学、经济学、政治学等不同领域的学者都从不同角度对这个问题进行了研究"[①]。针对政府干预教育过多的现状，有关研究主张减少政府对教育的干预，释放和归还学生和家长应有的教育选择权。然而，政府对教育的干预究竟应该控制在什么程度却存在很大的分歧，不同学者因所持的观点和态度不同而形成了不同的派别，诸如"教育公共选择学派、教育市场选择学派和主张教育市场化、私营化的激进学派"[②]等。在不同理论学派的指导和支持下，各种教育选择运动遍及世界各国，不同教育主体特别是受教育者及其家长的自觉意识和能动价值得到了前所未有的彰显，人们对教育的理解也随之而进入新的境界。受西方国家教育选择

---

① 翟静丽：《西方教育选择理论述评》，《外国教育研究》2006年第2期。
② 同上。

运动及其研究的影响,"20世纪80年代初开始,主体性教育逐渐成为我国教育界特别关注的焦点问题之一"①。与此相关的研究,从不同的维度和层面揭示了"教育的性质类似农业,而绝对不像工业"②的本相,让人们逐步认识到教育的发生学意义和过程性质,高扬了受教育者自主学习、自我探究的主体能动地位。毫无疑问,这也是我国教育界探究主体选择的开始,但此时的教育选择研究尚处于萌芽状态,并没有像西方国家那样成为专门的研究领域,相关研究也只是触及到了教育选择问题的"边缘",距离揭示教育选择的本质与规律尚远。

反观国内当时的成果不难看出,多数研究带有明显的呼吁教育界重视"受教育者"的主体性的倾向,过多地将探求的目光聚焦于"受教育者"身上,因而很多研究成果虽能抓住主体性教育的实质或内核,但也难免略显偏颇和狭隘。他们中的不少人犹如新大陆的发现者们一样,见到的只是一两个"半岛"或"海湾",未能给人们一幅完整的主体性教育"地图"。明确地说,他们在张扬和强调"受教育者"的主体性的同时,却无意识地将"教育者"和"管理者"的主体性搁浅了,造成了新的教育主体性缺失,研究成果的"图案"和"色彩"也

---

① 关于我国当代主体性教育理论的源起,学术界公认的时间是20世纪80年代初期。在社会整体大环境呈现出对人的主体性褒扬的背景之下,教育界对传统学生的被动地位进行了反思。其中,1981年所提出的"学生既是教育的客体,又是教育的主体"的说法和此后的论述,可谓是有关主体性教育理论的最早提法。但是,在"学生是教育的主体"的命题提出之后的很长一段时间内,教育理论界对"主体性教育"的理解基本上停驻于教学过程中师生关系的"主导与主体"关系的讨论。到20世纪80年代末,主体性教育理论走出了教师和学生谁是主导、谁是主体的狭隘区域,开始在教育基本理论研究的层次上思考"学生是教育的主体"问题。(参见温正胞《知识观的变化与主体性教育的发展》,《教育研究与实验》2003年第3期。)

② 杜草甬:《叶圣陶教育文集》,河南教育出版社1989年版,第363页。

因此而欠完整和丰富。

　　从一种极端走向另一种极端，自然还是一种极端。教育的主体是多元的，我们不能为了突出某类教育主体的主体性或选择权，而忽视了其他类教育主体的主体性或选择权，理应让所有的教育利益相关者的主体性或选择权都能够获得合理释放。当然，要做到这一点的确不容易，现实中各类教育主体的选择权被遮蔽甚至被扼杀的事情时有发生，教育选择经常表现为一种少数人的选择和异化了的"单向选择"。问题是如此突出，而又如此重要，我们必须设法走出"单向选择"的误区，牢固树立"双向选择"甚至"多向选择"的理念，从不同教育主体间的平等对话以及主客体间的互动关系去理解教育选择的本质，按选择规律推进教育选择实践，以达到促进教育健康发展的目的。从某种意义上说，主体性教育研究之不足和教育选择研究的缺乏，不仅为我们探究高等教育选择提供了理由，也为我们研究高等教育选择创造了机会和预留了空间。

二、研究意义

　　无论从事什么样的科学研究，总免不了要追问其原由，即所谓的意义和价值所在。从以往的经验看，不同主体从事科学研究的动因和目的通常是不尽相同的，或因为它与"个体的生存相关"[①]，或纯粹为了"闲逸的好奇"，或因为"它对国家有着深远影响"[②]，抑或因为其他。本人之所以要研究高等教育选择问题，既同我的工作经历和生活体验有关，也有"闲逸的

---

　　① 庞振超：《1949—1998年中国大学人文学科变革研究》，博士学位论文，厦门大学，2006年版，第1页。

　　② ［美］约翰·S.布鲁贝克：《高等教育哲学》，浙江教育出版社2002年版，第15页。

好奇"的情怀,但主要在于它对高等教育乃至国家、社会有着深远的影响。

研究高等教育选择不仅具有特殊的认识论意义,而且具有重要而显见的实践论意义。具体来说,从选择学的视角研究高等教育,可以修正我们过去那种对高等教育演化发展所持的机械而片面的认识,有助于我们把握高等教育的复杂性和多样性,从而提升高等教育理论与实践研究的品位,促进和深化高等教育的改革与发展。如再直接点说,本人之所以要研究高等教育选择,主要源于主体选择与高等教育乃至整个社会的诞生、生存、发展密切相关。如此推理的逻辑很简单,即如果我们不明了"高等教育选择"的意义和价值所在,那么阔论"研究高等教育选择"的意义和价值就没有根基。也就是说,要彻底阐明"研究高等教育选择"的意义和价值,就不能不从"高等教育选择本身"甚或"人类主体选择"的意义和价值论起。

(一)社会进步离不开人类主体选择

第一,主体选择是社会历史领域的普遍现象。从世界范围看,自人类社会诞生以来,无论是生产工具的变革、生产方式的变迁和社会制度的更迭,还是文化和科技的进步,抑或是在解决矛盾和冲突中采取和平与协商的方式,还是采取战争与强制的手段,无一不渗透着人类主体的选择。即使是各种社会关系的建立,同样也是人们按照自身的需要选择的,只不过人们又不得不按照自己所选择的各种社会关系来选择自己、并使自己适应之而已。从某个国家或地区看,主体选择同样是普遍存在的。中国自鸦片战争反对英国侵略起,相继发生的太平天国起义、甲午中日战争、戊戌维新变法、义和团运动、辛亥革命、五四运动、抗日战争、国内革命战争等,无一不体现着中国人民对国家前途与命运的能动选择。再从历史的长河看，"人离开狭义的动物越远，就越是有意识地自己创造自己的历史，未能预见的作用、未能控制的力量对这一历史的影响就越小，历史的结果和预定的目的就越加符合"①。无数的事实也证明：人类正是通过各种各样的能动选择而改变历史作用的条件和方式，从而改变历史作用的过程和结果，最终使结果与目的"越加符合"。

第二，主体选择是社会历史领域的必然行为。人类社会是动态发展的，在社会发展的不同时刻，总会出现多种"发展方向"和多种"发展可能"，即使在相同的时空条件下，社会的政治、经济、文化等的发展方向或发展可能，也往往不是唯一的，因此人类在通向未来的交叉路口或分叉点上，必须做出何去何从的抉择。即便我们当时还无法获得一个确定无疑的答案，但我们也必须尽力找到一个大致的答案并作出选择，因为变动的时空永远"不会停下来等我们对所有否定的答案都打完叉子，对所有肯定的答案都划完对勾以后再继续前进"②。我们必须不断地主动选择，否则不确定性和不稳定性将犹如无法驱赶的"幽灵"，充斥整个社会发展过程。当然，历史与现实中的人类并没有放弃选择，社会也不是完全不确定的，它不仅存在可以理解的秩序和规律，也表现出了相对稳定的发展趋势。人类通过各种能动的选择不断地否定自我、完善自我，实现了社会历史的一次又一次超越，譬如农业时代对原始生产时代的超越，工业革命对农业时代的超越，信息革命和知识经济

---

① 《马克思恩格斯选集》第4卷，人民出版社1995年版，第274页。
② [美] E. 拉兹洛：《进化——广义综合理论》，社会科学文献出版社1988年版，第133页。

对工业革命的超越。如果我们把每一个时代的崩溃描述成人类文明的"分叉",而每一次文明超越则可视为"分叉"时人类主体的能动选择。从这个意义上说,社会发展史就是一部"人类通过自我选择和环境选择而诞生的历史"[①],一部通过选择螺旋式向前推进的历史。

(二) 人类认识和反映世界离不开主体选择

当今世界是如此纷繁复杂,又如此气象万千和变化无穷,如果我们不有所选择,就根本无法清晰地认识和反映事物。从认识论或反映论的视角看,选择是反映过程一个不可或缺的环节,也是反映过程深入展开的前提。众所周知,反映是一个不断深化的过程,即是一个由个别事物(或事物的个别属性和特征)反映事物的普遍联系(或事物的一般属性和特征)的过程,一个从事物的片面而浅层的反映到全面而深层的反映的复杂过程。我们不可能一次把一切事物或事物的一切方面都反映到意识中来,要反映就必须有所选择,否则反映过程就不能顺利实现。现代认知心理学也认为,人处于大量信息的包围之中,但人在某一特定时刻攫取和加工的信息是有限的,只能攫取和加工其中的一部分信息,这就存在信息的识别和选择问题。研究发现,选择是以人脑中已有的知识和知识结构为依据的,人现有的知识和知识结构不仅决定着人在环境中选择哪些事物加以认识,同时也决定着人选择认识对象的哪些属性和特征来加以理解。

面对复杂纷繁和气象万千的客观世界,我们只有通过各种能动的选择,才能"从多元中筛选出一元,从互斥中印证互补,从相对中掌握绝对,从环境中观照系统,从部分中发现整

---

① 王振武:《开放的选择:选择学引论》,三联书店1990年版,第8页。

绪 论

体，从结构中改变功能，从振荡中感到稳定，从竞争中找寻协同，从混沌中觅出有序，从破缺中审视对称，从随机中看到稳定，从偶然中表现必然，从可能中过滤现实，从形式中反思内容，从现象中透视本质，从结果中追溯原因，从有限中窥视无限，从瞬间中领略永恒，从伪似中辨识真谛，从虚无中洞察意义，从丑陋中体验美丽"[1]，从实践中抽象理论，进而揭示客观世界的本来面目。

（三）教育的演化伴随着人类主体的选择

作为一种独特的社会实践活动，教育的诞生、生存和发展，伴随着也离不开人类主体的选择。教育既是一种人为的产物，也是一种人为的存在。在可为、能为和允许为的时空背景下，人类怎样为，往往决定着教育怎样存在和如何发展。从本质上看，教育的人为就是教育主体乃至人类主体不间断地进行选择，而教育的实际运行和发展状态正是这种持续选择积淀的结果。从某种意义上说，"在历史的限度内，有什么样的教育选择，就会有什么样的教育"[2]。

第一，教育的产生离不开人类主体的选择。教育的产生或起源是教育理论界争论颇多和分歧较大的问题，长期的论争形成了劳动起源论、生活需要起源论、生物起源论、心理起源论等多种学说。从各种学说的理论内核看，彼此的立论虽然不同，各有各的主张，但彼此都传达着一条相同的信息，那就是教育的产生渗透着人类主体的选择。比如，劳动起源论认为，"教育起源于人类特有的生产劳动"[3]。在劳动过程中，人类传

---

[1] 王振武：《开放的选择：选择学引论》，三联书店1990年版，第8页。
[2] 张洪生：《教育选择：一个不容回避的教育命题》，《教育发展研究》2006年第5期。
[3] 顾明远主编：《教育大辞典》，上海教育出版社1997年版，第937页。

递生产经验和生活经验的实际需要，推动了人类教育的产生。既然是传递经验，就不可避免地涉及传递哪些经验、如何传递这些经验的问题。而传递哪些经验本身，又存在一个经验如何简化和净化的问题，巨细无遗或优劣不分地传递既无必要也不可能，而如何传递简化和净化后的经验则涉及传递方法的选择问题，教授无方则意味着经验传递的低效。又如，生活需要起源论认为，教育不仅是社会一切实践活动的需要，而且也是人类自身生产的需要。人类自身的生产，一方面以物质资料的生产为基础，另一方面又必须以教育为条件。人类参与社会生活所需要的经验、知识技能、生活规范等，都不是天然生就的，而是经过后天的学习而获得的，而且人类需要学习的经验、知识技能、生活规范等，通常都是经过认真筛选之后的"最有价值的知识"。再如，生物起源论认为，"教育是由生物进化而来"[①]，"动物为了保存自己的物种，本能地要把自己的'知识'和'技巧'传授给小的动物"[②]，这就是教育或教育的基础。与动物的"教育"相比，人类的教育不过是继承了动物的"教育"形式并使其获得了新的性质而已。我们姑且不论生物起源论是否科学，但此学说视野中的人类教育或动物"教育"，无疑渗透着深刻的选择思想。

第二，教育的发展离不开人类主体的选择。从世界范围来看，教育发展史就是一部人类对教育不断进行选择的历史，选择的路径和方式不同，教育的发展态势也往往各异。比如，中国先后学习日本、美国、法国、前苏联等的教育经验；美国先

[①] 喻本伐、熊贤君：《中国教育发展史》，华中师范大学出版社1991年版，第11—13页。

[②] 顾明远主编：《教育大辞典》，上海教育出版社1997年版，第1387页。

后借鉴英国、法国、德国等的教育经验；日本先后学习荷兰、法国、德国、美国等的教育经验；东南亚国家大多数模仿英国（也有模仿荷兰、西班牙的），其后又学习美国。总而观之，不同国家因选择学习的对象、方式和路径不同，各国高等教育所取得的发展与进步也截然不同。从具体的教育事件看，选择的意义和价值更是显而易见。比如说，当下世界各国的大学之所以千差万别，并非先天生就，而是不同国家或民族不同选择的结果。

（四）高等教育的生存与发展渗透着人类主体的选择

第一，主体选择是高等教育领域的普遍现象。高等教育不仅是社会系统的子系统，也是教育系统的子系统，社会选择或教育选择的基本原理自然也适用于高等教育选择。如同社会领域或教育领域一样，主体选择也是高等教育领域的普遍现象。只要我们把探求的目光在高等教育的纵横方向延展开来，会发现选择以各种不同的形式而存在，譬如高等教育结构的优化，高等教育功能的拓展，高等教育发展道路的寻找，高等教育理论的探索，高等教育体制的建立，大学办学目标的定位，大学学科专业的设置，教育评价指标体系的构建，教学内容与方法的攫取，不同师生关系的确立等，无不渗透着人类主体的认知、判断和取舍。反观大学发展史，中世纪大学走到今天发生了一系列重大转变：从整体看，大学结构从简单到复杂，大学功能从一元到多元；从局部看，大学理念从理想本位到视野多元，大学制度从松散到规范，大学教育政策从静态到动态，大学学科从单科到多科或综合，大学课程从古典人文到科学实用再到科学与人文融合，大学教学方式从传统经院到开放合作。大学发生的如此种种转变，绝非单纯的"自发秩序"的结果，当中充斥着人类主体能动的干预和控制，是大学自我选择与社会干预共同作用的产物。

第二，主体选择是高等教育领域的必然行为。系统科学揭示，如果系统在状态空间的某一处出现两个或多个可能的行动方案或路线，就必然面临着按哪一个方案行动或走哪一条分支路线的选择问题。大凡非线性系统的运行发展都可能存在多次"分叉"和多个"分叉点"，因而在其演化的全过程中会出现多次分叉选择，通过多次分叉选择把偶然性转化为必然性，把不确定性转化为确定性。高等教育属于非线性系统，它的外部环境多样而复杂，同时内部又存在分叉机制，因此它的未来发展存在多种可能性，而选择也就成为一种必然。否则，当高等教育系统演化到分叉点时，系统就会像自由电子一样始终处于不确定的游荡状态，其未来走向只能是完全随机性的。当然，事实并非如此，高等教育的运行发展存在相对稳定的逻辑轨道。之所以如此，源于高等教育的运行发展，存在诱导性对称破缺选择（环境选择）和偶然性对称破缺选择（自我选择），两种不同性质的选择共同促进高等教育从不确定状态过渡到确定状态，一道推动高等教育逐步从无序走向有序。

第三，高等教育的运行发展与人类主体选择之间的关联程度因时空条件不同而各异。譬如，在计划经济时代，高等教育的选择权只集中在一部分高等教育主体的手中，致使相当部分高等教育主体的智慧受到抑制；在市场经济时代，随着选择可能性空间的日益拓展，高等教育选择权逐步由集中控制转向分散拥有，此时高等教育的每一个利益相关者如何利用好自己的选择权就显得格外重要。因为选择权的分散拥有，意味着每个主体的命运得由自己的选择来决定和承担，意味着每个主体必须学会独立地选择，否则就难免在竞争中受挫乃至失败。也就是说，在计划经济条件下，主体选择之于高等教育的意义和价值是相当有限的。在市场经济条件下,高等教育主体的选择权逐步得到释放,人类主体的选择方式和选择水平决定着高等教育的发展水平和运行状态,因为在可能性空间十分广阔的情况下,不同的选择所导致的结果可能会截然不同。这就如同选择交通工具,本来可以选择飞机,你偏要选择火车或汽车甚至马车,其速度差距可想而知。广而论之,在人类选择意识相对淡薄和选择能力相对低下,特别是高等教育主体的选择权惨遭扼杀的时代,多元主体选择的整体效应往往难以得到彰显和释放。

诚然,高等教育选择不是完全自由的,也不是毫无条件的,它要受到各种主客观条件的制约,受到教育规律的支配。因此,脱离既定的时空条件和教育规律而侈谈选择,必将夸大主体选择的作用,最终难免陷入"唯心主体选择论"的泥潭。我们谈论主体选择,不能不讲教育条件,也不能不要教育规律,更不能因强调主体的能动选择性而否定教育的客观规律性。

三、文献综述

站在前人的肩膀上,才能比前人看得更远,这是一条被普遍认同的科学真理。学术首先是学"述",即要在自己关心的问题上,知道前人已经积累的知识,叙述别人已经取得的成果。用现代哲学家冯友兰的话说,就是先"照着说",然后再"接着说"。即使我们最后要达到"我注六经"的境界,但也要从"六经注我"开始[①]。科学研究具有历史继承

---

① "六经注我,我注六经",是内在关联的。学习六经,体会其中的道理并形成自己的理解就是"六经注我";在不断的学习中形成自己独特的认识,也就是"我注六经"。当然,从本质上看,"六经注我"的过程,就是"我注六经"的过程。——笔者注

性，若能踏着前人的足迹向前挺进，或踩着巨人的臂膀向上攀登，不仅可以让我们少走弯路，而且可以帮助我们攀得更高、看得更远。因此，从事科学研究不能没有历史感，不能无视前人的研究成果，否则原地踏步或绕圈子势所难免，甚至"容易导致重复前人研究，或者把前人已有的理论当作自己的发现"①。从这个意义上说，对相关文献进行梳理，通过"文本"或"类文本"的学习和借鉴，继承和扬弃前人的研究成果，在批判和反省中提升自己研究成果的品位，是科学研究不可跳跃的一站。

文献综述就像路标，它可以帮助读者识别研究的起源与进程，告诉读者哪些作品是未来研究最重要的根源。重温前人所做的研究，可以使研究者清楚地知道自己需要研究什么、可以研究什么。批判性文献综述犹如清晰的研究地图，它帮助研究者总结以前的研究信息，指导研究者以后的研究路线，推动研究或知识向更深层次发展。批判性文献综述的存在和呈现，研究者不必自称专家或著名学者，就会被认为是所研究领域的主要观点和争论、相关学科领域的主要理论及其应用以及本课题研究的进展状貌的知情者，它可以证明研究者的课题研究是必要的、理性的和有根基的。从世界范围看，大凡成功的学者都非常重视文献综述，也精于文献综述。

文献综述是学术创新的基石。为了今天的研究，也为了未来的研究，对过去所做的考察再做一些考察，不是多余的，而是必须的。有鉴于此，于海教授在研究西方社会思想史时精辟地论道："我们不能不读前辈思想家的著作，不能不吸纳巨人

---

① 邬大光、秦国柱：《在高等教育的实践中寻找理论的支点——关于高等教育研究与学科建设的几点思考》，《中国高教研究》1992年第3期。

绪 论

的气息。如果我们对社会学的遗产一无所知或知之甚少,恐怕很难有大的作为。我们的视野和思想深度必然受到限制;我们会犯本可以避免的或低级的错误;我们会忽视最吸引社会研究者注意的问题,而这些问题很可能是社会生活中最有意义的问题;我们自以为是的新观点也许早已为前人所提出。"[①] 于海教授的洞见是极其深刻的,它间接地揭示了文献综述的特殊意义。

正如一个偶次函数有正负根一样,文献综述同样具有正负双面效应,即既可以为后人的研究提供"养料",同时也可能框定甚至限定后人尤其是那些墨守成规者的视野。也就是说,"站在巨人的肩膀上才能比巨人看得更远"虽然具有较强的普适性,但并不意味着"站在巨人的肩膀上就一定比巨人看得更远"。道理很简单,如果你是一名学术近视者,纵然站到巨人的肩膀上也未必比巨人看得更远。尽管如此,我们也不能因此而否定文献综述之于科学研究的积极意义,更不能因此而废弃文献综述。毕竟科学在整体上是螺旋式向前推进的,是后浪推前浪或前浪带后浪式的。为此,我们不能将文献综述仅仅看成是"学术规范"的标志或现代式的"八股"学术要求,更不能像古代西方国家的船队利用海洋去寻找新大陆或东方的宝藏一样,只看到海洋的"工具意义",而毫不理会前人研究成果这片海洋本身的"宝藏价值"。

放眼当今学界,精于文献综述者确实很多,但拙于文献综述者也委实不少。当下不少论文的文献综述不同程度地存在以下三大问题:一是简单而不完整,仅用自己查阅到的局部研究

---

① 于海:《西方社会思想史》,复旦大学出版社2003年版,第5—6页。

代替整体研究，用某个历史片段的研究代替整个历史全景的研究；二是齐全而繁琐，集中表现为大量的相关研究文献及其观点的简单罗列，缺乏分析、判断、甄别和选择；三是没有展现研究成果演进的历史生态，不同类型、层次的研究成果以及不同阶段的研究成果是孤立的，缺乏关联论证。我们认为，真正的文献综述是批判性的，它不应是对以往研究成果及其内容的简单罗列和机械堆积，而应为读者或研究者本身提供一个相关研究的总体状貌，即揭示研究文献的生发过程，展现不同层次、不同类型和不同阶段之研究文献的逻辑历史生态，让读者一看，"就清楚它的起点性研究的状貌，生长性研究的状貌，发展性研究的状貌，突破性研究的状貌，总结性研究的状貌，并知道从哪里拓展新的研究境界，形成持续创新创造的成果"①。

（一）高等教育选择的专门研究

作为一个纯粹的理论问题，高等教育选择研究还基本处于"垦荒"阶段，国内尚未出版专门的论著。以"高等教育选择"为篇名或关键词的、直接的专门研究及其成果还鲜见，我们能依靠的直接研究成果不多。从可以考察到的资料看，曲恒昌的《西方教育选择理论与我国的中小学入学政策》、李守福的《教育选择及选择教育》、汪柱旺的《教育券、教育选择与教育公平》、刘精明的《教育选择方式及其后果》、彭未名的《论生存主义的教育选择》、张洪生的《教育选择：一个不容回避的教育命题》、唐德海和李枭鹰合著的《复杂性视野中的教育选择》以及翟静丽的博士论文《个人教育选择问题研究》、张洪生的博士论文《教育选择论》、

---

① 袁鼎生：《超循环生态方法论》，科学出版社2010年版，第500页。

英国学者杰夫·惠迪等的著作《教育中的放权与择校：学校、政府与市场》等，可谓是探讨教育选择的代表作。其中，《复杂性视野中的教育选择》和《教育选择论》两篇论文是运用选择学的一些基本原理解读教育选择问题的开端。但是，绝大多数研究只是在教育选择的"边缘"徘徊，距离教育选择的"中心"还有相当大的距离，可以说尚未触及教育选择的本质或核心，更遑论对高等教育选择进行专门而深入的研究了。从这个意义上说，对于高等教育选择问题，我们很难在方法上采用"从理论到理论"的研究范式和思维路径，必须另觅他途。

尽管直接的理论研究还鲜见，但间接的相关理论研究却不少，甚至用"汗牛充栋"来形容也毫不过分。假如我们以整个人类社会的发展历史为背景，以整个世界高等教育之网为考察对象，以某些典型或重大的高等教育现象或问题为"网结"，然后沿着这些"网结"进行刨根问底式的探索，不难发现人们对每个"网结"的研究都渗透着选择的意蕴，而且几乎所有的研究过程及其结论都带有某种价值判断与价值取舍的倾向。譬如，大学定位、学科专业设置、课程设置、教学方法改革等方面的研究，都可以视为"与高等教育选择密切关联的研究"。不过，这些研究大多数只触及高等教育的某个领域，或只是从某个点或某个面反映高等教育选择问题，基本上属于蜻蜓点水和浮光掠影式的，还算不上系统和深刻。虽说不少研究含有一些高等教育选择的思想元素，但元素毕竟只是元素，它们只是以零散的形式呈现和存在，任何单一的元素似乎都无法囊括高等教育选择的全部内涵，当然也不可能完整地描绘高等教育选择的全貌。我们希望通过系统整合和理论提升，将这些思想元素所散发出的火花会聚起来，形成系统而深刻的高等教育选择理论。

(二) 与高等教育选择相关的间接研究

作为选择的一种具体形式,高等教育选择虽有自己的特殊性,但也遵循一般选择学的基本原理。从这个意义上说,一般选择学以及相关的研究成果,都可以作为本研究的学术基础和重要参考资料。另外,与高等教育选择密切相关的公共选择理论和教育选择理论,无疑也是本研究的基础和平台。不过,我们必须看到:当下存在的教育选择理论主要是针对普通教育而提出的,高等教育是一个"独特的问题域",直接将一般意义的教育选择理论运用于高等教育虽说"安全",但有时也未免显得有点简单,因为"说一个内涵大而外延较小的概念(如高等教育)具有内涵小而外延较大的概念(如教育)的特性"[①] 是不会错的,也不会冒什么"风险"。比如,假若说"教育是一种培养人的活动"成立的话,那么"高等教育是一种培养人的活动"也必然成立,因为高等教育属于教育的范畴,高等教育的外延要比教育的外延小得多。当然,对于学术研究,我们也不是绝对地反对这种推导,只是提醒大家仅仅作与此类似的推演虽然很安全,但却是不够的。

1. 选择学及其相近的研究成果

选择作为哲学的一个专门研究领域,国内有关的论著不多,能够找到的论著有:王振武著的《开放的选择:选择学引论》、张卓民和宋曙合编的《一般选择学》、孙万鹏著的《选

---

① 逻辑学认为,你对一个事物的规定越多(内涵),符合规定的事物就越少(外延);你对一个事物的规定越少,符合规定的事物就越多。简言之,内涵越大,外延就越小;内涵越小,外延就越大。——笔者注

绪 论

择学》、周书俊著的《选择论》等①。与一般选择学相近的论著有郝立新著的《历史选择论》、钟国兴著的《社会选择论》、何建华著的《道德选择论》等，它们是以"历史唯物主义"和"唯物的主体选择论"为指导的研究成果。马克思主义创始人的精力和重点，虽然主要集中在揭示社会历史的客观规律性——创立历史决定论，但他们认为历史决定论与主体选择论是统一的。马克思和恩格斯认为，社会历史既是一种有客观规律可循的"自然历史过程"，又是一个体现着人们的自觉意识和能动创造的实践过程。列宁和毛泽东进一步发展了马克思主义创始人关于主体能动性、选择性的思想，在理论和实践层面实现了历史决定论与主体选择论的有机统一。唯物的主体选择论，不仅承认社会历史过程的规律性，也肯定人在历史过程中

---

① （1）王振武的《开放的选择：选择学引论》提出了一元和多元、互斥和互补、相对和绝对、系统和环境、整体和部分、结构和功能、稳定和不稳定、控制和反馈、竞争和协调、对称和破损、混沌和有序、随机和决定、原因和结果、必然和偶然、可能和现实、内容和形式、现象和本质、有限和无限等18对选择的范畴，并详细论述了每对选择范畴的辩证关系，此书还将选择划分为物质选择、思维选择、实践选择和文化选择四个不同的等级层次。（2）张卓民和宋曙的《一般选择学》对选择的普遍性、选择的必然性、选择及其基本特征和主要类型、选择过程的构成要素、选择的一般规律、选择的基本原则和选择的基本方法等问题进行了探索，在国内首次总结性地提出了选择的需要优势递degree 规律、选择的自由度拓展和收缩规律、选择的目标状态和现实状态矛盾运动规律、组织群体的选择悖谬和不可能定理。（3）孙万鹏的《选择学》以生活中的事例为研究对象，对选择的结构与功能、选择的主体与客体、选择的有意识与无意识、选择的目的论与非目的论、选择的真理标准与价值标准、选择的自由与必然、选择的决定论与非决定论等问题进行了阐述。但有学者认为孙万鹏的选择学理论只不过是用哲学的彩笔重新在"选择"这个画布上进行描绘一下而已，即没有对选择进行哲学的分析和论证，只是以固定的、简单的方式加以论述，因此停留在比较肤浅的表述层面。（4）周书俊的《选择论》对选择的逻辑起点、选择的依据、选择的主体、选择的客体和选择的实现等问题进行了系统研究，深刻回答了谁在选择、怎样选择、选择什么和如何选择等一系列逻辑问题，揭示了选择论的本质及理论和实践意义，极大地丰富了显得有点沉闷的哲学园地。——笔者注

的自觉能动性和选择性。具体的专门性的选择学著作，有武斌著的《人格选择学》、陈昌曙和远德玉著的《技术选择论》、马成立著的《信息选择学》、黄蓉著的《选择决定命运》、李德顺著的《选择的自我：一位哲学家眼中的人生》等，这些著作阐发的内容虽与本研究相距较远，但其研究方法与结论对本研究却有着重要的启迪和借鉴。

与国内选择理论的研究不同，国外的选择理论主要倾向于经济学和社会学研究，尽管也涉及政治学、哲学和自然科学的研究，但基本上都还处于发展和成熟之中。比如，国外对于选择与机遇关系的研究，大多是从社会历史的角度去分析的，以偶然性反对历史决定论，把偶然性与必然性割裂开来，认为社会历史的发展没有规律可循。周书俊博士将国外有关选择与机遇的思想归纳为三类：第一类是机遇决定论，以选择的多样性、偶然性，反对选择的能动性、规律性和必然性。只承认机遇是一种偶然性、一种机缘的巧合，并在历史中起着重大的作用，机遇决定一切，不承认历史的规律性和必然性。第二类虽然承认机遇偶然性及其重大作用，却否认历史规律的存在。这类观点相对比较缓和，可称之为中间道路，它实质上是否认选择的"合目的性"，看不到自我选择是自我完善、自我发展的过程。第三类既不承认偶然性，又不承认必然性的"宿命"，它实际上就是否认选择性，忽视了人的能动性以及随机性和偶然性对历史进程的影响。此种论点认为，一切都是命定的、无法回避的和更改的；如果要讲必然性，也只能讲宿命的必然性。[①] 当然，国外学者也有不少历史决定论者，他们承认人类历史发展的规律性，认为历史不是绝对的混乱或偶然，在人的

[①] 周书俊：《选择论》，中央编译出版社2006年版，第5—6页。

行为中存在着某种程度的可观察到的秩序和模式，存在可以部分或弹性预见的规律性，"人可以在力所能及的范围内自由地做出选择"①。

2. 公共选择理论的核心思想

公共选择理论产生于20世纪40年代末，形成于60年代末70年代初，是一种"利用经济学的分析工具专门研究非市场决策的经济学"②，它介于经济学和政治学之间，即将经济学运用于政治科学研究，对国家理论、投票规则、选民行为、政党以及管理体制等进行分析。主要代表人物和代表著作有邓肯·布莱克的《委员会与选举理论》、詹姆斯·麦吉尔·布坎南和戈登·塔洛克合著的《一致的计算》、丹尼斯·缪勒的《公共选择理论》、布坎南的《民主过程中的财政》等。其中布坎南与塔洛克合著的《一致的计算》首次对公共选择理论的基本问题进行了全面探讨，布坎南也因此而被称为"公共选择理论之父"，并于1986年荣获诺贝尔经济学奖。设在美国弗吉尼亚州乔治·梅森大学的公共选择研究中心是公共选择理论的学术"大本营"，大多公共选择理论的追随者都云集于此，而布坎南和塔洛克则是该中心的"学术领袖"。

公共选择理论的核心思想就是减少政府干预，提倡市场竞争。延展到高等教育领域，那就是减少政府干预，将竞争机制引入高等教育系统，打破政府独家提供高等教育的垄断地位，建立高等教育服务的市场化体系。在公共选择理论的视野中，公共教育服务的提供主体可以而且应该多元化，政府、社区、

---

① [英]阿诺德·汤因比：《历史研究》（修订插图本），上海人民出版社2002年版，第421页。

② 宋世明：《公共选择理论视野中的规则变革》，《中国行政管理》2004年第8期。

私人、第三部门、国际组织都可以提供。将市场竞争机制引入教育领域，不但可以提高公共教育服务的效率和质量，而且可以缓解政府的教育财政压力。"政府在界定产权和配置资源时所犯的错误，可以用市场中的自由交易的方法加以纠正。"① 公共选择理论有其合理性，但它是基于"公共物品"的政府选择失灵而提出的，因此将它直接移植到高等教育领域难免有不妥之处，因为高等教育属于"准公共物品"，兼具"公共物品和私人物品交混"的特性。因此，将高等教育完全交给市场或政府都不一定妥当，因为无论政府选择还是市场选择都有失灵的时候，而且准公共物品与私人物品、公共物品的供给规律是有区别的。

3. 西方教育选择理论的基本观点

教育选择思想并非今天才有，20世纪50年代，美国学者米尔顿·弗里德曼倡导的"学券制"，就包含教育选择理论的若干要素，但系统而深入的研究则肇始20世纪90年代初。主要代表人物及其代表作有：1991年美国教育经济学家亨利·莱文发表的《教育选择经济学》，埃德温·维斯特发表的《公立学校和过重的负担》，1997年道格拉斯·拉姆丁和麦克尔·明乔姆发表的《学校选择理论的回顾和前瞻》。②

教育选择理论是在全球经济市场化、文化生活多元化、个人需求多样化以及居民生活水平不断提高而公共教育质量日趋下降的形势下产生的。教育选择理论认为，人人享有政治、经济、文化、安全、言论等自由，享有自由选择政治、经济、文

---

① 盛洪：《现代制度经济学》上卷，北京大学出版社2003年版，第15页。
② 曲恒昌：《西方教育选择理论与我国的中小学入学政策》，《比较教育研究》2001年第12期。

化以及教育的权利。在本质上，教育选择权是"天赋的"，是一种不可剥夺的基本人权，实施和维护教育选择权，也就是维护人权。这种权利包括对学校类型的选择、对特定教育计划、教育形式或方式的选择以及对学校质量的选择。经济学中的消费者主权理论，是教育选择的最直接的理论基础。西方经济学家认为，物质生产的最终目的是满足消费者的需求。生产什么，生产多少，生产什么质量和规格的产品，都必须以消费者的需求为依据，即生产必须围着消费者转，消费者是真正的上帝，只有尊重消费者选择产品和服务的主权，生产活动才能正常进行并得以发展。"既然学校教育是一种产业，学生及其家长便是该产业所提供的服务的消费者，学校与学生及其家长之间便是教育产品的生产者（提供者）和消费者的关系，因此，学生及其家长有权对他们所应享受的教育的数量、质量、方式、方法等进行选择，政府应当尊重并满足他们的选择要求。"①

西方教育选择理论存在多种不同的流派，如教育公共选择理论学派、教育市场选择学派和教育完全市场化学派等。教育公共选择学派坚持，政府要资助教育并直接提供教育服务，教育选择应在公立学校范围内进行；教育市场选择学派认为，政府只需资助教育，没有必要参与教育服务的生产，学生和家长可以通过教育凭证以及其他类似的制度形式在公立和私立学校之间自由选择；教育市场化和私营化的激进派认为，教育服务的生产、供给与一般私人服务一样，可以完全通过市场方式进行，学生和家长可以通过完全市场化的方式在私立的、以营利

---

① 曲恒昌：《西方教育选择理论与我国的中小学入学政策》，《比较教育研究》2001年第12期。

为目的的教育服务机构之间自由选择。① 不难看出,西方教育选择理论主要探讨的是"择校问题",对于"整个教育选择问题域"而言,仅仅是"冰山一角"。但毫无疑问,西方的教育选择理论已经涉及教育选择的诸多核心问题,比如政府、学校、家长、学生等不同选择主体的关系问题。

四、方法论选择

方法论是科学研究的根本,与科学研究共生共谋,因而方法论的选择对科学研究至关重要。方法论(Methodology)是一个多义的概念,我们可以从多个层面、多个维度去理解和使用它。美国学者米尔斯认为,"方法是人们用来理解或解释事物时所运用的程序。方法论是对方法的研究;它提供关于人们在从事研究时会做些什么的理论。由于存在多种方法,方法论的性质是一般性的,于是方法论通常不给研究人员提供具体的步骤。"② 拉扎斯费尔德认为,方法论意味着作具体研究时,详细地检验其进行程序、基本假设和满意的解释模型。卡普兰认为,方法论的目的在于"理解"科学研究历程本身,而非结果。③ 拉瑞·劳丹认为,方法论的中心任务是"为科学行为提供一种规范,就是要告诉我们,为了达到科学事业在认识上和实际上的目标,我们应该做什么,或不应该做什么"④。我国学者俞可平认为,"所谓方法论就是一种'研究途径'(ap-

---

① 翟静丽:《西方教育选择理论述评》,《外国教育研究》2006年第2期。
② [美] C. 赖特·米尔斯:《社会学的想象力》,生活·读书·新知三联书店2001年版,第62页。
③ 转引自吴玫《中国高等教育研究中的若干方法论问题》,博士学位论文,厦门大学,2005年版,第8—9页。
④ [美] 拉瑞·劳丹:《进步及其问题》,华夏出版社1999年版,第59—60页。

proach)，即研究所遵循的'通则'（而非技术），有时也被称为'理论'（theory）。如果作为理论还不成熟，只是为研究者提供一个指导方向，也可以称之为'概念框架'（conceptual frameworks）或'分析框架'（analytical frameworks）。"① 王建华博士认为，"所谓的方法论，即是一种'元方法'，亦即关于方法的'哲学'或一种'思维的原则'。"② 以上各种观点的表述尽管不同，但均认为方法论的性质是"一般性的"和"通则性的"，而不是"程序化的"和"操作性的"。或者说，方法论主要是一种"认知的图式"，它不提供研究的具体步骤，只给出整个研究过程的解释模型。我们认为，方法论既是理论研究的工具，也是理论的重要构成部分。

目前，学术界习惯于将方法论分为哲学层次的方法论、系统科学的方法论和一般科学的方法论三个层次。从以往的经验看，每一个研究者通常会自觉地认可某些方法论，而排斥另一些方法论。尽管如此，人们进行具体的科学研究时，往往同时从三个层面去寻找和选择适当的方法论，很少采用某种单一的方法论尤其是单一的研究方法。作为一个独特而复杂的问题域，高等教育具有社会科学和人文科学交混的特性，因而无论是纯粹的社会科学方法抑或单纯的人文科学方法，无疑都不是复杂的高等教育问题研究的最佳方法选择。鉴于高等教育问题域的独特性，鉴于高等教育研究和高等教育选择研究的复杂性，我们选择"复杂性思维"、"多学科研究"和"历史比较法"作为本研究的主要方法论基础。同时，我们坚信：只有与

---

① 俞可平：《权利政治与公益政治》，社会科学文献出版社2000年版，第8页。

② 王建华：《第三部门视野中的现代大学制度》，博士学位论文，厦门大学，2005年版，第31页。

研究内容相一致的方法论，才是真正有意义和有针对性的方法论，游离自己的研究主题或研究内容，孤立地讨论方法论选择或方法论本身均有几分不智。我们的研究贯彻了这一思想，复杂性思维、多学科研究和历史比较法自始至终得到了比较充分的运用。当然，我们的研究也或多或少地采用了其他的一些方法论，但它们并不足以构成本研究的方法论基础，也不是本研究一以贯之的"认知图式"。

方法论选择之于科学研究固然重要，但它不是获得有价值成果的唯一方面或决定性因素，这好比"人们在乐器上演奏出来的一切并非都是伟大的音乐；画家抹到画布上的每一个形象并非都是了不起的艺术；高于现实的每一直觉并非都是宗教"①。直白地说，研究者不能单纯地苦苦思索和寻找研究方法或方法论，还需学会改变自己的学识和科学品质，学会发现问题、分析问题和解决问题，而不是错误地判断问题所在，错误地估量其范围，错误地进行分析，最后错误地给出答案。

（一）复杂性思维

复杂性思维是一种新的科学探究方式，它是在反思和批判近现代的简单性思维的基础上形成的。历史地看，对简单性思维的反思和批判可谓由来已久，但复杂性思维的萌生则开始于1925年怀特海的《科学与近代世界》。怀特海在此书中指出："科学只有接受机体哲学或过程哲学的思想，才能解释新发展的新事实与新事物。"② 20世纪后半叶，科学领域"海森堡的

---

① ［美］欧文·拉兹洛：《人类的内在限度：对当今价值、文化和政治的异端的反思》，社会科学文献出版社2004年版，第9页。

② 刘刚：《复杂性科学与组织管理》，《社会科学管理与评价》1999年第3期。

绪 论

测不准定律、玻尔的互补原理、哥德尔的不完全性法则"[①]，以及在横断学科领域兴起的协同学、混沌学、耗散结构理论等，不同程度地促进了复杂性思维的形成与发展。

20世纪80年代以来，世界各国的科学家日益注重从复杂性的视角来研究自然界和人类社会的复杂现象，比较系统的复杂性思维开始形成。法国当代著名的哲学家、社会学家、人类学家和政治评论家埃德加·莫兰是复杂性思维的集大成者，他撰写了多部与复杂性思维密切相关的著作，诸如《迷失的范式：人性研究》、《复杂思想：自觉的科学》、《方法：思想观念》、《复杂性理论与教育问题》等。莫兰的复杂性思维是一种"不以孤立和封闭的方式来把握对象，而是通过联系背景和综观全体来把握对象的认识方法"[②]，它是针对经典科学的箱格化、去背景化和绝对理性的逻辑倾向而提出的，其要旨在于批判西方割裂、简约各门学科的传统思维模式，通过阐述现实的复杂性，寻求建立一种能将各种知识融通的复杂思维模式。莫兰的复杂性思想并非无源之水，在世界上也并非他一人独

[①] （1）海森堡的测不准定律的核心思想是：在量子力学中，要准确描述原子粒子的运动是不可能的。（2）玻尔的互补原理的基本思想是：任何事物都有许多不同的侧面，对于同一研究对象，一方面承认了它的一些侧面就不得不放弃其另一些侧面，在这种意义上它们是互斥的；另一方面，那些另一些侧面却又不可完全废除的，因为在适当的条件下，人们还必须用到它们，在这种意义上说二者又是互补的。因此，在既互斥又互补的两个方面中，追究哪一个更为根本是毫无意义的；人们只有而且必须把所有的方面连同有关的条件全都考虑在内，才能而且必能得到事物的完备描述。（3）数学家哥德尔将不完全性定理推广到数学以外所给出的表述是：一个完全不自由的社会即处处统一法则行事的社会，就其行为而言，或者是不一致的，或者是不完全的，即无力解决某些可能是极端重要的问题。当社会面临困难处境时，这两者都会危及社会的生存。——笔者注

[②] ［法］埃德加·莫兰：《复杂性理论与教育问题》，北京大学出版社2004年版，第2页。

有。莫兰自己也认为,他的复杂性思想是受西方少数派的思想传统滋养的,而这个思想传统由赫拉克利特、尼古拉·德·库萨、帕斯卡、黑格尔、马克思等思想家所代表,而且与中国传统所固有的深刻的思想方式处于共鸣之中。今天,复杂性思维"犹如一座多层的建筑,它的基础与系统论、控制论、信息论的原理有关,中层是自组织的思想,顶层是复杂性思维的基本规则"①。它既超越又整合简化思维,能够进行连接、背景化和总体化,同时也能够看到特殊性、个别性和具体性。简言之,复杂性思维是立足于复杂性科学研究的哲学概括,打破了传统哲学的思维界线,把人们的思维引向于多而有序的领域,是一种新的思维方式,是一种"包纳简单性方法的复杂性方法"②。

复杂性科学认为,世界事物是统一性和多样性的融合,有序性和无序性的交混,个体和环境的相互渗透,力举用宏大概念、策略性眼光和元系统观点来认识对象,期望简单的、静止的和封闭的理性主义被一种复杂的、动态的和开放的理性主义所代替。当言及有序与无序的统一性问题时,特别强调单纯的有序或无序概念的局限性,认为"一个严格的决定论的宇宙是一个只有有序性的宇宙,在那里没有变化,没有创造。而一个只有无序性的宇宙将不能形成任何组织,因此将不能保持新生事物,从而也不适于进化和发展。一个绝对被决定的世界和一个绝对随机的世界都是片面的和残缺的,前者不能进化而后者甚至不能产生"③。因此,如果我们想认识这个世界,就必须

---

① [法]埃德加·莫兰:《论复杂性思维》,《江南大学学报》(人文社会科学版)2006年第5期。
② 陈一壮:《包纳简单性方法的复杂性方法》,《哲学研究》2004年第8期。
③ [法]埃德加·莫兰:《复杂思想:自觉的科学》,北京大学出版社2001年版,第159页。

把这两个相互排斥而又互补的世界联合和统一起来。当然，这种联合和统一可能存在逻辑性矛盾，但比起将宇宙视为只有有序或完全被偶然性支配的看法要合理得多。

既然现实或问题愈益成为多学科性的、横向延伸的、多维度的、跨国界的、总体性的、全球化的，那么恰切的认识就应该正视对象的背景、总体，从多维度去考察它的复杂性。莫兰认为，如此强调的理由在于：一是孤立地认识信息或资料是不够的，只有将信息和资料置于它们的背景中才能使它们获得意义。二是整体的性质或属性是各部分在彼此孤立的情况下所没有的，而部分的某些性质或属性也可能被来自整体的约束所抑制。因此，我们不仅不能把部分孤立于整体，而且也不能使各部分相互孤立。三是复杂的统一体如同人类和社会都是多维度的（人类同时是生物的、心理的、社会的、感性的和理性的，而社会包含着历史的、经济的、社会的、宗教的等多方面），我们应该看到它的多维度性。四是当不同的要素（比如经济的、政治的、社会的、心理的、感情的、神话的）不可分离地构成一个整体时，当在认识对象与它的背景之间、各部分与整体之间、整体与各部分之间、各部分彼此之间存在相互依存、相互作用、相互反馈作用时，就存在复杂性，而理性的认识应该积极正视这种复杂性。[1] 概言之，复杂性思维要求我们在思考问题时"永远不要使概念封闭起来，要粉碎封闭的疆界，在被分割的东西之间重建联系，努力掌握多方面性，考虑到特殊性、地点、时间，又永不忘记起整合作用的整体"[2]。

---

[1] ［法］埃德加·莫兰：《复杂性理论与教育问题》，北京大学出版社2004年版，第25—27页。

[2] 同上书，第151页。

作为一种特殊的社会现象或社会活动或复杂系统，高等教育的复杂性众所皆知，因此单靠简单的分析方法"喂养"大的还原论，抑或依凭简单的线性推理、静态的逻辑分析和直观的实体思维，都不可能理解"迷宫般"的高等教育世界，由此需要一种以非线性思维、整体思维、关系思维、过程思维等为要旨的综合哲学或复杂性思维。高等教育的复杂性特征，决定了我们必须正视和直面各种复杂性问题本身，破除长期以来形成的简单化、线性决定论思维方式，自觉地运用复杂性理论和方法深入探讨高等教育问题，对高等教育的运行与发展过程进行多角度、多层面的系统研究，真正把高等教育的复杂性当作复杂性来处理，以便对高等教育规律做出全面而深刻的解读。

以"复杂性思维"或者说"复杂思维范式"为本研究的方法论基础，意味着我们将把"高等教育选择"看成一项复杂的系统工程，灵活运用非线性思维、整体性思维、关系思维、过程思维等思维方式，处理高等教育各种复杂的关系，设计和展开高等教育选择实践。换言之，无论是高等教育选择研究，还是高等教育选择实践，抑或处理高等教育内外部各种复杂关系，都应具有复杂性思维或系统思维：着眼于处理好高等教育的部分与整体、差异和同一、结构和功能、自我和环境、有序和无序、合作和竞争、行为和目的、阶段和过程等各种相互关系问题，着眼于处理好高等教育领域中多样的统一、差异的整合、不同部分的耦合、不同行为的协调、不同阶段的衔接、不同结构或形态的兴衰替代以及资源配置、总体布局、长期预测、目标优化、信息的利用和传送之类的问题。

（二）多学科研究

俗话说，猎人进山看到的是猎物，药农进山看到的是药材。科学研究与此类似。当我们以不同的眼光审视研究对象或事物时，常常因理论不同、眼光不同，看到的事物也往往不同，即使是同一事物也经常被视为具有不同的属性或功能。因此，任何复杂的科学研究都不能只运用或依靠单一的方法，尤其是不能只使用某种自认为属于本学科的独特方法，相反需要多种方法的综合运用，充分发挥多种方法的"叠加功能"和"组合功能"。实践已反复证明，单一的方法是难以甚至是不可能获得科学真理的。一如美国著名的比较高等教育学家伯顿·克拉克教授所言："没有一种研究方法能揭示一切。宽阔的论述必须是多学科的，就像所有灯光都照射在舞台上，人们的目光在整个舞台前后漫游。"① 莫里斯·柯根也类似地指出："政治学的分析虽然有它自身的生命力，但是除非它运用其他学科的概念，否则就无法有效地解释本学科研究的现象。社会学家和经济学家需要对社会现象和经济现象作'政治学'的解释，政治学家也需要运用社会学家和经济学家所用的概念。"② 之所以需要如此抉择，原因在于"一个单一的学科方法，就算它很好，但也好比一个孤立的独行侠，它的能力是极其有限的，如果遇到了涉及很多方面的巨大复杂问题，它可能就会一筹莫展"③。更何况，在人们的认识过程中，各种不同的方法也并不是单独存在的，彼此往往交织在一起，因为知识在根本上是融通的和有机统一的。

高等教育是复杂的开放系统，是"一个独特的问题域"④，

---

① ［美］伯顿·克拉克：《高等教育新论：多学科的研究》，浙江教育出版社2001年版，第2页。

② 转引自［美］伯顿·克拉克《高等教育新论：多学科的研究》，浙江教育出版社2001年版，第52页。

③ 吴彤：《多维融贯——系统分析与哲学思维方法》，云南人民出版社2005年版，第1页。

④ 潘懋元主编：《高等教育研究方法》，高等教育出版社2008年版，第2页。

需要"特别的方法",即多学科研究。高等教育学家潘懋元教授认为,无论从高等教育本身的构成看,还是从高等学校人才培养的教育教学活动看,抑或从高等教育同外部社会的关系和互动看,都涉及诸多学科,因而需要多学科的支持。从事高等教育研究如同观庐山,"既要横看,看到它的逶迤壮观,又要侧看,看到它的千仞雄姿;既要入山探宝,洞悉其奥秘,又要走出山外,遥望它的全貌。"① 高等教育是复杂的,它虽算不上什么"千面魔球",但若说它是一个与变幻莫测的环境嵌套在一起的"多面球体"绝不过分。面对如此复杂而特殊的研究对象,如果我们不能同时从各个不同的维度去考量它,是不可能洞悉和描绘其全貌的。也就是说,高等教育研究若要取得实质性的进展,在方法上必须有广阔的视野,积极引进和借用其他学科的方法,并根据高等教育研究的具体情况加以改造,从而更好地解决高等教育中的理论与实践问题。况且,"各门社会科学及其主要的专业所展开的广泛的观点,为我们提供了了解高等教育的基本工具,不管这个学科是历史学、经济学或政治学,还是其他社会科学,都给我们提供了考察世界的方法,我们可以把它应用到高等教育部门。"② 总之,无论是高等教育研究与实践,抑或是高等教育选择研究与实践,都是相当复杂的系统工程,都需要教育学家、历史学家、哲学家以及一切对高等教育感兴趣的人共同参与和出谋划策。多学科研究是集合不同学科的学者来研究高等教育,不是"孤胆英雄包打天下",它可以拓展高等教育的研究领域,可以拓宽高等教育研

---

① 潘懋元:《多学科观点的高等教育研究》,《高等教育研究》2002年第1期。

② [美]伯顿·克拉克:《高等教育新论:多学科的研究》,浙江教育出版社2001年版,第3页。

究者的视野和思路，可以加强不同学科之间的理解与合作，可以减少孤陋寡闻、自以为是和以偏概全，可以激活我们的思维。

纵然如此，眼下仍有不少人担心：多学科的高等教育研究可能会导致高等教育学被彻底改造成吸收各个学科成果的一个领域，或成为一个"公共跑马场"或沦为其他学科的"殖民地"。其实，这种担忧是没有根据的。事实上，高等教育学究竟是一个"怎样的领域"，决定的因素是其"独特的不可替代的研究对象"，而不是"研究方法的选择或变换"。保罗·格里斯利曾经指出："个别方法的特殊性不会比整体模式更重要"①。高等教育研究融合多种方法的元素，不是在出让学科领地或丧失学科立场，而在于追求本真、丰富本真、整合本真与再现本真。反其道行之，据单一个别的研究方法去生发不完全与不完整的高等教育学知识，揭示似是而非的高等教育规律，才是需要我们警惕和担忧的。因为几乎所有的方法都是不完整的，没有一种方法可以完全抓住和揭示高等教育问题的复杂性和高等教育过程的丰富性。正因为如此，我们主张高等教育研究应大胆突破学科畛域，相互借鉴和移植。多学科研究"不应被视为高等教育研究因缺乏学科成熟的'无奈之举'。即令高等教育学达到'相当成熟'的程度，多学科研究的方法也不会从这个学科的研究视野中消失"②。诚然，多学科研究不是高等教育研究的唯一正确方法，也不是一种仅仅适合于高等教育学的方法，它可以也应该适用于其他许多人文社会学科

---

① ［英］保罗·格里斯利：《管理学方法论评判——管理理论效用与真实性的哲学探讨》，人民邮电出版社2006年版，第6页〔引论〕。

② 冯向东：《高等教育研究中的"范式"与"视角"辨析》，《北京大学教育评论》2006年第3期。

研究（任何一种研究方法可以有"专利"，但它绝不是"专用"的）。在高等教育研究中，熟用了某种方法就为之鼓吹而将其他方法拒之门外的做法是有失偏颇的。研究方法犹如表演的舞台，专注于一种研究方法，无异于在同一舞台上跳舞，足够的时间也许会让你的舞跳得更好，但同时你也失去了在其他更大更好的舞台上跳舞的机会。纷纭的学科发展史业已证明：一个学科从兴起到确立其独立地位以及其后的发展史，集中表征为一部"形成各种理论流派与研究方法从单一走向多元并存"的历史，而不是一部"各种学派消亡与研究方法从多元归于一元"的历史。

多学科研究具有独特的优越性，但也并非十全十美，它也有自己的局限性，因为无论我们从哪个学科的视角审视高等教育，都有可能只看到高等教育的"庐山一角"。也许我们最后能够将不同角度的"图像"组合成所谓的"庐山全景图"，但这种"全景"也会因为不同图片之间存在裂痕而非真正完整意义上的"庐山全景图"，毕竟一个学科往往只能认识同一实体的某个侧面。也就是说，多学科研究本质上是若干个单一学科研究的"拼凑"，各学科观点之间的裂缝是难以弥补的，这种裂缝造成的空白带常常是解读高等教育的关键，更何况不同学科的各种考察结论之间还常常存在着这样或那样的矛盾和冲突。多学科研究的局限性可以通过复杂性研究来克服，因为复杂性研究方法是一种跨学科的方法论，它通过融合不同学科的视角和范式，形成新的"思维原则"和"认知图式"，既打破了学科壁垒又弥补了学科之间的裂痕。不难推知，"复杂性思维"和"多学科研究"是互补的和功能耦合的方法论。这也正是我们将"复杂性思维"和"多学科研究"一道定为本研究的方法论基础的缘故。

绪 论

单一的学科方法再好，其功效也非常有限。"如果有了多个学科，但是相互之间毫无联系，那这些学科的各种方法好比是汇合在一起的散兵游勇，其整体作战的能力也是值得怀疑的。"[1] 反过来看，假若多学科之间有了交叉，那景象就会大为不同。同时，我们还要避免那种仅仅有所联系，或者仅仅有单一方向联系的方法，这种交叉的方法虽然比单一学科的方法要好很多，但所产生的功能仍然是较低层次的，较低效率的。对于复杂的高等教育研究，我们需要的是多学科的协同合作，需要多学科协作基础之上的多层次、多学科的纵横融贯交叉所产生的"组合效应"，而不仅仅是多学科研究产生的"叠加效应"。

尽管多学科研究存在自身固有的不足，但它在包括高等教育选择在内的高等教育研究中，具有不可替代的特殊地位和作用。况且，复杂性思维与多学科研究在方法论上可以彼此互补，前者从整体和系统的高度出发研究高等教育问题，后者则是从部分和要素的层面出发研究高等教育问题，二者不是"非此即彼"的矛盾关系，而是相互依存的共生关系，对于高等教育研究都不可或缺。正所谓"不认识整体就不可能认识各个部分，同样的不特别地认识各个部分也不可能认识整体"[2]。因此，我们应该放弃一种静态的、直线式的解释方式，而采取一种动态的、循环的解释方式，既"从部分到整体"又"从整体到部分"去理解复杂的高等教育现象与问题，多学科研究和复杂性思维的有机组合，具有超循环解释的典型特征和特有

---

[1] 吴彤：《多维融贯——系统分析与哲学思维方法》，云南人民出版社2005年版，第1页。
[2] ［法］埃德加·莫兰：《复杂思想：自觉的科学》，北京大学出版社2001年版，第208页。

效应。

（三）历史比较法

历史是现在和过去永无休止的对话，历史的观点就是从时间角度出发的观点，它所关注的是历史的起始与终止、变化与稳定、中断与连续。历史观和方法论密不可分，在研究具体历史问题时，一切史学理论都可以视为方法论，即思维的方法或论证的方法。理论研究或逻辑推演，如果脱离了历史或任意裁剪历史，其结论只能是空洞的抽象或片段的景象。事实上，对一切事物，我们只了解它的今天而不了解它的昨天，那对它的今天也不可能有深入的了解，当然更不可能预知它的明天了。从这个意义上说，科学研究不能割断历史，更不能没有历史意识，没有历史知识是很难发展科学理论的。

比较方法是一种批判性方法，它意味着审慎地对不同的经验、模式和实践进行评价、鉴别和借鉴。从国际范围看，比较能为我们提供其他国家的经验，但简单照搬无疑也是不可取的。因为外来的经验在提供正面范例作用的同时，也常常附带负面范例的影响，而且来自一个国家享有盛誉的经验移植到另外一个国家往往并不一定有效，相反经常有点"水土不服"。但不管怎么说，比较依然是一种被反复证明而有用的方法。通过比较分析，有助于我们找到不同事物之间的共性与个性，把握事物矛盾运动的普遍性和特殊性，从而认识事物的本质特征和运动规律。我们之所以将"历史法"与"比较法"整合为"历史比较法"，并以之为本研究的方法论基础，意在从世界范围内考察与高等教育选择相关问题的历史变迁过程以及过去与现在的联系和区别。

从方法论体系看，历史比较法既属于一般的科学研究方法，也属于具体的科学研究方法，但它却具有普适性的方法论

绪 论

意义,而并非仅仅适用于特定的历史学科。道理恰如于海教授所言:"不管哪个学术领域,任何时期存在的问题和使用的方法都包含过去在完全不同的条件下工作的成就,而且仍然带有当时留下的创痕。当前的问题和方法都是对以前的问题与方法作出的尝试性反应。如果不知道以前的问题和方法,那么对现在的问题和方法的意义与正确性就不能充分加以掌握。科学分析是与我们自己和我们的前辈人头脑里创造的东西的一种持续的对话。任何特定时间的任何科学状况都隐含它过去的历史背景,如果不把这个隐含的历史明摆出来,就不能圆满地表述这种科学的状况。"①

正因为历史比较法具有方法论的意义,无论哲学家还是历史学家,抑或其他学科领域的专家和学者都对它给予了高度评价。黑格尔认为,"思想的活动,最初表现为历史的事实,过去的东西,并且好像是在我们的现实之外。但事实上,我们之所以是我们,乃是由于我们有历史,或者说得更确切些,正如在思想史的领域里,过去的东西只是一方面,所以构成我们现成的,那个有共同性永久性的成分,与我们的历史性也是不可分离地结合着的。"② 英国学者斯塔斯认为,"任何哲学思想,如对于过去的体系不先有一彻底的研究,以为其根基,断然陷于浅薄而无价值。其认为这种研究可以不需,凭着我们的头脑可以造出各样的东西,每个人都可做他自己的哲学家,都可照他自己的方法建设他自己的哲学——像这些观念实在是很空虚而肤浅的。"③ 罗素在《西方哲学史》美国版的序言中写道:

---

① 于海:《西方社会思想史》,复旦大学出版社2003年版,第2页。
② 黑格尔:《哲学史讲演录》第一卷,商务印书馆1991年版,第7页。
③ [英]斯塔斯:《批判的希腊哲学史》,华东师范大学出版社2006年版,第4页。

高等教育选择论

经院哲学的大时代乃是 11 世纪改革的产物，而这些改革又是对于前一个时期的颓废腐化的反作用。如果对于罗马灭亡与中古教权兴起之间的那几个世纪没有一些知识的话，就会难于理解十二三世纪知识界的气氛。德国历史学家、教育家雅斯贝尔斯指出："从历史中我们可以看见自己就好像站在时间中的一点，惊奇地注视着过去和未来，对过去我们看得愈清晰，未来发展的可能性就愈多。"① 法国社会学家涂尔干在对"巴黎大学的诞生"进行研究时指出："为了确保得出正确的答案，最好的办法就是回溯这个机构的起源，考察它是如何逐步形成的，是什么导致了它的出现，是哪些道德力量造成了这个后果。我们要考察发出这颗嫩芽的那粒原始种子的构成，细究组成它的各种成分，看看它们是如何聚集并组合在一起的。"② 英国教育史家哈罗德·铂金认为："一个人如对伦敦的历史演变一无所知的话，他就不可能真正懂得现代伦敦的形式和结构。同样，一个人如果不理解过去不同时代和地点存在过的不同的大学概念，他就不能真正理解现代大学。"③

凭空立说，没有也不管证据，只从假想出发按逻辑推演一番，那样所得的结论定会大谬不然。证据有多种形式，可以是理论的和实践的，也可以是现实的和历史的。历史虽然是一种"过去式"的证据，但是它对理解今天的问题依然具有借鉴和启发意义。虽然说，历史研究不能起到"水晶球"或"魔镜"

---

① [德] 雅斯贝尔斯：《什么是教育》，生活·读书·新知三联书店 1991 年版，第 58 页。

② [法] 爱弥尔·涂尔干：《教育思想的演进》，上海人民出版社 2003 年版，第 106 页。

③ [美] 伯顿·克拉克：《高等教育新论：多学科的研究》，浙江教育出版社 2001 年版，第 49 页。

绪 论

般的作用,但它绝对能为科学研究提供有裨益的东西,正所谓"如果你想要知道你要去哪儿,它帮助你了解你曾去过哪儿"[①]。可以说,没有人能够离开历史去建构未来,就像没有人能扯着自己的头发离开地球一样。不过,历史也不是一种约束器,我们不能用它束缚目前的一切,更不能因它而故步自封。今天,人们对传统大学理念的过分迷恋或崇拜,以及对现代大学理念的拒斥,无疑是一种典型的"历史情结",是一种对逝去的高等教育"黄金时代"的怀念。

作为人类社会发展到一定阶段的产物,高等教育形成于过去,会聚于现在,又奔向未来,永远处于变化发展之中,没有终结的答案可寻找。然而,这并不意味着研究高等教育的过去没有价值,相反恰恰表明研究高等教育历史具有特殊的意义。马克·吐温说:"历史不会重复自己,但它会重复自己的规律。"[②] 对高等教育的历史进行考察,可以帮助我们理解高等教育事件的川流不息,有助于我们认清高等教育的过去是怎样制约现在的,可以帮助我们发现高等教育的一切是那么全新而又如此古老,有助于我们揭示高等教育的运动规律。从选择学的视角看,高等教育史就是一部高等教育选择史:一部高等教育选择主体不断增多的历史,一部高等教育主体选择权分散和集中相互交迭变化的历史,一部高等教育不同主体为获取选择权不断斗争的历史;一部高等教育选择客体日益多样的历史,一部高等教育选择环境日趋复杂的历史;一部高等教育结构在功能选择导向下不断优化的历史,

---

[①] [美]伯顿·克拉克:《高等教育新论:多学科的研究》,浙江教育出版社2001年版,第49页。

[②] 转引自刘永中、金才兵《管理的故事》,南方日报出版社2005年版,第1页。

高等教育选择论

一部高等教育功能在个体需求和社会需要刺激下不断提升的历史。因此，研究高等教育选择问题，必然要考察高等教育的发展历程以及相关的材料。

尽管如此，我们不能做历史材料的奴隶，必须懂得如何在浩瀚的高等教育世界里去选择研究素材，确保所挑选的素材对我们的研究是最有意义的。就像一幅作品，不管它是什么形式的，如果没有细节就会陷入空洞而乏味的窘境，但倘若细节过分冗长则会酿成令人难以忍受的危险。正因为如此，我们打算采取一种"折中"的办法，对历史材料的考察和引证能够说明问题即可。19世纪荷兰文艺评论家比斯肯·许埃特评论画家伦勃朗时曾说："最好的历史记载就如同运用伦勃朗的技巧：它将一束耀眼的光线投射在某些选择出来的要素上面，投射在那些最完美、最重大的因素上面，而将其余的一切都留在阴影里和看不见的地方。"[①] 我们从事的虽非专门的高等教育史研究，但可以借鉴历史学的研究方法，即将"探照灯"主要投向那些"最重大"的高等教育事件，同时也不忘记挖掘那些特殊的教育现象或教育事件背后所隐藏的意义与价值。事实上，犹如研究整个社会绝无必要去逐个研究数以亿计的每一个人，或研究一个人并不需要去考察他的每一根毛发一样，只要抓住对象中若干基本的和主要的方面就够了。研究高等教育也是如此，我们不可能也没有必要煞有介事地搬出或穷尽所有的高等教育素材。况且，"我们从来没有真正需要了解高等教育的一切，那些想全部弄清近代高等教育系统的人们，是想做不可能的事，把注意力推向错误的方向。战略的决策是要有所选择，

---

① 陈民乐、周弘：《欧洲文明的进程》，生活·读书·新知三联书店2003年版，第330页。

更加有意识地区分重要的和琐细的"。① 经验也告诉我们：过多地以学究方式注意高等教育的所有事实会使人失明，过多地倾听高等教育理论或历史的节奏会让人失聪。

五、本书框架

本书框架是指全书的"基本骨架"和"知识地图"，它不仅展示着本书的知识组块，更体现着研究者的构思与逻辑。因此，本书框架的建构需要解决两个基本问题：一是本书究竟应该研究哪些问题，"拳头"主要打在哪些"穴位"上；二是本书究竟应该先研究哪些问题，后研究哪些问题，这些问题之间的逻辑顺序怎样安排。很显然，这是一条"通过问题的追问与回答来揭示事物的本质与规律"的认识和思维路径，彰显了理论研究的逻辑化品性。事实上，任何一种理论都是沿着一定的历史逻辑产生的，研究高等教育选择不可能没有自己的逻辑，但也不可能完全逻辑化，毕竟"逻辑的事实并不总能成为现实的事实，逻辑的力量不是无边无际的"②。正因为如此，我们选择了一条问题逻辑而非纯理论逻辑的研究路径，以期通过主要问题的连续追问和剖析达到解读高等教育选择的目的。

作为一个复杂的理论或实践命题，高等教育选择涉及多个层面和多个维度的诸多问题，我们只能回答诸如"高等教育能否选择"、"高等教育是否需要选择"、"高等教育选择是否自由"、"高等教育选择的本质是什么"、"谁来选择高等教育"、"怎样选择高等教育"之类的最基本、最核心的问题。围绕这

---

① ［美］伯顿·克拉克：《高等教育新论：多学科的研究》，浙江教育出版社2001年版，第2页。
② 张楚廷：《教育哲学》，教育科学出版社2006年版，第5页。

些问题，我们的研究分为两大理论模块：第一理论模块包括"高等教育选择研究的理论支点"、"高等教育演化的选择性"和"高等教育选择的规律性"。第二理论模块包括"高等教育选择的本质与特征"、"高等教育选择主体的构成及其关系"和"高等教育选择的复杂性思维"。

第一章 高等教育选择研究的理论支点。本章论述四个基本问题：一是高等教育预成论与进化论辨析；二是高等教育的复杂性与可选择性；三是高等教育的可预测性与可控制性；四是高等教育的自发秩序论与社会干预论。通过这些问题的剖析，力图回答高等教育选择研究的可能性与必要性。

第二章 高等教育演化的选择性。本章论述三个问题：一是高等教育结构的演化与选择；二是高等教育功能的演化与选择；三是高等教育演化的目的性与选择性。通过这些问题的解答，力图论证高等教育的发展渗透着人类主体选择的客观事实。

第三章 高等教育选择的规律性。本章论述三个问题：一是两种范式的截然对立；二是高等教育规律的属性与特征；三是高等教育选择的自由与必然。通过这些问题的解读，力图解答高等教育选择与教育规律之间的辩证关系，揭示高等教育选择的规律制约性，客观描绘高等教育发展的辩证图景。

第四章 高等教育选择的本质与特征。本章论述三个问题：一是高等教育选择的本质；二是高等教育选择的基本特征；三是高等教育两难现象与两难选择。通过这些问题的研讨，力图回答什么是高等教育选择，揭示高等教育选择的关系本质、特征以及两者之间的内在逻辑关系。

第五章 高等教育选择主体的构成及其关系。本章论述三个问题：一是高等教育选择主体的历史变迁；二是高等教育选择主体间关系的构建；三是高等教育主体选择权的生态架构。通过这些问题的剖析，力图回答究竟应该由谁来选择高等教育或谁有权选择高等教育以及不同高等教育选择主体之间的应然关系为何。

第六章　高等教育选择的复杂性思维。本章论述四个问题：一是高等教育选择的非线性思维；二是高等教育选择的整体思维；三是高等教育选择的关系思维；四是高等教育选择的过程思维。通过这些问题的透视，从思维层面回答怎样选择高等教育。

第一章　高等教育选择研究的理论支点

高等教育选择是一个崭新的理论命题，研究它必须先回答四个与之密切关联的基本问题：一是高等教育是预成的还是进化的；二是高等教育是否具有可选择性；三是高等教育是否可以预测和控制；四是高等教育自生秩序与社会干预之间是否存在解不开的"死结"。如果不能很好地解答这些问题，那么与高等教育选择及其所有相关问题的研究也就缺乏理论支点。总体看来，这几个问题都比较难以解答，艰难之处在于能够解读它们的理论工具不在教育学科之内，而在教育学科之外，必须借助其他人文社会学科乃至自然学科的理论与方法。

第一节　高等教育预成论与进化论辨析

高等教育究竟是预成的还是进化的，是一个颇受争议的、具有元理论性质的命题。它是如此重要，我们除了尽力去解读它，实在难作他想。否则，我们就不知道该沿着怎样的逻辑和理路展开高等教育选择研究。从逻辑上讲，如果高等教育是先天预成的，那么就不存在人类主体后天的能动选择的余地和空间。在这种情况下，人类的主体性、能动性根本没有用武之

第一章 高等教育选择研究的理论支点

地,那么研究高等教育选择也就没有多大实质性的意义和价值。反过来看,如果高等教育是逐渐生成的,那就意味着高等教育的未来发展存在"多种可能性",意味着人类可以在既定的时空条件下设法让那种符合自身意愿的可能性转化为现实。如此,人类的主体性、能动性就有了发挥的空间和可能,高等教育选择也成为一种必要,研究高等教育选择就有现实的理论与实践意义。

一、宇宙世界的预成论与进化论之争

宇宙世界的运行发展是预成的还是进化的,曾经是哲学和科学史上争论不休的问题。在科学不发达的年代,人们倾向于借助超自然的力量对此进行解释,"世界上几乎所有的民族,都曾经有过版本各异的创生和创世的神话"[①]。例如,《旧约全书》认为,上帝的意志是至高无上的,他不仅随意控制行星在轨道上的运行,而且随意操纵每个人的意愿。上帝是第一推动者,一切因果都顺从着他,而且宇宙中的一切事件都是事先安排好的。在相当长的时期内,《圣经》及其宣扬的神创论在西方学术界、知识界以及整个西方文化中占据着统治地位,灿烂的古希腊文化在漫长而黑暗的中世纪被埋没风尘,变得黯然失色。神创论认为,天体、地球乃至万物都是上帝创造出来的,而且世上万物一经造成就不再发生任何变化,即使有变化也只能在该物种的范围内发生变化,是绝对不可能形成新的物种的。此外,上帝所创造的各种生物之间都是孤立的,相互之间没有任何的亲缘关系。

[①] 张增一:《创世论与进化论的世纪之争》,中山大学出版社2006年版,第5页。

高等教育选择论

14世纪末,文艺复兴运动的大旗在欧洲大陆上空升起,自然科学逐步获得新的生命而渐露新芽,科学巨匠哥白尼、第谷、开普勒、伽利略、笛卡儿等先后诞生并驰名于欧洲世界,科学革命不断冲破中世纪封建势力和经院哲学的层层罗网而取得胜利。17世纪中叶以后,以牛顿为代表的经典力学终于取代神学,以经典力学为基础形成的机械论自然观,在整个自然科学领域中也取得了长达二百余年的统治地位,影响可谓广阔而深远。直到20世纪初,物理学家仍然"继续着经典研究项目的传统,几乎一致承认宇宙的基本规律是决定性的和可逆性的。那些不适合这一程式的过程被认为是例外,仅仅是人为的产物,是因为我们的无知或对所涉及的变量缺乏控制才由复杂性造成的"[1],而且"许多社会科学,特别是经济学依然在它的迷惑之下"[2]。机械决定论认为,事物在最初形成的时候就已内在包含了以后的一切变化,它把事物看成是"结构化"的机器,严格地按固定的程序和轨道运动,一切都是确定的、可逆的和可测的。整个宇宙犹如一个编好程序的计算机或一台庞大的自动机,知道了它的初始状态,就可以根据普适的动力学规律,推演出它随时间的变化所经历的一切状态。也就是说,在机械决定论的理论框架下,世界是完全确定的世界,人类的主体性和能动性没有存在之处和用武之地,"科学仅仅是一种'实然',它不涉及也没有必要涉及'应然'"[3]。很显然,机械决定论所描绘的世界

---

[1] [比]尼科里斯、[比]普利高津:《探索复杂性》,四川教育出版社1986年版,序言。
[2] [比]伊·普里戈金、[法]伊·斯唐热:《从混沌到有序》,上海译文出版社2005年版,第5页。
[3] 高剑平:《系统科学思想史研究》,博士学位论文,南京大学,2006年版,第44页。

第一章 高等教育选择研究的理论支点

是一个"钟表式"的世界,宇宙的全部未来严格地取决于它的过去。在机械决定论思想的统摄和支配下,人们曾普遍相信:宇宙世界是预成的,宇宙在根本上是不变的,世界上的一切都是完全确定的、可逆的和静态的,"没有什么进化可言,既没有向有序的进化,也没有向无序的进化,动力学所能给出的'信息'不随时间而改变"①;社会领域同自然领域一样遵从严格的因果关系,各种发生的事件都可以按"确定性规律"推出其前后的状态,一切社会问题都可以用牛顿力学模式加以解释,而社会的发展也是按固定的程序而自然展开。

随着科学的发展,以神创论和机械决定论为表征的预成论,遭到了不同形式的进化论的诘难,尤其是英国博物学家达尔文提出的进化论(自然选择论)对预成论进行了颠覆性的批判。达尔文通过广泛考察,用大量的事实材料证明:地球上的一切生物都是经过漫长的历史进程逐渐进化而来的,生命之流起初不过是毫不起眼的少数几种形式甚至是一种形式,结果却流淌到了可以栖息的世界上的每一个角落和每一条缝隙,由谱系连接起来的一代又一代生命形式不断地产生,但"每一代都同上一代和下一代又存在着微小的差异"②,生物世界就这样逐渐变得种类繁多、丰富多彩。达尔文以"生存斗争"、"适者生存"和"自然选择"为理论工具,不仅解释了生物"从简单到复杂,从生命的'低级'形式到生命的'高级'形式,从无区别的结构到互不相同的结构"③的发展方向,同时也否

---

① [比]伊·普里戈金、[法]伊·斯唐热:《从混沌到有序》,上海译文出版社2005年版,第12页。
② [英]费比恩主编:《进化》,华夏出版社2006年版,第89页。
③ [比]伊·普里戈金、[法]伊·斯唐热:《从混沌到有序》,上海译文出版社2005年版,第3页。

定了"万物皆由神创,变化都是上帝旨意"的神创论思想以及"只要给定起点,便可精确预测结果和未来"的机械决定论思想,提出了进化、环境、选择、适应、不可逆、偶然性等具有革命性的新思想,颠覆了传统的一切皆为注定的或预成的世界观,宣告了"世界是一种有目的的被创造出来的秩序"的传统信仰的终结,无情地撕去了昔日笼罩在人类身上的"神圣光环",告诉人们人就像其他生物一样,只是纯粹偶然的产物,是一连串大分子的组合,从而最终将人驱逐出了灵魂的庇护所。但令人遗憾的是,由于当时的科学发展水平有限,达尔文未能认识到,人类的主体选择要比通过机遇和偶发事件的自然选择重要得多、可贵得多。毕竟人类文明进程的潮流是不可阻挡的,人们逐步认识到,"进化不仅包含生物界变化的型式和变化的动力学,而且也同样包含宇宙变化的型式和变化的动力学;在人类文化和社会历程中的进化也决不亚于地球上生物历程中的变化。"① 言下之意,进化不仅仅包括生物物种的进化,而且包括在我们认识到的宇宙范围内出现、存在、变化或消失了的所有事物的进化。宇宙中的其他事物,即使不像生物物种那样产生出来,但只要它们是在时间过程中形成的,那它们就必然也经历了一个进化的过程。

20世纪以来,随着物理学的进一步发展,尤其是相对论和量子力学的诞生,许多科学家对机械决定论的宇宙观进行了彻底批判。布里渊认为,精确的预言要求具备有关初始条件的精确知识,而要得到这种使机械决定论或严格决定论奏效的知识,必须付出"无限的"代价。普利高津认为,对于稍微复杂

---

① [美] E. 拉兹洛:《进化——广义综合理论》,社会科学文献出版社1988年版,第1页。

第一章 高等教育选择研究的理论支点

一点的系统,我们对初始状态的了解无论怎样精确,也无法预言系统在一个长时间以后的行为,特别是系统的具体行为。现实世界充满着变化、无序和分叉点,"现在即意味着将来"的观念必须转变为"将来是未决"的观念。许多塑造自然之形的基本过程是不可逆的和随机的,而那些描述基本相互作用的严格决定论和可逆性的定律,当然也不可能揭示自然界的全部真情。当某一系统达到分叉点时将向何处去,没有办法描绘,人类面临的偶然事件十分类似于"投骰子"。不过,在普利高津的眼里,决定性和随机性、力学性和统计性之间并非是不可协调的对立物,而是彼此互补的,即"在某个分叉附近,涨落或随机性因素将起着重要作用,而在分叉与分叉之间,决定论的方面将处于支配地位"①。决定性和随机性是对系统未来命运各自起着作用的伙伴,共同决定着系统历史的特点。普利高津还指出,在开放系统中,在远离平衡态和非线性作用的条件下,系统通过涨落会从无序自发地走向有序,其中由于"负熵"②的引入,系统可以抵偿甚至消减内熵,这就是著名的"耗散结构理论"。该理论揭示了世界不是一个先天注定的世界,也不是一个静止的存在世界,而是一个不断进化的世界,一个复杂的过程世界。德国著名的化学家艾根吸纳了进化论、分子生物学、信息论、博弈论、耗散结构理论、协同学以及现

---

① [比] 普利高津、[法] 伊·斯唐热:《从混沌到有序》,上海译文出版社1987年版,第223页。

② 熵是一个物理概念,是用温度除以热量所得的商,标志热量转化为功的程度。熵是描述热力学系统的重要态函数之一。熵的大小反映系统所处状态的稳定情况,熵的变化指明热力学过程进行的方向,熵为热力学第二定律提供了定量表述。从微观上说,熵是组成系统的大量微粒子无序度的量度,系统越无序、越混乱,熵就越大;系统越有序,熵就越小。因此,负熵是物质系统有序化、组织化、复杂化状态的一种量度。——笔者注

代数学的有关成果，创立了超循环理论，提出了把生命起源看作一种"多步进化过程"的观点。超循环理论认为，超循环结构起源于随机过程，复制错误导致进化，"选择"使进化原则上不可避免。① 今天，现代自然科学研究的最新成果也确信无疑地告诉我们：进化或生成是宇宙最本质的特征，不仅宇宙是生成的，而且"粒子也是生成的"②。正因为有了生成的能力，宇宙世界才有无数新事物的产生，即"创生性（Creativity）系诸共相，刻画了终极的事相。其乃终极的原理，唯有借此原理，繁多——分离的宇宙，始成单一的实际缘现——结合的宇宙；繁多之进而为复合的统一体，系万物之本性使然"（怀特海）③。既然如此，那么"研究宇宙自然的构成与发展，就不能停留在追求一个永恒不变的实体上，而应该看到宇宙自然总是活动在时间之流中"④。我们必须看到："进化的规律不是决定性的，而是概率性的，它们并不决定精确的进化轨线，而是确定了进化的脉络，处于第三种状态的非平衡系统则从中选择它们自己的进化轨线。"⑤

宇宙世界是进化的，进化论本身也在进化。达尔文的进化论诞生之后，经过一代又一代人的补充和丰富，逐渐发展成为一般进化论，即20世纪下半叶诞生的、建立在现代物理学基础之上的"非平衡系统自组织理论"，一种关于诸种进化理论的一般理论。具体而言，一般进化论是研究和概括耗散结构

---

① 高剑平：《系统科学思想史研究》，博士学位论文，南京大学，2006年版，第92—93页。
② 金吾伦：《生成哲学》，河北大学出版社2000年版，第146—147页。
③ 转引自成中英《知识与价值》，台湾联经出版社1986年版，第320页。
④ 萧焜涛：《自然哲学》，江苏人民出版社2004年版，第3页。
⑤ [美]欧文·拉兹洛：《人类的内在限度：对当今价值、文化和政治的异端的反思》，社会科学文献出版社2004年版，第117—118页。

第一章　高等教育选择研究的理论支点

论、协同学、超循环理论等各种非平衡系统自组织理论"关于进化的一般条件、机制和规律的认识成果，以形成这诸种进化理论的一般理论"[1]。一般进化论虽是"一种新的科学，但作为一种自然哲学来看，它至少有二千五百年的历史，若从人类意识史上看，它可能同人类能做系统性思考的能力同龄"[2]。一般进化论认为，人类社会也是逐渐生成和不断进化的，是一个从低级到高级、从简单到复杂进化发展着的复杂系统。从现实来看，现代社会的确在持续不断地进行着结构和功能的分化与重组，不断地分化出新的"自我塑成"的子系统，它们既是整个社会系统的组成部分，又都拥有各自独立的运行规范和法则。因此，将进化思想从自然界推广到人类社会是有道理的，而且这种推广具有特殊的意义，它不仅丰富了进化论思想，同时为人类重新认识社会提供了新的视野。

二、进化论视野中的高等教育

作为社会系统的子系统，高等教育同社会系统一样，是不断进化发展着的系统，不存在任何预成的高等教育的终极原因和最终结果。如今，"少有社会理论家以类似宗教的方式认为社会朝向一个不变的、计划好的目的前进了"[3]。人们普遍相信，高等教育既不是一个像原子、分子或细胞那样的带有天然特性的系统，也不是像机器和计算机那样的人造系统，而是在

---

[1]　胡皓、楼慧心：《自组织理论与社会发展研究》，上海科技教育出版社2002年版，第11页。

[2]　［美］E. 拉兹洛：《进化——广义综合理论》，社会科学文献出版社1988年版，第3页。

[3]　［英］彼得·狄肯斯：《社会达尔文主义》，吉林人民出版社2005年版，第44页。

高等教育选择论

历史过程中通过长期演化而诞生的具有自然属性的社会系统。它一方面是人类的行动和社会环境相互作用的结果，但另一方面又不是有意识的人类完全设计和规划的产物。从整体上看，高等教育结构的复杂程度可能比不上一个具体的生物有机体，但却远远不是人们有目的地设计和规划所能达到的。如同复杂的有机体，高等教育系统虽然主要由人组成，但它却不归结为这些人的行为和属性的总和，"它进化出了它自己那个社会组织层次特有的功能，并获得了它自己那个社会组织层次特有的属性"[①]。

高等教育的进化或演化发展，具有一定的"目的性"和"定向性"，在某种程度上遵循进化动力学所展示的逻辑，是一个"积累性地"从相对简单的系统趋向于更为复杂的系统的过程。系统科学揭示，在系统向更高的组织层次推进的过程中，它先是产生出相对的简单性，然后随着系统的不断完善，简单性终究要让位于复杂性；在每一个组织层次上，系统均会达到复杂性的某种功能限度，超过了这个限度进一步的复杂化会带来不稳定，而新的层次跨越开始形成和发生。从记录高等教育发展过程的历史画卷可以看出，高等教育的演化发展过程是一个从一种多样性统一的形式过渡到另一种多样性统一的形式的循环渐进过程，是一个从简单系统逐步进化为复杂系统的过程。这一论断，完全可以从古今高等教育的比较分析中获得证明。古代高等教育的结构和功能比较简单和单一，而现代高等教育的结构和功能相对复杂和多样，前后两种形态的高等教育可谓天壤之别，彼此之间的差异如同"鸡蛋"与"小鸡"之

---

① [美] E. 拉兹洛：《进化——广义综合理论》，社会科学文献出版社1988年版，第91页。

第一章　高等教育选择研究的理论支点

间的差异。现代高等教育虽然源自古代高等教育，是古代高等教育的"直系"后代，但历经漫长的演化发展之后，现代高等教育较之古代高等教育已变得更为复杂。高等教育的历时性差异的客观存在，充分表明高等教育不是先天注定的或预成的，而是不断进化的或演化发展的，像动植物一样地随着时间的推移而进化。

反观历史，高等教育自诞生以来，无论是它的形式和名称，还是它的结构和功能，抑或是它的性质和属性、内涵与外延，都在发生不同程度的变化：高等教育结构从简单到复杂，高等教育功能从单一到多元，高等教育内容从古典人文到科学实用，高等教育教学方式从传统经院到开放合作，高等教育管理从师生自治到"制度规范"[1]，高等教育理念从理想本位到视野多元；西方近代大学由学者的行会转变为由国家主办、资助或依法管理的教育机构，由宗教性转变为世俗性，由单纯传授和研究纯理论的"象牙塔"转变为融教学、科研和社会服务为一体的"智力城"；现代大学由精英教育走向大众化教育，由较为单一的教育层次和学科机构走向多样化和综合化的多维结构，由封闭型的组织走向开放性的组织，由终结性教育走向终身教育。

英国剑桥大学前校长阿什比有句名言："任何类型的大学都是遗传和环境的产物。"[2] 大学随时代或时空条件的变化而

---

[1] 欧洲中世纪大学的管理起初是相对简单的。后来，巴黎大学颁布了《巴黎大学章程》，最早建立了大学规章制度，对大学的学习、考试、学位授予、礼仪与宗教活动、纪律以及非学术管理人员等作了规定。它在不同程度上影响了意大利、英国、美国等欧美国家大学制度的建立。大学规章制度的创立，标志着西方大学内部管理走向制度化和规范化的开始。——笔者注

[2] ［英］阿什比：《科技发达时代的大学教育》，人民教育出版社1983年版，第7页。

高等教育选择论

不断变化,以适应新的环境和新的社会需要,是历史与现实业已证明了的事实。比如,美国的大学是从欧洲遗传下来的,从起源来说是英德的"混血儿",但美国的环境使其发生了"突变",呈现出了新的"性状",即美国大学继承了欧洲大学的传统,但同时又是非欧洲式的大学。又如,日本高等教育制度被认为是以欧美各国为模式构建的,但专门学校则是典型的"日本式"的高等教育机构类型。之所以会这样,源于大学不是孤立的,它处于特定的社会结构中,而"每一个时代,每一个国家,都有其独特而具体的需要和目的。因此,适用于各个时代、各个国家的统一的大学模式是不存在的。每一个时代都有自己的创造性活动和改造工作,每一个国家也一样"[1]。大学作为时代和社会的表现,也必然要随着时空转移而不断地演化发展。若能看到这一点,我们就不难把握大学的总体发展趋势:大学从初始的普适型逐渐向异质化与多元化方向发展,然后在新的异质化与多元化基础上实现新的多样性统一。

作为社会系统的子系统,高等教育具有一定的"自然属性",因而其演化发展遵循进化的一般规律。正所谓"进化并不是在不同领域内完全一样,但是其基本的动态特征是不变的。我们现在能对进化过程作出的基本描述仍然没有改变,当我们从物理学领域转移到生物学领域,从生物学领域转移到社会文化领域时,进化的一般规律是存在的,这些规律是由表现为各种各样的形态变化的不变型式体现出来的"[2]。自然选择和适者生存是早期进化论最基本的观点,常用来解释生物物种的生

---

[1] [美]弗莱克斯纳:《现代大学论——美英德大学研究》,浙江教育出版社2001年版,第272页。

[2] [美]E.拉兹洛:《进化——广义综合理论》,社会科学文献出版社1988年版,第6页。

第一章 高等教育选择研究的理论支点

存与淘汰问题。事实上，人类社会的许多（当然并非所有的）竞争，诸如制度、政策、理论流派等之间竞争，具有类似于生物竞争的特性。比如，某种高等教育制度若想存续下来，就难免与其他相关的各种高等教育制度展开竞争，结果往往是最科学或最合理或强势主体主导下的高等教育制度获得推行，其他的高等教育制度则被搁浅和摒弃。与此同时，不同的高等教育制度也会经常彼此相互结合形成新的制度，而新的制度可能替代旧的制度，进而被人们广泛地接受和认同。历史上相继呈现的各种各样的教育政策或教育理论流派，它们的存续和发展也莫不如此。

高等教育的进化或演化发展相当复杂，与经验世界中所有动态系统的进化一样，不存在严格的或唯一的运行发展轨道，通常在临界点上存在着"分叉"现象，未来发展存在多种可能性，究竟哪一种可能会成为现实，则取决于高等教育自身与社会环境的双向选择和双重选择。从这个意义上说，在不同的历史阶段，高等教育的具体演化方向是不确定的，它常常在现实的背景中选择自己的走向。也就是说，由于"分叉"的客观存在，各种具体的或微观层面的高等教育状态的形成或出现，往往是非决定的和难以预见的。然而，与宏观进化的历史过程联系在一起的整个高等教育的演化发展，却具有整体意义上的预见性，即高等教育发展的总体趋势是可以预见的。当然，这种预见也不是绝对的和严格的，而是弹性的和统计性的。跟自然系统一样，高等教育乃至"社会倾向于朝规模更大的方向增长，朝在各种各样的组分之间形成更错综复杂的关系的方向发展，朝建立更大量和更灵活的相互作用模式的方向前进"①。

---

① ［美］欧文·拉兹洛：《人类的内在限度：对当今价值、文化和政治的异端的反思》，社会科学文献出版社 2004 年版，第 172 页。

三、进化论思想对高等教育选择研究的方法论意义

现代科学研究昭示,进化之于高等教育系统的意义是显然的,之于理解高等教育的运行发展也是有特殊意义的。系统从低级到高级、从简单到复杂的转变,本身意味着系统适应能力的增强,因为"复杂性更高的系统通常能够容纳更多的、不同类型的系统与环境之间的关系(例如,输入和输出可以分开),因此可以应对更复杂的环境"①。看到并承认高等教育的进化性,将进化思想运用于包括高等教育在内的社会领域,具有特殊的方法论和思维革新意义。因为如果否定高等教育的进化性,就无法解释高等教育从古到今所发生的一切变化,就无法理解高等教育为什么会变得越来越复杂。如果高等教育是注定的和永恒不变的,一切早已预先安排好,那就意味着人类在其面前是无能为力、无所作为和无须作为的,也就不存在能动的选择问题。所以说,只有既能看到和承认高等教育是不断进化的,同时又能看到高等教育的未来发展存在多种可能性,才能真正理解高等教育的多样性、复杂性和选择性,才能彻底洞悉主体选择和研究高等教育选择的意义和价值。

宇宙自然有它自己的历史行程,因此"对宇宙自然不但要进行横向的结构解剖,更要求对它进行纵向的过程追踪"②。与宇宙自然相比,人类社会的历史性更为明显和突出,唯有动态地考察它的演进历程,才能真正揭示人类社会运行发展的客观规律。正如人类历史的画卷包罗万象,记述和刻画了整个人

---

① 转引自[英]彼得·狄肯斯《社会达尔文主义》,吉林人民出版社2005年版,第49页。

② 萧焜涛:《自然哲学》,江苏人民出版社2004年版,第3页。

第一章 高等教育选择研究的理论支点

类生存和发展的流程。包罗万象的高等教育的历史，从不同维度和层面展示着高等教育与外界环境之间不断地进行物质、能量和信息交换，以及随时空变换而不断演化的品性和风景。高等教育的演化是一个复杂的历史过程，它从远古走来，会聚于现在，又奔向未来，具有鲜明的"路径依赖性"，即未来的走向在某种程度上依赖于主体过去和现在的选择。换言之，高等教育的"现在由过去而来，未来也可能依循今天的状况"[①]，未来的高等教育究竟要往何处去，毕竟跟它从何而来有关。正因为如此，我们绝不能忽视高等教育的历史性、动态性和选择性，要设法依据它的过去来理解和反思它的现在，根据它的现在去分析、预测和考察它的未来。换言之，高等教育的演化发展犹如一条运动不息的河流，我们可以溯流而上去重温它的历史，也可以顺流而下去探测它的未来。不过，这并不意味着高等教育的进化或演化发展是由其历史决定的，具有历史"前定性"，也不意味着它达到目的只有一条依赖于历史惯性的轨道或通道。高等教育与其他社会子系统一样，通常根据现实的时空背景选择自己的走向和运行路径，可以通过多种途径或通道达到同一目标。

高等教育的历史性与高等教育的进化性密切关，一方面高等教育的进化性决定了高等教育具有历史性，另一方面高等教育的发展历史又记载着高等教育的进化历程。因此，如果我们不承认高等教育的进化性，就无法理解高等教育美丽的历史画卷，也就不会懂得如何通过借鉴历史去选择未来。从世界范围看，每一个国家或地区都有自己的历史文明，都有自己相对独特的高等教育发展历程。中国有五千多年的文明史，高等教育可谓源远流长，虽然具有现代意义的大学是"舶来品"，迄今

---

① [美]欧文·拉兹洛：《巨变》，中信出版社2002年版，第5页。

也不过百余年的历史，但谁也不能否认它现已与中国的历史文明和传统文化融合到一起。如果我们看不到这一点，就无法理解中国今天高等教育的特殊性和本土化特征，也就难以对中国未来的高等教育做出正确的判断与选择。

第二节 高等教育的复杂性与可选择性

高等教育选择的发生，潜在地包含着一个基本的前提或假设，即高等教育必须具有可选择性，抑或说高等教育选择客体是多元而异质的，否则就不存在真正意义上的高等教育选择。高等教育的多样性和复杂性密切相关：一方面如果没有以非线性相互作用为表征的复杂性，就没有高等教育的多样性和差异性；另一方面，如果没有高等教育的多样性，就根本谈不上高等教育的复杂性。可选择性、多样性和复杂性是一组相互关联的概念，彼此交织在一起，甚至可以相互解释。

一、高等教育的复杂性

（一）什么是复杂性

复杂性是一个比较难以界说的概念，原因既在于复杂性几乎遍及自然客体、人工物品、心智过程和知识体系等实在的所有领域，也在于复杂性体现在构成系统的组元、要素、结构、功能、属性等多个方面，还在于简单性在人们头脑中扎根太深。在过去相当长的时期内，"无论在认识论或本体论上，'简单性'与'复杂性'的地位都是不对称的"。[①] 简单性一直被

---

① 吴彤：《"复杂性"研究的若干哲学问题》，《自然辩证法研究》2000年第1期。

第一章 高等教育选择研究的理论支点

看成是世界的基本属性,而复杂性则被视为"无法认识"和"难以处理"的代名词,从来没有被认为是世界的基本属性,至多也只是被视为简单性的复合产物和现象,甚至被认为是认识主体运用简单性原则处理问题的能力不足所导致的结果。普利高津的批判或描述是客观的,他认为"在本世纪之初,物理学家继续着经典研究项目的传统,几乎一致承认宇宙的基本规律是决定性的和可逆性的。那些不适合这一程式的过程被认为是例外,仅仅是人为的产物,是因为我们的无知或对所涉及的变量缺乏控制才由复杂性造成的"①。

正因为如此,人们对复杂性的解读至今尚未达成共识,当前代表性的观点有三种:第一种观点认为,"复杂性就是自组织性"②。因为自组织能够通过与环境交换物质、能量和信息,可以使系统从无序状态转化为有序状态,具有生物系统所特有的属性。即复杂性事物的"一些独立的元素能自发地进行合作,最终就像一个整体"③。那种仅仅由空间或机械邻接物连接着的客观对象,只不过是一堆或一团虽有外部联系但却是相互独立的东西,不具有自组织的功能。这种客观对象是典型的"加和性"合成体,可以通过单个组分的总和作适当的描述,同时对它们减去或增加一些对整体的特性都没有影响,垃圾堆、零乱的顶层楼阁、粘在一起无联系的书

---

① [比]尼科里斯、[比]普利高津:《探索复杂性》,四川教育出版社1986年版,序言。

② 尼科里斯和普利高津合著的《探索复杂性》有一标题为"物理——化学系统的自组织:复杂性的诞生"。显然,此二人均认为"复杂性就是自组织"。(参见[比]尼科里斯、[比]普利高津《探索复杂性》,四川教育出版社1986年版。)

③ [美]埃德加·E.彼得斯:《复杂性、风险与金融市场》,中国人民大学出版社2004年版,第8页。

页等都具有这种特性。它们的"每一部分都可以从它本身获得了解，而考虑其他部分既无补于事也无必要"①。第二种观点认为，"真实的复杂事物……恰好处于严格的有序和无序之间"②，既不是完全的无序，也不是高度的有序，处于"混沌的边缘"。第三种观点认为，复杂性是事物跨越层次整合后不可还原的新性态和相互关系。国内大部分学者持这种观点。如颜泽贤教授认为，复杂性是客观事物的一种属性，是客观事物层次之间的一种跨越，是客观事物跨越层次的不能够用传统的科学学科理论直接还原的相互关系。③吴彤教授对此定义进行了补充，认为"复杂性"是世界的本质属性，不是简单性的线性组合和现象，特别不是简单性的表现结果；复杂性有客观复杂性和认识复杂性之分，客观复杂性即客观事物某种运动或性态跨越层次后整合的不可还原的新性态和相互关系，认识复杂性即对客观复杂性的有效理解及其表达。④黄小寒教授认为，"复杂性是系统的一种客观属性；复杂性具有系统层次跨越的性质'涌现'性；复杂性是单纯的还原论不可解的"。"复杂性的基本特征是演化，其核心是整体性。"⑤不难看出，各种观点尽管表述不一，但彼此从不同的角度揭示了复杂性的特征，而且第三种观点吸纳了前两种观点的核心思想，相对比较全面。我们倾向于采用第三种观

---

① ［美］欧文·拉兹洛：《系统哲学引论——一种现代思想的新范式》，商务印书馆1998年版，第120页。
② ［美］约翰·霍根：《科学的终结》，远方出版社1997年版，第292页。
③ 颜泽贤：《复杂系统演化论》，人民出版社1993年版，第50页。
④ 吴彤：《"复杂性"研究的若干哲学问题》，《自然辩证法研究》2000年第1期。
⑤ 黄小寒：《世界视野中的系统哲学》，商务印书馆2006年版，第29、70页。

点的表述，即将复杂性视为事物跨越层次整合后不可还原的新性态和非线性相互关系，同时将非线性、不稳定性和不确定性看成是复杂性的根源和重要表现。具体事物的复杂性可以从组分、要素、结构关系、功能关系、外部环境以及运动过程等方面进行描述或度量。

（二）高等教育的复杂性表现

高等教育属于复杂系统，其众多的元素或亚系统纵横交错地结成一张巨大的网，有多种不易控制的变量充斥其间，变幻莫测。直观地看，今天多样化的高等教育系统是由许许多多高等教育机构组成的，"这些机构有着广泛的但却各不相同的学生群体、大量的教职员工以及越来越多的学科和学术领域"。[①]与力学系统、物理化学系统和生物系统相比，作为社会系统的子系统，高等教育的运动过程通常只能在社会系统的范围内被解释，它本身也往往只能甚至总是在宏观的背景中被定义和描述，具有显著的整体性和不可还原性。通俗地说，高等教育除了内部结构复杂之外，它还存在于其他各种复杂的关系之中，离开政治、经济、文化等复杂的外部环境，人们就无法解读它。同时，也正因为高等教育是复杂的"关系集合体"，人们不仅在理论上难以描述它，而且在实践上也不易精确预测和严格控制它。

1. 高等教育的构成要素多元而异质

系统的复杂性与其组成要素以及各要素的组合方式有着高度的相关性，要素种类、数量和层次越多，组合方式越丰富多样，系统也就越复杂。高等教育由大量要素组成，而且各要素

[①] ［英］玛丽·亨克尔、布瑞达·里特：《国家、高等教育与市场》，教育科学出版社 2005 年版，第 20—21 页。

高等教育选择论

本身又包含着诸多具有不同状态和表现的元素,而元素、状态和表现又往往有各种不同的"变态",其程度也有大、中、小的不同。直观地看,一个国家的大学系统通常由诸多不同类型的高等院校构成,同类高等院校又往往包含多所各具特色的高校,每一所高校还由多个不同的学科专业构成,而不同的学科专业以及同一学科专业内部不同要素通过相互作用进一步形成复杂的竞争或协同关系。

从表象看,高等教育像是一种实体化的组织系统,但本质上它却是一种复杂的关系集合体。我们姑且抛开组成高等教育的其他相关要素的多样性与异质性不说,单是数量庞大的教育者、受教育者和管理者的共同参与,就足以使高等教育的运行发展变得异常复杂。因为作为高等教育的主要构成要素,人是有限理性与非理性的统一体,而且每个人都有自己的思想动机、价值判断和行为选择,他们"一旦作为一种复杂性的存在进入教育过程,无论是从人作为教育系统基本要素的角度也好,还是由于人的复杂性而导致的教育对外在环境开放的角度也好,简单教育过程中那种人为的稳定与有序的运作状态必然会被打破,而出现一种动荡的'涨落'起伏状态"[1]。这正是所谓的"对于一定的系统来说,重要的不是要素本身是由什么构成或为什么具有那种属性,而是要素具有什么属性和处于什么状态"[2]。作为高等教育的主要构成要素,人所具有的属性和所处的状态足以让高等教育的复杂性叹为观止。

---

[1] 么加利:《走向复杂:教育视角的转换》,西南师范大学出版社2002年版,第157页。

[2] 武杰:《跨学科研究与非线性思维》,中国社会科学出版社2004年版,第280页。

第一章　高等教育选择研究的理论支点

2. 高等教育具有立体式的网状结构

系统的秘密不在于实体，而在于关系。系统之所以成为系统，不仅因为系统具有许多要素，还因为各要素相互之间具有一定的关系。没有一定的关系，各要素只能机械地集合为"一堆"或"一团"松散而无关联的东西，不能产生整体性行为和组合功能。因此，在考察任何事物或系统时，既要把它作为更大系统的一个子系统或要素，注意它和周围事物的联系，同时又要把它作为一个有机整体，注意它内部的各种联系，在内外联系的辩证统一中去把握事物或系统的性态。

高等教育由大量的性质不同的要素构成，各组成要素之间相互联系、相互制约。从纵向来看，高等教育的每一个方面，都具有由一些更为基本的要素一层又一层地逐步组织起来的特点，从低层到高层、从部分到整体之间存在着层次之间的隶属包含关系，整体上构成多个层面的垂直系统。从横向来看，高等教育有多少个面就有多少个纵向垂直系统，而每个纵向垂直系统有多少个阶梯就有多少个横向的水平层次。垂直的、纵向的系统关系和水平的、横向的系统关系，彼此相互结合就构成了高等教育多方面、多层次的网络结构。正因为如此，潘懋元先生指出："从高等教育结构的整体出发，它既包括宏观结构体系和微观结构体系，有纵向结构体系也有横向结构体系，也还包括静态结构体系和动态结构体系，是一个宏微渗透、纵横交错、动静结合网状结构体。"[①]

高等教育结构关系的复杂性，可以通过具体的大学学科结构关系来解读。众所周知，大学是以学科建制为基本特征的，

---

① 潘懋元、王伟廉主编：《高等教育学》，福建人民出版社1995年版，第65—66页。

学科是大学的主要构成要素。从学科结构看，大学尤其是综合性大学的学科关系相当复杂，各学科之间既然存在线性的链状关系，也存在环状关系，还存在立体交叉的网状关系，具有显著的垂直和水平分离特征。从纵向看，存在大学科系统套小学科系统、小学科系统套更小学科系统的现象，逐级叠加构成"学科金字塔"，从塔顶到塔底依次为学科门类群、一级学科群、二级学科群和三级学科群。同时，每一学科门类下面通常设有多个一级学科，每个一级学科下面往往设有多个二级学科，而每个二级学科下面常设有多个研究方向，即人们常说的"三级学科"。从横向看，大学中的每一个学科似乎都是一个相对独立的学术组织，彼此有各自的边界和小环境，但本质上所有学科都是同一"学科谱系树"的一个分支，不同学科之间存在或近或远的"亲缘关系"。在共同的大学环境中，每一个学科往往既是其他学科的资源争夺者，同时又是其他学科的资源提供者，彼此之间既相互竞争，又协同发展，共生共荣。当然，"大学系统的学科结构并非简单的纵横二元结构，不同层级的学科通过纵横交错形成复杂的立体网络结构。"[①]

3. 高等教育存在复杂的非线性关系

作为社会系统的子系统或亚系统，高等教育一方面嵌镶在复杂的社会系统之中，与其他的社会子系统诸如经济系统、政治系统、文化系统以及各种社会因素之间存在着密切的联系，其运行发展要受到经济、政治、文化等的制约。另一方面，高等教育本身也由多种内在联系的子系统构成，各子系统之间相互作用、相互联系，彼此共处于复杂的非线性关系网络之中。

[①] 李枭鹰：《多样化与异质化——生态视域中的学科规划思维》，《学位与研究生教育》2006年第7期。

第一章　高等教育选择研究的理论支点

非线性作用的存在致使高等教育的构成特征不能由孤立的各部分的特征来说明，即单纯通过对高等教育某个子系统或与之关联的某个社会子系统的了解，根本不可能对高等教育整体做出完整的解释。同时，由于高等教育各种要素之间存在非线性作用，每个要素的变化都有可能成为其他要素变化的原因，也可以成为其他要素变化的结果。亦即说，高等教育每个要素的变化改变着其他要素或彼此之间的关系，也被其他因素或彼此之间的关系改变着，进而也改变着高等教育系统自身。因为在复杂性系统中，"一个子系统的变化必然影响到与其相联系的其他子系统发生变化，如此传递下去，交互影响，往往会在整个系统中形成一个不断强化、扩展的震荡，使系统表现出许多动态性的特征"。① 因此，按照提出一系列定律的方法来描述高等教育的动态行为，当前虽不能做出完全否定的判断，但有研究业已表明："用什么数学形式来定量地描述大系统诸变量的变化规律是研究大系统中最困难的一件事。"②

4. 高等教育的外部环境和演化过程复杂

高等教育不是社会中的"单子"，更不是社会中的"孤岛"。它不仅内部结构关系复杂，而且与外部不断变化着的环境系统之间的关系也相当复杂。这种复杂关系表征为：高等教育对于外部社会环境系统"既是自主的又是依赖的"③。之所以这么说，一是因为高等教育有自己相对独立的边界，具有一定的稳定性和封闭性，即使系统的一部分已经瓦解或死亡，但它依然要能够保持自己的运动形态；二是高等教育必须适当地

---

① 颜泽贤、张铁明：《教育系统论》，河南教育出版社1991年版，第28页。
② 钱学森、宋健：《工程控制论》下册，科学出版社1981年版，第851页。
③ [法] 埃德加·莫兰：《复杂思想：自觉的科学》，北京大学出版社2001年版，第236页。

开放自己，从外部社会环境之中不断获取物质、能量和信息，同时随时间不断地变化自己，以适应其环境的变化。因为"一个与环境没有任何交换的封闭系统不可能出现自组织行为，对环境开放即与外界进行物质、能量、信息交换的系统才能产生自组织运动"①。事实上，没有一种生命有机体是可以孤立存在的，任何一种有机体都必须依赖周围的环境，都必须同周围环境进行物质、能量和信息的交换才能生存。当然，高等教育与社会系统之间的作用是相互的，它从社会系统吸取养料时，也为社会系统的稳定有序提供智力和人才支撑。

高等教育的外部环境是极其复杂的，其复杂的根源不仅在于构成它的各子系统如政治、经济、文化等是动态变化的，而且各子系统之间的相互作用或相互关系是非线性的。正因为如此，高等教育的演化发展表征为：一种众多变量的行为彼此相互耦合在一起产生错综复杂的系统行为，既包含着决定性的和可逆的因素，也包含随机性的和不可逆的因素，具有有序和无序交混的性质，即局部杂乱无序和整体结构有序并存，而整体的结构有序维持高等教育的聚合力，局部的杂乱无序则导致高等教育的创新和活力。从这个意义上说，单纯的有序和确定性或纯粹的无序和不确定性，都不能对高等教育系统的演化发展做出完全解释和完整描绘。当中的主要原因有六：一是高等教育的每个组成部分不能代替整体，每个层次的局部不能说明整体，通过某个组元或层次的了解无法知晓高等教育整体；二是高等教育有多种多样的子系统和子子系统，每个子系统都有相对独立的结构、功能和行为；三是高等教育各组成要素之间、

---

① 么加利：《走向复杂：教育视角的转换》，西南师范大学出版社2002年版，第6—7页。

不同层次之间相互关联、相互制约，存在复杂的非线性相互作用，而且相互作用的方式是多种多样的；四是高等教育与外部环境相互关联、相互作用，彼此之间既是自主的又是依赖的；五是高等教育随时间而变化，经过系统内部和系统与环境的相互作用，不断适应、调节，通过自组织的作用，经过不同阶段和不同的过程，向更高级的有序化发展，会涌现出独特的整体行为与特征；六是高等教育的演化发展具有阶段性，既有渐变也有突变，渐变是突变的基础，突变则是从低级到高级变化的原因，整个过程是非线性的。

（三）理性正视高等教育的复杂性

高等教育的复杂性从不同维度揭示，高等教育的过程带有不可重演或不可逆的性质，不能像装配机器一样完全程式化运作，理应采用策略而非程序的方法对待复杂的高等教育现象与问题。此外，高等教育的复杂性还表明，仅看到高等教育的有序性与确定性，无视其无序性与不确定性，必将忽视或遮蔽高等教育主体的能动性和选择性。这就要求我们必须走出简单教育的樊篱，树立复杂性教育思维，赋予复杂性以本体论的性质和意义，在动态的非线性交互关系中去理解和把握高等教育的运动与发展过程。

首先，要将高等教育看成是关系的集合体，反对将它仅仅视为实体化的组织系统。如前所述，高等教育不只是由一个个"单子式"的要素组成的纯实体世界，当中的任何要素都处于与其他要素的内在关系网络之中，这种存在于高等教育中众多甚至不计其数的相互作用、相互反馈的关系，赋予了高等教育以复杂的性质。高等教育的这种复杂性，决定了高等教育很难或不可能被统一在恒定的规律之中，刻意把动态多变的教育情景还原为由几条简单而抽象的原则组成的教育原理，是远远不够的。同时，面对复杂的高等教育问题，我们必须将它置于社会、教育和人三者互动的关系中去思考，从中寻求问题的解决之策。

其次，要强调高等教育的过程性，反对严格的预期性。高等教育是过程的"延续体"，当中的一切都处于动态发展的过程之中，高等教育的意义不可能离开具体的教育情景和特定的语境而存在。尽管高等教育存在确定性的一面，需要一定的计划，但也存在不确定性的一面，因而一旦进入高等教育过程，其运作就不应是对外在于过程的种种计划的执行，不应死守计划而为计划所束缚，最终变成教育者按严格计划塑造受教育者的过程，而应根据高等教育过程中不断呈现的新情况适时调整计划，使高等教育成为一个不断涌现创造性的过程。过去，有人担心给予教师或学生以发挥自主性的空间，容易使高等教育运作处于一盘散沙的混沌状态。事实上，情况非但不会如此，相反由于教师和学生的主动参与，会使高等教育成为一种充满生机与活力的结构体，因为"混沌就是生命和创造力的源泉，并且生命和创造力并不按事先设计，而是通过导致自然输出的瞬间自组织过程造就的"[①]。

再次，要强调高等教育规律的统计性与选择性，反对只看到高等教育规律的确定性与必然性。过去，受机械决定论的影响，人们普遍把对高等教育规律的探求等同于对高等教育确定性和有序性的探寻，义无反顾地挖掘着高等教育中的"刚性的必然性"和"一一对应"的因果关系，很少意识到高等教育规律通常只是作为教育发展的"一般趋势"而表现出来的

---

① ［英］拉尔夫·D. 斯泰西：《组织中的复杂性与创造性》，四川人民出版社 2000 年版，第 11 页。

第一章 高等教育选择研究的理论支点

"弹性的必然性",实践中容易忽视教育因果关系的选择性。今天,我们应该革新高等教育规律的研究范式,尽快"由探讨普适性的教育规律,转向寻找情景化的教育意义"①,赋予高等教育规律以发生学的意义,充分认识到"进入教育实践活动中的主客体都不是预成的,他们都是主体实践创造、重建的结果,因此也就不存在一种预成的、永恒不变的必然性与规律,任何一种必然性都形成于一定的教育活动之中。固然以往的实践结果为新的、后续的教育实践提供了前提,并决定了它的大致方向,但这种前提条件又会在新的、后续活动中不断被改变,这种改变也形成了新的必然性、新的规律"。②

最后指出,既然高等教育具有复杂的品性,那么就应该正视其复杂性,赋予其复杂性以本体论的意义,因为"恰切的认识应该正视复杂性"③。不过,正视复杂性并不意味着不要简化,也并非意味着要把所有的因素统统写入高等教育的运动"方程",而是旨在强调不能把高等教育复杂性本质的非线性方面近似为线性的简单性加以处理。事实上,复杂性的描述也需要简化,况且我们运用复杂性思维考察高等教育复杂性的最终目的,不是将高等教育复杂化和神秘化,而是为了更深刻地揭示高等教育的运动发展规律,以便更好地按高等教育规律办事,减少失误和少走弯路。当然,要真正做到正视和善待高等教育的复杂性并非易事,需要"我们积极培养自己应付和处理不测事件的头脑,学会在散布着确定性岛屿(群岛)的不确定

---

① [加]大卫·杰弗里·史密斯:《全球化与后现代教育学》,教育科学出版社2000年版,第1页。
② 鲁洁:《教育:人之自我建构的实践活动》,《教育研究》1998年第9期。
③ [法]埃德加·莫兰:《复杂性理论与教育问题》,北京大学出版社2004年版,第26—27页。

性的教育海洋中航行"[①]。

二、高等教育的可选择性

严格来说，高等教育的因果关系并非是一一对应的，往往表现为一因多果，或一果多因，或多因多果。高等教育因果关系的复杂性，意味着高等教育的未来发展存在"多种但数目有限的可能性"，这些可能性的集合不仅构成高等教育发展变化的"可能性空间"，同时也构成了高等教育的"选择域"。以集合形式存在的选择域，又由若干选择项构成。用数学的眼光看，选择项越多，选择域越大。从整体趋势看，高等教育力图向可能性数目为最大的状态发展。

高等教育发展可能性空间的客观存在，不仅揭示了高等教育选择的可能性和必要性，同时也为高等教育选择提供了基础和条件。因为"只有存在可能性集合，才会有控制问题，控制就是对可能性集合中某种合目的需要状态的选择"[②]。换句话说，在既定的历史条件下，高等教育的发展只有存在多种可能性，选择主体才能有意识、有目的地从中选取某一种或某些种，因为真正意义上的主体选择根基于多样化的选择客体。假如高等教育的运行发展，像钟表走时那样机械，只有唯一的运行轨道和运动方向，或者说只有一种可能性（即选择项只有一个），那么高等教育主体也就没有选择的余地，或只有唯一的选择。若说唯一选择也是选择，那它也只能算是一种"被选择"，一种客体对主体的"选择"。当然，现实的高等教育并

---

① 唐德海、李枭鹰：《复杂性视域中的教育选择》，《高等教育研究》2006年第10期。

② 庞元正：《决定论的历史命运》，中共中央党校出版社1996年版，第123页。

第一章 高等教育选择研究的理论支点

非如此，它的多样性是如此明显，以至于我们难作他想，也无须他想。譬如，随着高等教育大众化的到来，多样性为学生提供了更多的选择空间和选择机会，向整个社会打开了高等教育的大门，促进了社会的流动性，导致并保护了知识的专业化，还满足了日益复杂的社会规范的需求。

不过，我们也必须牢记："选择域"并非越大越好，也并非"选择项"越多越好，适度即可，因为"选择域"达到一定程度后，再拓宽"选择项"或"选择客体"就没有多大的意义。如果硬说有，那也只是统计性的"数字"意义。实践与经验反复告诉我们，如果选择域过大，选择主体往往会在没有彻底认识选择客体的情况下做出选择，如此一来，主体的"目的性选择"容易演变成"随机性选择"。在高等学校普遍推行学分制的今天，许多人呼吁高校应该开出尽可能多的选修课程，我们不怀疑这种呼声的良好动机，但如果毫无理性地高喊大力增加选修课程数量，可以说对"课程选择域"尚缺乏足够的认识和理解，因为课程选择域达到一定的宽度，再增大无论对群体还是个体都可能造成课程资源闲置。也许大家不禁要问：既然无限疆域的选择没有多大的意义，那么选择域究竟多大比较合适？这是一个需要认真研究的课题，具体问题恐怕要具体分析，我们一时也难以给出令人满意的答案。事实上，要走出高等教育选择的迷宫，我们需要一定的原则，但不是永恒的原则，原因除了具体问题需要具体对待之外，还在于高等教育本身是变动不居的。比如，同一所学校或同一学科专业，如果在校学生规模发生变化，课程选择域就应有与之相应的调整。另外，需要说明的是，高等教育的多样性是一个十分宽泛的范畴，我们可以从不同的领域和维度去理解，也可以从宏观、中观和微观等不同的层面去理解。

高等教育的可选择性根基于高等教育的多样性，而高等教育的多样性又根源于高等教育选择的普遍性。换句话说，没有高等教育选择的普遍性，就没有高等教育的多样性。同样，没有高等教育的多样性，就根本谈不上高等教育的选择性，更不用说高等教育选择的普遍性了。多样性与选择性是辩证统一的，彼此互为前提和基础。高等教育的多样性与高等教育的选择性，实际上是一种环形的共生关系，彼此首尾相连，我们很难判断也没有必要分清两者呈现时间的先后，因为这是一个类似于"先有鸡还是先有蛋"的超循环问题。

第三节　高等教育的可预测性与可控制性

任何事物的运动发展都有其客观规律，按事物运动发展的规律办事会事半功倍，反之则要受到规律的惩罚。因此，认识规律并按规律办事向来是人类的一种理性追求，而按规律对事物的运行发展施加预测和控制是其最直接的表现之一。高等教育作为一种培养人的社会活动，系人类延续发展之百年大计、社会进步之基石，更应该遵循规律、依教育发展的客观规律行事，及时预测和控制其发展过程的偏差，以避免出现教育失策或失误。教育学研究的目的就在于：揭示和掌握教育系统的运动规律，并运用这些规律来描述、模拟和预测教育运动的变化，进而驾驭和控制教育系统的运作。现在人们的疑问与不解是，高等教育属于什么类型的系统，它的运动过程是可以预测和控制的吗？如果回答是肯定的，人们又能在多大的程度上预测和控制高等教育的运动过程？本研究正是为了解答这些问题。

第一章 高等教育选择研究的理论支点

一、不同类型系统的可预测性水平

预测是人们根据事物之间的相互联系、事物发展的历史及显示资料,利用已经掌握的科学知识和手段,对客观事物的未来发展状况或趋势进行事前分析和推断的科学与艺术。从管理的视角看,预测的目的是为制订计划或进行决策提供客观依据。预测意识,自古有之。"人无远虑,必有近忧"或"凡事预则立,不预则废",所表达的正是人们的预测意识。时至今日,精确预测事物的运动变化,科学制定各种建设与发展规划,已成为人类的理性诉求和实践期盼。

不同类型的系统或事物的运动过程,具有不同程度的可预测性。美国学者埃德加·E.彼得斯将系统分为简单线性系统、混沌系统、非线性随机系统和复杂系统四种,同时对它们的可预测性水平进行了研究和分析,认为线性系统的运动过程具有高的短期和长期可预测性,混沌系统的运动过程具有高的短期可预测性和低的长期可预测性,非线性随机系统具有低的短期和长期可预测性,复杂系统具有低的短期可预测性和高的长期可预测性。[①]

(一)线性系统:高的短期和长期可预测性

线性系统是指状态变量(或输出变量)对于所有可能的初始状态(或输入变量)都满足叠加原理的系统。亦即说,线性系统的输出变量与输入变量之间存在一一对应的因果关系,可用一组线性微分方程或差分方程来描述。因此,线性系统的运行发展过程具有高度的短期和长期可预测性,只要掌握系统的

---

① [美]埃德加·E.彼得斯:《复杂性、风险与金融市场》,中国人民大学出版社 2004 年版,第 189—192 页。

初始状态，就可以预测它在任何时空点上的运动状态。"线性系统在空间上和时间上都一览无余，具有完全的可预测性。"①正因为如此，短期和长期在线性范式中没有任何区别，时间似乎没有任何意义。只要一个线性过程保持封闭，不受任何干扰，它就是稳定的，无论短期还是长期的不确定性水平都较低，而一个稳定的过程则是一个能够预测的过程。一般而言，线性系统不能抵抗外部冲击，否则稳定性会被破坏。常见的钟摆是一个线性系统，如果没有干扰，它会可靠地运转。不过，在现实世界中，几乎不存在真正被线性关系驱动的系统，线性是特殊的系统状态。

(二) 混沌系统：高的短期和低的长期可预测性

混沌是指发生在确定性系统中的貌似随机的不规则运动。一个确定性理论描述的系统，其行为却表现为不确定性、不可重复和不可预测，这就是混沌现象。混沌是非线性动力系统的固有特性，是非线性系统普遍存在的现象。混沌系统不需要附加任何随机因素，亦可出现类似随机的行为（内在随机性）。混沌系统的最大特点就在于，系统的演化对初始条件十分敏感，因而系统的运动过程或未来行为不可长期预测。在混沌系统中，一个很小的影响往往会引起一个很大的反应，即所谓的"蝴蝶效应"②。气候系统是最为典型的混沌系统，微弱气流的

---

① 苗东升：《系统科学大学讲稿》，中国人民大学出版社2007年版，第296页。
② "蝴蝶效应"是美国气象学家洛伦兹1963年提出的，大意为一只南美洲亚马孙河流域热带雨林中的蝴蝶，偶尔扇动几下翅膀，可能在两周后引起美国得克萨斯一场龙卷风。原因在于，蝴蝶翅膀的扇动导致其身边的空气系统发生变化，并引起微弱气流的产生，而微弱气流的产生又会引起它四周空气或其他系统产生相应的变化，由此引起连锁反应，最终导致整个气象系统发生极大变化。"蝴蝶效应"揭示：混沌系统的结果对初始条件具有极为敏感的依赖性，初始条件的极小偏差将会引起结果的极大差异。——笔者注

第一章　高等教育选择研究的理论支点

变化会引起其四周空气或其他系统产生相应的变化，由此引起连锁反应，最终导致整个气象系统发生极大变化，因而长时间预测天气是不可能的。在混沌过程中，要素和过程呈"指数"关系。这种关系类似于"一根稻草可以压垮骆驼"的故事所描述的那样：用骆驼装载货物，让骆驼保持站立，持续让骆驼承受更多的货物，当货物增加到足够的重量时，即使再增加一根稻草，也会将骆驼压倒。这不是骆驼不能承载稻草的重量，而是不能承载累加起来的重量。

混沌系统的运动过程虽然不能长期预测，但在短期内通常是可以预测的，因为短期内要素和过程的相互关系近似线性。这类似于站在地球表面看地球是平坦的，而在太空中看地球则是球状的，即在近处是线性的，在远处则是非线性的。也就是说，混沌系统具有短期的稳定性，但不知或难以判断它在长期内也是否稳定。混沌系统由于对初始条件具有敏感依赖性，因而外部的冲击将导致混沌系统进入完全不同的轨道。因此，混沌系统的运动过程在短期是可以预测的，但在长期内难以甚至不能加以预测。

（三）非线性随机系统：低的短期和长期可预测性

非线性随机系统，亦称概率混沌系统。此类系统对初值完全毫不依赖，即初值一点不影响以后的行为。股市就是典型的非线性随机系统，其运动或反应过程是不可长期预测的。华尔街有句名言："一个好的操盘手是一个没有观点的操盘手"，这无疑是对股市特征的生动描绘。这句话的意思是说：一个真正成功的投资者，在投资过程中不事先假定股市应该朝哪个方向走，即不做任何预测，而是让股市告诉他股市会走到何处，他只是对股市的走势做出反应而已，不必设法证明自己的观点是正确的。非线性随机系统的运动过程也有一定的规律，但一般

· 75 ·

不服从正态分布，变化曲线不是"钟形"曲线。

（四）复杂系统：低的短期和高的长期可预测性

复杂系统属于非线性动力系统，内外部存在复杂的非线性关系，仅仅通过子系统的了解根本不可能对系统的性质做出完全的解释。复杂系统介于结构化的系统与完全混沌的系统之间，即"处于混沌的边缘，但也已超越了静态的结构"①。因此，复杂系统的运动过程具有整体的结构性和局部的随机性交混的特征，介于结构化过程和完全混沌过程之间。对此，霍根进行了通俗易懂的解释："在高度有序和稳定的系统（比如晶体）内部不可能诞生新生事物，另一方面，完全混沌或非周期的系统，比如处于湍乱状态的流体或受热气体，则将趋于更加无形。真实的复杂事物——变形虫、契约贸易者以及其他类似的东西，则恰好处于严格的有序和无序之间。"②

从控制论的视角看，一个结构化的系统，无论在局部还是整体方面，其运动过程都是完全可以预测的；一个完全混沌的系统在局部和整体水平上则都是不稳定的，混沌系统中环境的变化将引起系统跳跃到一个完全不同的水平。"复杂系统具有局部杂乱无序和整体结构有序的特性"③，整体结构性决定了其运动过程具有较高的长期可预测性，而局部的随机性则决定了其运动过程具有较低的短期可预测性。比如，种下一粒桃树种子，我们完全可以确信它将长成一棵桃树，但我们无法预测这棵桃树会长出多少条枝，或者它能长多高。我们能够预测一

---

① ［美］埃德加·E. 彼得斯：《复杂性、风险与金融市场》，中国人民大学出版社2004年版，第188页。

② ［美］约翰·霍根：《科学的终结》，远方出版社1997年版，第292页。

③ ［美］埃德加·E. 彼得斯：《复杂性、风险与金融市场》，中国人民大学出版社2004年版，第7页。

第一章 高等教育选择研究的理论支点

棵松树树叶和树皮的类型,但不能预测叶子和树枝的数量。质言之,复杂性让我们能够宏观地预测长期的"总体结果",但无法微观地预测近期的"具体结果"。拉兹洛曾深刻地指出,复杂系统的"未来发展的具体形式是不可预测的:它部分地取决于我们自己。然而未来发展模式的总体趋势还是可以预见的,它走向程度更高的组织化和有序化,由于分化的下层系统的结合,形成了更大的功能整体,系统就被层层地加到发展中的等级系列体系中。由于我们是自然界的一部分,因而我们的未来是确定的,并服从于其总的发展规律"①。不过,斯泰西却认为,"组织机构的长远未来是完全不可知的,因为特定的行动和特定的结果之间的联系在发生的枝枝节节的事物中丢失了。只有当我们能够表明在我们采取的特定行动和获得的特定状态之间有联系时,我们才可以声称已经得到了某种意料中的事物"。② 我们相信,非线性动力系统或复杂系统,既有不可预测的一面,也有可预测的一面,表征为预测的不完全性,即低的短期可预测性和高的长期可预测性。

二、高等教育的可预测性水平

(一) 作为复杂系统而存在的高等教育

高等教育属于复杂系统,既有确定性的一面,也有不确定性的一面,处于严格的有序与无序之间,具有开放性、非线性、动态性和自组织性等特性,往往作为一种耗散结构系统、非线性系统、动态系统、自组织系统而存在。

---

① [美] 欧文·拉兹洛:《系统哲学引论——一种现代思想的新范式》,商务印书馆1998年版,第212页。
② 转引自 [加拿大] 迈克尔·富兰《变革的力量——透视教育改革》,教育科学出版社2005年版,第28页。

高等教育选择论

1. 高等教育是一种耗散结构系统

包括高等教育在内的教育系统"是一种主要为了实现受教育者的社会化，而由具有专门的知识、技能的教育者同不够成熟的作为潜在的社会成员的受教育者，以一定的教育设施和文化信息为中介，按一定的方式组成的具有特定社会功能的耗散结构系统"①。作为一种耗散结构系统，高等教育系统必须通过开放，与其他社会子系统建立起相互支持的反馈系统，才能有效地消除自身内部的无组织力量，维持自身正常的有序状态。因为只有开放、有涨落、远离平衡态才能形成有序结构，其中开放是系统发生有序演化的必要条件，系统内部的非线性相互作用是系统有序之源，而系统不断地与外界进行物质、能量和信息的交换则是系统走向有序的保障。

2. 高等教育是一种非线性系统

高等教育系统由诸多元素、要素、子系统组成，它们之间相互关联、相互制约，以某种或多种方式发生复杂的非线性相互作用，以致在时间和空间上产生出各种复杂形式的"相干结构"②，从而使高等教育活动呈现出多样性和差异性，在发展目标、规模、速度、结构、方式等方面经常表现出某种渐变过程中的中断和曲折性。同时，由于存在复杂的非线性相互作用，高等教育系统的整体行为并非各子系统或局部或个体行为的简单相加，而是组成高等教育系统的一切元素、要素、子系

---

① 颜泽贤、张铁明：《教育系统论》，河南教育出版社1991年版，第13页。
② 看过田径万米比赛的人，大概都有这样的感受和记忆：起初上百人甚至上千人都聚在一块，比赛一开始，运动员们便开始分开，不久后整个群队基本瓦解。然而，比赛中的强手们却一英里又一英里地保持着"耦合"，即只要一个选手试图拉开距离，其他选手就会补上来，整个强手小群体保持着一定的整体性。强手之间这种结构关系类似于"相干结构"。——笔者注

第一章 高等教育选择研究的理论支点

统的相互依赖、相互结合、相互渗透、相互制约的交互作用的结果。这正是所谓的"系统的行为并不是子系统行为的简单叠加,而是子系统相互作用对总系统贡献的结果"①。高等教育系统内部各子系统之间,以及它与外部社会系统之间的非线性相互作用,不仅使高等教育系统形成了各子系统所不具有的新质和整体功能,也使高等教育系统呈现出多元化态势,如高等教育系统结构和功能的多样化、高等教育系统行为及其演变方向、目标、道路等的多元化。高等教育多样化的客观存在,为选择提供了基础和可能。

3. 高等教育是一种动态系统

任何具体系统在本质上都具有历史性、动态性,天体系统、生物系统、社会系统等无一例外。作为社会的子系统,高等教育也不是静止的,它随着时间的推移而不断演化发展,"随着人类精神生活的发展而发展"②。高等教育的演化过程非常复杂,既有涓涓细流式的渐变,也有平台飞跃式的突变。渐变表现为高等教育结构的调整与功能的完善;突变表征为高等教育形成了新的结构与功能,产生了新质和整体性,即高等教育向新的量态和质态演化或跨域。历史与现实已反复证明:高等教育的结构和功能都处在不断的变化和发展之中,否则就不会有今天结构复杂、功能强大的高等教育系统,也无法解释现代高等教育的多样性与复杂性,更无法理解古今高等教育之间的巨大差异。

4. 高等教育是一种自组织系统

从动态演化的视角看,系统可以分为非自组织系统(如

---

① 黄小寒:《世界视野中的系统哲学》,商务印书馆2006年版,第43页。
② [德] 弗·鲍尔生:《德国教育史》,人民教育出版社1986年版,序言。

· 79 ·

没有水源的池塘、自然环境中的石块）和自组织系统（如生命系统、社会系统等）两类。自组织系统的"各部分既是由其他部分的作用而存在，又是为了其他部分、为了整体而存在的；各部分交互作用，彼此产生，并由于它们间的因果联结而产生整体"①。类似于钟表的机械系统，是有组织的系统，但却不是自组织系统，因为它的部分不能自产生、自繁殖、自修复，而要依赖于外在的"钟表匠式"的科技人员。自组织系统能扬弃环境的作用，使环境的作用难以直接达到其结果，甚至还可以使环境的作用成为自身进一步存在与发展的原因，从而在环境的作用下维持或形成新的组织性、秩序性和系统性。自组织是"构成生物的、经济的、社会的和文化的结构的丰富多彩的形式世界的基础"②，具有特殊的动力学意义和进化论意义。

与一般生物系统或无机系统的"无意识"自组织不同，高等教育是一种自组织系统，即一种有人的参与的"有意识"的自组织，渗透着人的主观意志和带有价值导向的干预和控制。换句话说，高等教育的运动过程渗透着人的价值理想、价值选择和价值追求。合目的的价值活动，是高等教育产生自组织行为的"神经中枢"，它主宰和支配着高等教育向更优化和更高级的秩序演进。另外，由于有人为的控制与干预，高等教育从一种状态演化到另一种状态所需的时间大大缩短，不像自然系统的演化那样盲目和漫长。质言之，高等教育的未来发展存在多种可能性，究竟哪一种可能性会转

---

① 吴彤：《多维融贯——系统分析与哲学思维方法》，云南人民出版社2005年版，第170页。

② ［美］埃里克·詹奇：《自组织的宇宙观》，中国社会科学出版社1992年版，第26页。

第一章 高等教育选择研究的理论支点

化为现实,在自然状态下则取决于开放的性质、程度、时机以及系统内部和外部的各种条件,但人通过选择可以改变系统的内外条件及其作用方式,进而引导系统按人所期望的方向快速演化。

(二) 高等教育的可预测性

正如前面所述,预测主要基于事物的因果关系,依据作用条件判定事物的运动结果。高等教育的发展过程,可以看成是在特定的一个或多个原因作用下获得某个或某些结果的运作过程。如果我们将所有的原因表示为所谓的"条件集":$\{C_i\}$ j,把所有的结果表示为所谓的"现象集":$\{Ep\}$ q,两个集合间的对应关系为 F,那么相应的因果关系则可以一般形式化为:F: $\{C_i\}$ j→$\{Ep\}$ q; i, j, p, q = 1, 2, 3, ……从这个表达式来看,高等教育结果的可预测性取决于两个要素,即条件集 $\{C_i\}$ j 和对应关系 F 是否确定。从世界的普遍联系性和高等教育的复杂性看,原则上与某种特定的高等教育结果相关的前提条件是无穷多的,我们委实难以把握条件集 $\{C_i\}$ j 中的每一个,因而现实中所考虑的教育因果性只能在忽略某些微小原因或条件的理想情况下进行。另外,就算我们能够把握所有的原因和条件,但观察通常也不是完全精确的,而且每个原因和条件经常是不断变化的,因此始终存在不确定和不稳定的成分。在这种情况下,高等教育的因果决定性只能是条件与结果之间确定不移的"对应关系",其中并不包括条件和原因的确定性以及运行结果的可预测性,我们能够把握的也只能是这种条件与结果之间确定不移的"对应关系"。

高等教育复杂的因果决定性,一方面意味着包括高等教育在内的"教育活动的因素、过程与其结果之间的相关关系是概

· 81 ·

高等教育选择论

率论的，而不是决定论的"①，即高等教育的确定性是由其内外部各种"统计性的"相互关系造成的，我们很难对其进行准确的和具体的描述和预测。另一方面，也意味着高等教育演化发展的具体形式和路径存在多种可能，这如同从一个平面或空间上的点出发可以引出无数条射线，尽管最终演化的方向只是当中的一种。因此，对于复杂的高等教育系统，不管对它的组成元素、制约着它的各种力量以及它的外部环境有多么地了解，我们都很难预测它的微观状态或具体的演化路径。与此原因类似，"以往的历史学家们没能预见过去发生的那些重大技术革命和社会政治革命会有什么后果，同样，生活在当代的一个历史学家也不可能有把握地预言社会的分叉过程会出现什么结果。"② 不过，高等教育的运行发展遵循统计性规律，我们可以在宏观上统计性地预测其总体发展趋势。通常当我们讨论高等教育的可预测性时，预测主体一般是站在高等教育系统之外的，这种预测只是整体宏观性的而非局部微观性的预测（对复杂系统的运行发展，通常只能作出宏观的统计性预测，这是一般未来学家、预测专家和趋势分析家的基本看法）。当然，趋势性预测也是有限的和相对的，因为"趋势随着时间推演展开之际，也有可能会瓦解，产生新趋势和新进程"③。从这个意义上说，即便是整体性的宏观预测也并非易事，但预测或前瞻毕竟是解决问题的合理方法和思维逻辑，也是人们预防风险的理性选择，我们且不妨为之。

---

① 项贤明：《泛教育论——广义教育学的初步探索》，山西教育出版社 2000 年版，第 501 页。
② ［美］E. 拉兹洛：《进化——广义综合理论》，社会科学文献出版社 1988 年版，第 129 页。
③ ［美］欧文·拉兹洛：《巨变》，中信出版社 2002 年版，第 9 页。

三、高等教育的可控制性水平

（一）控制是一种选择

认识世界是为了更好地改造世界。同样的道理，认识和揭示高等教育的可预测性水平，目的是为了按规律和需要控制高等教育的运行发展，使之满足社会和个体发展的需要。作为控制论的核心概念，控制是指施控主体对受控对象施加的一种特殊作用，抑或说是施控主体"利用系统内部和外部的信息对系统内部的各个被施加作用的子系统施加作用的过程"[1]。施控主体可以是人，也可以是具有某种控制能力的机械装置，而受控对象可以是任何系统的运动过程。施控主体与受控对象之间的关系，通常是不对称、不平等的，前者处于主动地位，后者处于被动地位。

我们知道，控制是一种有目的的行为，是施控主体采取一定的策略手段作用于受控对象，力求使其行为状态发生"合目的"的变化，即促使现在的"实然状态"转变为期望的"应然状态"。可以说，目的是控制发生的动因，没有目的就谈不上控制。领导、指挥、计划等管理过程都是一种主动性行为，目的就是要使受控对象按照施控主体的意图去运行变化。一般而言，控制目的体现于受控对象的行为状态之中，在未受到控制之前，受控对象的行为必定存在多种可能，这种可能状态的全体组成一个可能性行为状态的空间，即行为状态可能域。在行为状态的可能域中，有些状态在施控主体看来是合乎目的的，有些不合乎目的，由此规定了控制的必要性。施控主体施

---

[1] 吴彤：《多维融贯——系统分析与哲学思维方法》，云南人民出版社 2005 年版，第 38 页。

加控制的目的，就是追求和保持合乎目的的状态，避免和消除不合乎目的的状态。从这个意义上说，控制也是一种选择，是一种在多种可能性中进行保留或排除的选择，即在多种施控手段中选择最有效的手段作用于受控对象，从而达到从受控对象的多种可能性行为中选择出施控主体所预期的某种行为的目的。

多样性是控制发生的基础，即受控者必须有多种可能性行为，只有一种行为的对象无须控制。同时，施控主体也应有多种手段作用于受控对象，只有一种手段在某种意义上说也无控制可能，即不存在真正意义的控制问题。另外，控制离不开信息，一个具体的控制过程可能是机械的、物理的、生物的或社会的，但这些控制过程都存在着信息的获取、传输、存储、加工和利用。

（二）高等教育的可控制性特征

作为一种复杂系统，高等教育处于不断地变化之中，时刻面临着尽力维持自己或经历不可逆转之更替的种种抉择。不管采取何种抉择，控制都明显存在于高等教育的发展变化之中。因此，怎样理解高等教育的可控制性，如何对高等教育的运行发展施以有效控制，是高等教育研究者和行动者不可回避的问题。一直以来，高等教育控制问题备受关注，但人们的"兴奋点"主要聚焦在控制方法和控制技术上，很少在理论上探讨高等教育的可控制性水平，以致人们在对待高等教育控制问题上存在两种"直觉式"的倾向：一是凭经验将高等教育视为简单的线性系统，进而把高等教育的运行发展看成是一个完全可以控制和操作的程式化过程；二是将高等教育雷同于混沌系统或非线性随机系统，进而认为高等教育的运动过程是完全不可控制的。事实上，作为一种复杂系统而存在高等教育，它处于混

第一章　高等教育选择研究的理论支点

沌与结构化的边缘，是宏观确定性与微观不确定性、整体有序与局部无序的统一体，具有确定性与随机性、有序性与无序性交混的性质，我们不可能像对待高度结构化的机械装置那样对待高等教育，即人们难以在系统内部对其运行过程进行严格控制，只能进行宏观的弹性控制。

掌握和利用信息是实施控制的命脉。依据对系统有关信息的掌握情况，控制论把系统区分为黑箱、灰箱和白箱三类。所谓黑箱是指我们一时无法直接观测其内部结构，或完成某一规定的认识任务，只能从外部的输入和输出中去认识，不能直接观测其内部结构的现实系统。比如，人的大脑、复杂的社会系统以及各种工程技术系统都属于黑箱。白箱是指我们不仅能够掌握完备的输入和输出信息，而且能够掌握完备的状态信息的现实系统。譬如，人工的机械装置都属于白箱。而灰箱则为"或者输入和输出信息不完备，或者状态信息不完备，或者输入、输出、状态信息都不完备"[①] 的系统，即具有灰色性的系统。控制论认为，灰色性有三种含义：一是对象信息的不完备性；二是对象信息的不确定性；三是对象信息既不完备，也不确定。对于相当复杂的系统，我们通常采取黑箱方法对其进行预测、决策和控制，即通过考察系统的输入、输出及其动态过程，而不通过直接考察其内部结构，来定量或定性地认识系统的功能特性、行为方式，以及探索其内部结构和机理。相信输入与输出之间存在因果关系，输入为因，输出为果，通过施加适当的输入以求得理想的输出，是设计和使用黑箱方法或控制系统的思想前提。高等教育属于复杂系统，我们自然可以通过黑箱方法，站在高等教育系统外部对其运行过程进行预测和控

---

① 苗东升：《系统科学大学讲稿》，中国人民大学出版社2007年版，第239页。

制，但这种预测和控制都是弹性的和统计性的。不过，高等教育系统更具灰色性，即人们既能获取其外部输入和输出特征的信息，也能够获取其内部状态的信息，但这两种信息都可能是不完备的。因此，对于类似于高等教育的灰色系统，不能使用白色预测那一套进行预测和控制，但可以采取灰色预测和灰色控制。这正如系统理论专家苗东升教授所言："当控制对象为经济、社会、人口等复杂系统时，控制量、状态量、输出量都或多或少具有灰色性，传统的控制理论和方法（灰色理论称之为白控制）不能有效解决问题，需要使用灰色控制的理论和方法。"[1]

当然，我们还可以从内部控制的视角考察高等教育的可控制性，即考察人们能否或能在多大程度上对高等教育的运动过程加以内部控制。我们认为，高等教育的运动过程相当复杂，无论在系统内还是在系统外对其进行控制都有较大的难度，但难度高或大并不等于不能。如果我们既具备有关的确实可靠的知识，又能够在恰当的时空背景条件下懂得运用恰当的方式，那么对高等教育的运行过程进行一定的干预和控制是可能的。不然，我们就无法理解人类的自觉性、能动性和选择性。拉兹洛曾精辟地指出："一个站在外面的观察者，即使他掌握了系统的某些参量，他仍然不可能确定在几种替换状态中究竟哪一种将在系统内实现。但这并不意味着系统内部的一个元件不可能决定性地影响系统对未来状态的选择。"[2] 当然，高等教育的内部控制与外部控制一样，也是弹性的和统计性的，而不是

---

[1] 苗东升：《系统科学大学讲稿》，中国人民大学出版社2007年版，第245页。
[2] ［美］E. 拉兹洛：《进化——广义综合理论》，社会科学文献出版社1988年版，第129页。

第一章　高等教育选择研究的理论支点

严格的决定论意义上的控制。因此，我们在制定高等教育建设与发展规划时，必须实现从程序到策略的转变，力求做到程序性与策略性相统一，因为"程序由一个预先确定的行动序列构成，它只能在包含很少随机性和无序性的环境中付诸实施"[1]，出现预料之外的情况或危险时只有中止；而策略则是根据既有确定性又有随机性、不确定性的环境的条件而建立的，可以根据在执行中途获得的信息改变预定的行动方案，甚至创造新的方案。

第四节　高等教育的自发秩序论与社会干预论

在教育领域，特别是近几年高等教育领域讨论颇多和论争比较激烈的一个话题是，政府或社会究竟应不应该干预教育。其中有两种颇具代表性的观点：一种观点主张自发秩序，极力反对社会干预。这种观点认为，人类的理智及其认识水平，对包括教育在内的社会领域的把握是有局限的，如果对教育活动及其目的施加外在的人为设计和干预，必然会干扰教育内部自发秩序的正常作用，从而对教育的自然发展产生消极影响[2]。另一种观点则是强调适度的社会干预。持此观点的学者认为，"自生秩序并非灵丹妙药"[3]，高等教育功能的有效发挥有赖于

---

[1]　[法] 埃德加·莫兰：《复杂思想：自觉的科学》，北京大学出版社2001年版，第174页。
[2]　刘坚、刘健：《论杜威的"教育无目的论"与哈耶克的"自生秩序"》，《湖南科技大学学报》（社科版）2005年第4期。
[3]　陈厚丰：《高校定位：自生秩序与分类指导有机结合》，《高等教育研究》2006年第6期。

"建立明确区分高等学校举办者和办学者的学校设置和管理体制，且两者职责分明"[1]，对高等学校合理规划和分类指导"有助于减少竞争中的盲目和无序性，让更多的学校把办学实践纳入一种理性决策和有目的、有计划的建设过程"[2]。而且，"高等教育是准公共产品，市场的供给不能满足社会对公共产品和准公共产品的需求。高等教育的准公共产品特征决定了政府必须进行干预，高等教育的迟效性则导致了价格信号对高等教育供求关系调节的失控，也要求国家必须进行一定的干预。"[3] 简言之，"高等教育的自生秩序和管制是一个事物的两个方面，不可偏废。"[4]

从论争的结果来看，上述两种观点的持有双方似乎都已经发现了对方的缺陷，但彼此均未找到完全否定对方观点合理性的充分理由。因此，从根上去探寻问题的答案、厘清自发秩序与社会干预之间的本质联系，不仅对包括高等教育在内的整个教育发展具有理论与现实的迫切性，而且对解读相关的高等教育选择问题也具有先导意义。

一、"自发秩序"的根性解读

"自发秩序"（亦译成"自生自发秩序"）是哈耶克自由主义社会理论的核心概念。它是指非设计的秩序，一种成长

---

[1] 王义道：《我国高校的恰当定位为什么这么难》，《高等教育研究》2005年第2期。

[2] 冯向东：《高等学校定位：竞争中的抉择》，《北京大学教育评论》2004年第2期。

[3] 高文兵、郝文辰等：《中国高等教育资源分布与协调发展研究》，高等教育出版社2008年版，第191页。

[4] 邓耀彩：《高校定位：自生秩序还是管制》，《高等教育研究》2006年第2期。

第一章 高等教育选择研究的理论支点

的秩序或由内生成的秩序。深受哈耶克自由主义社会理论的影响,许多研究者将其核心思想运用于高等教育领域,认为高等教育的发展是自生自发秩序的。不过,这究竟是不是哈耶克的本意在教育领域的"移植"?对此,我们应作深入分析。

在哈耶克的著述中,所有结社、制度和其他社会型构的社会秩序都被类分为生成的和建构的,前者是指"自生自发的秩序",而后者则是指"组织"或者"人造的秩序"。自生自发秩序与人造秩序的区别大致有以下三个方面[①]:一是自生自发秩序的有序乃是那些追求自己的目的的个人之间自发生成的,而这意味着任何个人都不知道他的行动与其他人的行动相结合会产生什么样的后果。在各种各样的人际关系中,一系列具有明确目的之制度的生成是极其复杂而条理井然的,但它们既不是设计的结果,也不是发明的结果,而是产生于诸多并未明确意识到其所作所为会有什么结果的人的各自行动。然而,组织的有序性却是一致行动的结果,因为组织中的合作与和谐乃是集中指导的结果。二是这两种社会秩序类型所依赖的协调手段不同。导向自发秩序的协调和谐,必定涉及一般性规则的问题,如果要达至社会的自我协调,那么社会秩序的参与者就必须共有某些规则并严格遵循这些行为规则。哈耶克认为,自生自发秩序的型构是这些秩序的要素在回应它们的即时环境时遵循某些规则的结果;相反,协调一个组织中的劳动分工或社会分工则是一种命令与服从的等级关系,命令在这种关系中详尽地规定了每个成员的具体活动。三是自生自发秩序为个人实现

---

① [英]弗里德利希·冯·哈耶克:《自由秩序原理》(上),生活·读书·新知三联书店 2003 年版,第 17—18 页。

高等教育选择论

各自的目的提供了有益的条件；相反，一个组织则是一种有助于实施某个先行确定的、具体目的的集体工具。自生自发秩序所特有的行为规则是"否定性"的，它们只界定个人行动的合法领域，并允许社会活动参与者在这个限度内自由地根据他们自己的计划选择和决定他们的活动；然而，确保组织协调的命令则是通过尽可能地规定其成员的具体活动的方式来全力推进先定的集体目标。

在哈耶克眼里，存在着一种显见明确的秩序，它并非人的智慧预先设计的产物，也并非出自于一种更高级的、超自然的智能的设计，而是适应性进化的结果。因此，"对社会进程做有意识的控制或指导的各种诉求，不仅永远不能实现，而且只会导致自由的丧失，进而摧毁文明"。[①] 因为在社会领域，人对诸多有助于实现其目标的力量，往往处于必然的无知状态之中。把人类理性、知识和利益的局限性作为认识社会的前提，人们所能够理解的只能是以他们为中心的狭窄圈子中的事情，能够给他们以激励的也只能是在他们领域内所接触的事物。人对社会进化的认识就像攀登一样，人绝不能攀登得比他并不知道要去的地方高，原因在于人所关注的只是他所知道的东西。在此进程展开的过程中，那些并不为人们明确知道的特征通常都会被人们忽视不顾，但这些为人的"理性不及"的因素，却在社会进化过程中和人们的日常生活中起着重要作用，有些甚至是人所不理解却在行动中遵循的基本规则。正因为如此，哈耶克认为，在一个完美的自生自发秩序中，每个元素所占的地位并非是由一个外在或内在的力量的安排所造成的结果，而是

---

① ［英］弗里德利希·冯·哈耶克：《自由秩序原理》（上），生活·读书·新知三联书店2003年版，第11页。

第一章 高等教育选择研究的理论支点

由各个元素本身的行动所产生的。这个秩序也不是任何一个秩序中的成员所刻意造成的,而是各成员的行动与互动之间所造成的一个非有意的结果。

不难看出,哈耶克认为人的理性是有限的,反对任何形式的对理性的滥用。不过,值得注意的是,他并没有否定人类理性的能动作用,只是认为只有在累积性进化的框架内,个人的理性才能得到发展并成功地发挥作用,即个人理性受制于特定的社会生活进程。他曾坦率地指出,理性乃是人类所拥有的最为珍贵的禀赋。我们的论辩只是旨在表明理性并非万能,那种认为理性能够成为其自身的主宰并能控制其自身发展的信念,却有可能摧毁理性。遗憾的是,许多论者按照一种极端的"非此即彼"的逻辑,要么对哈耶克的自由主义理论施以滥用和"印象式"的捍卫,要么对哈耶克的自由主义理论做简单的彻底否定。在这些论者眼里,哈耶克的理论似乎内在地反对一切制度设计和制度建构。事实上,哈耶克并不认为理性毫无作用,从来就没有反对过制度设计,从来没有反对过人为规则作为自生自发秩序形成中的动力因子,也并不反对立法者进行有益且原则性的立法,他所反对的仅仅是完全将秩序的生成建基于理性建构上,反对的仅仅是全然强制地推行某些并不符合客观需要之人为构建的规则,反对的仅仅是立法者颁布一些不顾具体情况的"具体命令"。用哈耶克自己的话说,他本人"无一旨在反对运用理性,所反对的只是对理性的滥用,亦即反对各种要求政府拥有强制性的和排他性的权力的主张","并不反对试验或尝试,所反对的乃是一切对一特定领域中的尝试或试验施以排他性的和垄断性的控制权——这种权力不仅不容许任何可供选择的方案的存在,而且还宣称自己拥有高于一切的智慧——当然,所反对的还有那种最终会排斥较当权者所信奉的计划为优的种种解决方案的做法"①。由此看来，今天包括高等教育在内的社会各个领域片面推崇的自生自发秩序，在某种程度上可以说是对哈耶克自由主义社会理论的一种"误读"或"曲解"。

二、干预社会系统的"合法越界"

自组织理论认为，自然界和社会系统中存在着大量的自组织过程，即使没有组织者，彼此相互独立的、具有一定自由度的元素，也能够作为一个实体自发地进行相互合作和相互作用。对此，埃德加·E.彼得斯作了比较清晰地阐释，他认为"在一个复杂系统中，即使各元素间没有直接联系，也不存在什么策划全局的人，但它仍然会自发地生成秩序。这种自发的、并非事先计划好的秩序在许多领域的名称是不同的，在气象学中，人们称它为飓风、旋风或者台风；在人类创造力的研究中，人们称它为灵感；在投资分析中，人们称它为'牛市'或'熊市'；而在经济学中，人们又称它为'看不见的手'。所有这些名称都指一种能力，即看似随机的因素能够自发地构成一个具有内在一致性的结构"②。

按照自组织理论的观点，我们似乎不应当轻率地干预系统的进化，但究竟是不是的确如此？系统哲学家拉兹洛是这样回答的："如果这所指的是人类社会的进化，那么应当十分肯定地回答'是的'。我们不可能，或许也不应当干涉自然界进化的进程。可是，当问题涉及历史领域的进化时，就是另外一回

---

① [英]弗里德利希·冯·哈耶克：《自由秩序原理》（上），生活·读书·新知三联书店 2003 年版，第 82 页。

② [美]埃德加·E.彼得斯：《复杂性、风险与金融市场》，中国人民大学出版社 2004 年版，第 52 页。

第一章 高等教育选择研究的理论支点

事了,在历史的舞台上我们是演员,我们的未来与之休戚相关。"[1] 因为"分叉是人类社会进化的重大转折点,这同处在第三种状态(即远离平衡的状态。——笔者注)下的所有系统在进化过程中发生的情况是一样的。由于为非预期的结果付出的代价可能是非常惨重的,因而当代社会中发生的分叉变得特别危机。假如我们不愿任凭机遇在多种可能的结果中出现,那么我们就得保证在社会分叉的关头能完全有效地采取自觉的行动。这就是说,所采取的行动不但是目的明确的,而且是见深识远的"[2]。也就是说,我们之所以要对社会发展的进程施加干预,主要是鉴于不加控制的"分叉"隐含着危险。社会如果缺少这样的控制和干预,就会被环境中的每一次变化推入不受控制的变化的道路上去。富有理性的人能够选择有利于人类发展的结果,也应该选择这样的结果。在自然系统中,由于没有能够有计划、有预见行动的智能成员,系统的突变分叉必然是随机性的。但是,社会系统则不同,它拥有能够有计划、有预见行动的智能成员,如果这些成员敢于或善于运用他们的这种能力,那么社会系统发生的变化就不再是"完全非智能决定"的。换言之,如果系统内的成员能够正确认识系统的运动规律,并能按规律制定战略计划、采取行动,那就能左右系统的"分叉",使系统的随机性选择偏向人们有意识选定的结果。

人类社会与其他事物进化的不同之处在于,其进化带有鲜明的"目的性",表征为价值导向下的进化。"如果真是这样,那就存在一个我们坚持干预当代社会的进化的目的点。我们能

---

[1] [美] E. 拉兹洛:《进化——广义综合理论》,社会科学文献出版社 1988 年版,第 131 页。

[2] 同上书,第 178 页。

够有目的地驾驭当代社会的进化过程——并且,人类的未来有赖于这种驾驭之获得成功。因此,我们应当干预我们社会的进化,使它走向按我们的知识和能力所能达到的最好的结果。"①然而,在过去相当长的一段时间内,由于深受机械决定论的影响,人们普遍相信世界万物都按必然的轨道运行,坚信由无情的确定性因果律支配的原子的无目的运动产生了世界上的一切现象,于是出现了两种截然相反的倾向:一是认为人类可以程序化地控制一切事物的运动,二是认为任何有向性、有序性或目的性等都没有插足之地,统统被看成是"天生与科学不同的假问题,仅仅是观察者思想在受无目的规律支配的自然上的错误投影"②。事实上,有向性、有序性或目的性都是存在的,如果我们不考虑叫法不一的适应性、目的性和寻的性,那就无法理解生物,更谈不上理解人类社会及其行为。因此,坚信有序的意义和价值是相当有好处的,因为"秩序是人类心目中的最高理想;思想上的秩序推动了科学,感觉上的秩序激励了艺术,而人类存在过程中的秩序则是宗教的主要动机"③。不过,呆板重复的、拒斥革新性变异的秩序不是人们所追求的,社会发展需要的是一种动态的秩序,是不断出现新模式的秩序,是不断花样翻新的秩序,是有创造力的秩序。因为人类社会并不是牛顿自然哲学的那种无灵魂的机械装置,它与周围的环境都是动态的、自我调节和自我创造过程的复杂网络中的组成部

---

① [美] E. 拉兹洛:《进化——广义综合理论》,社会科学文献出版社1988年版,第132页。

② [奥] 贝塔兰菲:《一般系统论:基础·发展·应用》,社会科学文献出版社1987年版,第37页。

③ [美] 欧文·拉兹洛:《系统哲学引论——一种现代思想的新范式》,商务印书馆1998年版,第346页。

第一章　高等教育选择研究的理论支点

分,"无论在哪里,我们都能看到:由于在自主的而有共生的功能行为的模式中,系统服从系统,又和巨系统共同运转,于是从先前的模式或生产母基中就不断以有序序列的形式涌现出创生的新事物"。①

我们坚信,对社会系统进行适度干预或控制是必不可少的,但控制有硬控制和软控制之分。硬控制是外界以一种特定的指令方式对系统施加控制,通过这种控制使系统实现其既定目的,因而又称直接控制或确定控制。软控制是相对于自组织系统而言的,外界对于一个自组织系统的控制必不可少,但这种控制主要是一种间接控制或不确定控制。软控制是复杂系统自我发展的形式,通过软控制,复杂系统可以演化出新的结构。社会系统属于复杂系统,具有自组织能力,对其进行控制应以软控制为主。为什么这么说?"因为即使最好的社会经济制度也无法预测社会、文化和技术的全部发展。没有一种制度能够取代多样性的弹性和适应性。"②

三、自发秩序与社会干预并非发展高等教育的"死结"

高等教育系统是远离平衡的开放系统,其演化发展不像钟表那样只按预定的法则和轨道一个劲地向前走动。非线性相互作用的存在以及受到各种外界因素和内部不确定性因素的影响,使得高等教育系统的未来发展存在多种可能性,没有先天注定的运行轨道和固定的指向目标。因此,对高等教育的变化

---

① [美]欧文·拉兹洛:《系统哲学引论——一种现代思想的新范式》,商务印书馆1998年版,第347页。
② [美]欧文·拉兹洛:《人类的内在限度:对当今价值、文化和政治的异端的反思》,社会科学文献出版社2004年版,第37—38页。

过程进行适度干预和控制是至关重要的。因为如果将所有的一切都完全交给高等教育系统自己去决定，智能人员对其不施加任何的控制和干预，那么高等教育系统的"突变"与"分叉"必然是随机的和不确定的，其结果难免会偏离人的需要。事实上，"国家政府介入高等教育管理系统是高等教育发展的必然，无论其管理方式是集权还是分权，是直接还是间接，高等教育管理系统在现代社会中几乎不可能摆脱国家政府干预"。①

不过，我们也要认识到人类理性的局限，不能滥用理性和盲目相信理性的能力。高等教育的发展不是一个纯自然的过程，高等教育秩序的建构与外部的社会传统、习俗、文化等密切相关，由于人的认识的局限性和高等教育的复杂性，人在运用自己理性设计高等教育秩序时，不可能搜集到和充分分析处理建构高等教育秩序所需的全部信息。因此，高等教育秩序的设计绝非是一种全知全能的完整理性的建构过程，我们不应把高等教育秩序的设计变成"乌托邦工程"。在这种情况之下，我们应该充分利用市场的"理性的狡黠"和它那"看不见的手"引导高等教育自发生成秩序。也就是说，由于高等教育系统过于复杂，存在大量的难以控制的因素和变量，有限理性的人为干预和控制也未必能够尽如人意，因而虽说干预和控制对高等教育的运行发展十分必要，但过多的干预和控制也应该防止。因此，对于高等教育的干预，应该坚持软控制为主，辅之以恰当的硬控制。

社会干预和控制的主要目的在于，通过秩序的构建不断将不确定性转化为确定性，但绝不是要彻底消除不确定性。事实

---

① 邬大光：《试论高等教育管理、办学与投资体制改革的相关性》，《高等教育研究》1999年第2期。

第一章　高等教育选择研究的理论支点

上,增加不确定性或充分考虑不确定性,特别是在处理高等教育领域中较为复杂的问题时,有时候可以降低风险,在这方面经济领域的经验很值得我们借鉴。从随机和不确定性中可以产生秩序,但这种秩序不是有目的计划的结果,是一种自发的秩序。高等教育需要不确定性,"复杂系统,包括物理系统以及社会系统,为了局部的稳定性发展都需要很高的不确定性"[①]。从某种程度上说,不确定性是高等教育的一种特性,减少不确定性可能会损害高等教育的适应和演化能力,因为消除不确定性的唯一途径就是降低复杂性,而降低了复杂性也就降低了自由度、适应性和创造性。但是,当我们"将一个复杂系统变得具有可预测性的同时,也降低了它创造惊奇的能力,使之缺乏创造力。降低不确定性虽然能够降低复杂性,但它常常会带来灾难性的后果"[②]。对于高等教育系统,增加它的确定性和结构性虽可以提高其运作效率,但也会降低其创新能力;而降低它的确定性和结构性可能会增加其不确定性,但也可能会增强高等教育的创造力和适应能力。当然,如果没有组织结构,高等教育的运行也会陷入混沌甚至混乱。可见,高等教育的确定性与不确定是内在统一的,我们不需要也没有必要在两者之间做出"非此即彼"的选择。

尽管进化和有创造性的过程非常需要不确定性,但不确定性毕竟是一种未知状态,就算它存在这样或那样的优点,人们也常常不喜欢不确定性,认为它容易滋生突发事件,隐藏着暗礁般的风险,因而尽力回避和设法消除它,一味地追求确定

---

① [美]埃德加·E.彼得斯:《复杂性、风险与金融市场》,中国人民大学出版社2004年版,第7页。
② 同上书,第55页。

性。在教育领域，特别是在高度集权的教育体制下，人们不可能容忍不确定性。但如上所述，不确定性是高等教育革新和增强适应性之源，是高等教育各系统相互竞争的充分必要条件，也是市场力量影响高等教育所具有的重要特征。不确定性并非人们所想象的那种坏东西，不确定性也不是风险的代名词，它与风险没有必然联系，至少在统计学上不是同义词：一是风险表示损失或者受伤害的可能性，不确定性则表示事物的不稳定性、可疑性和难以把握；二是我们通常能够定量地度量风险，但却不能定量地度量真正的不确定性；三是真正的不确定性就是一种未知状态，它不一定包含潜在的损失，市场经济中引入不确定性往往可以降低风险及其风险带来的损失。

在高等教育领域，不确定性不仅不是导致高等教育诸多问题的根源，反而是高等教育保持自由竞争状态的必要因素，是高等教育多样化发展的必要条件。因此，我们应该学会利用不确定性使高等教育更加适应周围的环境。可以说，如果没有不确定性，就不会有今天多样化的高等教育；如果我们不敢或根本不去冒不确定性的险，那么有重要意义的变革和创新就可能不会发生。如此说来，控制和干预的确是一把"双刃剑"，我们很难判定其结果正确与否。即使在自发秩序和社会干预之间存在着一个"较为正确"的选择，我们也不能事先确切地知道哪个行动更正确。因为如果我们不能穷尽所有可能的被选答案，我们又怎么能够知道自己是否已经做出了正确的选择！事实上，我们不可能穷尽所有的可能，因此不管我们等待多长时间，也可能得不出绝对正确的答案。

既然高等教育兼具确定性与不确定性交混的特性，那么单纯地坚持自发秩序或社会干预都不会获得满意的结果。既然高等教育既需要变化又需要稳定，而自生自发秩序可以使

第一章 高等教育选择研究的理论支点

高等教育系统保持创新与活力，以制度或规则为基础的社会干预又是维持整个高等教育系统有序的保证，那就意味着自发秩序与社会干预并非发展高等教育的"死结"，意味着我们没有必要从中做出"非此即彼"的抉择，明智的选择就是对其采取一种"折中"或"平衡"的态度，将两者辩证地统一起来，找到彼此的最佳"结合点"或"契合点"。事实上，"有效的变革力量既不包括也不忽略强制性，强制性被人们用作催化剂来重新检验他们所做的事情"。[①] 假如这个假设成立的话，我们就不难理解：自生秩序和社会干预获得成功或遭受失败的案例之所以在高等教育发展史上都存在。例如，美国广为普及的研究生院既不是出自教育行政部门的规划，也不是出自哪一个特殊机构的命令，而是自由竞争的产物；而德国柏林大学的创建以及美国州立大学和赠地学院的诞生，又无一不是与社会或政府的干预密切相关，如南北战争后的美国赠地学院，一开始就从民主主义出发，提出把学问、职业教育和为社会服务作为办学的目的。又如，古代（特别是古希腊）高等教育机构具有良好的探求真理和自由传播知识的风气，并因此而成为中世纪大学产生的历史源流，但由于本质上不能避免的大学内涵的缺失和脆弱的学术制度，最终未能成为真正意义上的大学。中世纪一些大学之所以不能幸存下来，原因在于"没有发展一个保护性的和有凝聚力的组织以维持它的智力活动的发展"[②]。对于大学而言，"缺乏固定的组织，在开始时也许为自由探索提供机会，但是经久不息和有控制的发展只有通过制度上的构架

[①] ［加拿大］迈克尔·富兰：《变革的力量——透视教育改革》，教育科学出版社2005年版，第32页。

[②] ［美］伯顿·R.克拉克：《高等教育系统：学术组织的跨国研究》，杭州大学出版社1994年版，第4页。

才能得到"①。与此相反，法国大革命期间，拿破仑政府对传统大学的改造和取缔，虽然具有一定的进步意义，但也在很大程度上造成了法国高等教育制度的断裂和破坏。20世纪90年代初，英国强制取消了原来的双重制高等教育体制②，《继续与高等教育法》于1992年颁布后，当时的30多所多科技术学院均升格为大学，绝大多数升格后的多科技术学院在追赶和模仿传统大学的过程中逐渐丧失了其原有的特色，原本多样化的整个国家大学结构体系遭受新的"破坏"。

正如系统哲学家欧文·拉兹洛所言："一种社会经济制度即使是某些社会的最佳选择，也不可能适合所有社会，除非我们变得千人一面，而这种一致只有在全球毁灭和全球独裁时才可能取得并保持下去。因此，每一个社会都得寻找一个独特的、与其社会文化相适应的方式，将自由市场与集体长期计划机制结合起来，以达到丰厚的收益与自由及多样化的最完美结合。"③

---

① ［美］伯顿·R.克拉克：《高等教育系统：学术组织的跨国研究》，杭州大学出版社1994年版，第4页。

② 1991年5月，英国教科部提出了题为《高等教育——一个新的构架》的白皮书，对高等教育体制作了重大改革，其中重要内容之一就是：废除大学与非大学机构（多科技术学院和高等教育学院）之间的界限，建立统一的高等教育体系，从中央把大学基金会和学院基金会合二为一，用统一的标准拨发教育经费。1992年，英国颁布的《继续教育和高等教育法》采纳了白皮书的大多数建议，赋予多科技术学院授予学位的权力，允许达到一定标准的高等教育机构冠之以"大学"的称号。(参见贺国庆、王保星、朱文富等《外国高等教育史》，人民教育出版社2003年版，第555—556页。)

③ ［美］欧文·拉兹洛：《人类的内在限度：对当今价值、文化和政治的异端的反思》，社会科学文献出版社2004年版，第22—23页。

第二章　高等教育演化的选择性

　　高等教育是生产力发展到一定阶段的产物。作为一个独立的教育层次，高等教育是社会需要比较专门的人才以及自然科学和社会科学逐步从哲学中分化出来并获得相当的发展时，才从一般的学校教育中分化独立出来的。亦即说，高等教育是一个历史地产生和历史地演化的系统，现代高等教育是由古代具有某些高等教育属性或特征的较高层次的学校教育孕育而成，同时它又指向于未来。

　　现代高等教育与古代高等教育所隔时空虽比较久远，但彼此之间的"血缘关系"是不可割断的。同时，我们也要看到，较之古代高等教育，现代高等教育已经产生了新的性态，无论是结构还是功能都发生了"巨变"，已由一种多样性统一的形式过渡到另一种多样性统一的形式，实现了从简单到复杂、从低级到高级的不可还原的跨越。这种跨越既有涓涓细流式的"量变"，也有平台飞跃式的"质变"，还有纵横交错立体式的"序变"。那么，高等教育演化发展的动力何在？人类主体选择在此过程中担当何种角色，又起到什么样的作用？我们意欲通过高等教育结构和功能之历史变迁的解剖，能够获得令人满意的答案。当然，我们还可以从大学理念的变革、大学课程的演变、高等教育方式方法的衍变、高等教育管理的沿革等维度考察高等教育的演化问题。

第一节　高等教育结构的演化与选择

演化是系统或事物从一种多样性的统一形式转化为另一种多样性的统一形式的具体过程，表征为一种不可逆的特殊运动形态。系统或事物的演化主要包括两方面："一是新增层次的产生，即结构演化；二是跨越层次的互相关系或新层次结构关系的形成，即功能演化。"① 系统结构与功能的演化存在密切的内在联系，结构的演化常常伴随着功能的演化，而功能的演化又往往以结构的演化为基础，两者分别从内部关系和外部特征的变化，反映系统或事物的发展机制和运动规律。按一般的思维习惯，我们先讨论高等教育结构的演化，即先从系统内部关系的变化考察高等教育的演化。

一、动态考察高等教育结构

作为考察系统的基本范畴之一，结构是指系统内部诸要素之间的比例关系和联系方式，即系统是由哪些要素构成的，它们之间的数量关系和联结方式是怎样的。作为决定系统内部物质属性的主要力量，"结构是系统内部元素之间稳定关系的反映，结构的改变意味着系统性质的变化，甚至意味着系统本身的变化"。②

---

① 颜泽贤：《复杂系统演化论》，人民出版社1993年版，第66页。
② 吴彤：《多维融贯——系统分析与哲学思维方法》，云南人民出版社2005年版，第30页。

第二章　高等教育演化的选择性

无论是什么样的系统，要素都是不可或缺的，因为"要素是系统的质元，缺少了一个要素，系统的性质就可能发生变化"[①]。当然，这种变化比较复杂，可能是要素之间相互关系的性质发生变化，也可能是系统的整体性质发生变化。比如，中草药的配制，有时缺一味药就会改变整服药的药性或药效；一套天平砝码，缺少任何一个就会改变整个天平的功能。另外，系统结构的建立以要素为基础，要素的"本性"是构成结构"特殊性"的内在原因，因此要素在数量和性质上的变化必然引起结构的变化，甚至引起结构发生"质变"和"序变"。但是，结构并非一定会即刻地、直接地和自动地随着系统要素的变化而变化，它可以在一定范围内保持相对稳定，从而使系统的特性得以保存。系统科学认为，结构是维持系统的不变量，系统的稳定性主要来自其结构。正所谓"如果只规定一架机器应由其确定性质的部件来构成，这还不足以确定整个机器的性质；只有再加上耦合的细节，整个机器才变得确定"[②]。这里的"耦合的细节"，无疑是指要素之间的相互作用方式，即系统的结构，它赋予系统以整体性与稳定性。正因为如此，"认识一个系统单靠因素分析是不够的，还必须进行结构分析。改变一个系统，单靠元素更替也是不充分的，还必须进行结构的调整与改革"[③]。因此说，结构的秘密不在于其自身，而在于元素、要素之间的相互作用和作用方式。只有在多种多样的相互作用中，系统才能形成"种种杠杆"。从这个意义上说，

[①] 吴彤：《多维融贯——系统分析与哲学思维方法》，云南人民出版社2005年版，第17页。
[②] ［英］W. R. 艾什比：《控制论导论》，科学出版社1965年版，第53页。
[③] 申仲英：《系统中的结构与功能》，《哲学研究》1983年第8期。

高等教育选择论

"系统的结构实际是指系统内部各要素之间相对稳定的主要关联"①，即那些在系统存在的全过程中不会因小的扰动而发生巨大变化的动态和静态联系（如房屋的栋梁、桥梁的支架、基本政策等），以及那些对系统的特性和功能起决定性作用的内部联系。

作为一种特殊的社会系统，高等教育具有系统的基本特征或一般性特征，因而我们可以根据结构的定义逻辑地将高等教育结构界定为：高等教育系统内部各要素之间的比例关系和联系方式。从整体出发，高等教育结构"既包括宏观结构体系和微观结构体系，有纵向结构体系也有横向结构体系，也还包括静态结构体系和动态结构体系，是一个宏微渗透、纵横交错、动静结合网状结构体。从高等教育结构的内涵来讲，它包括高等教育的组成要素，组成要素的数量、质量、性质、排列位置、时间关系、相互联系的方式、比例构成，它们影响甚至决定着高等教育的性质、功能和效力"②。具体而言，作为一个多层次、多维度、复杂的综合结构，"高等教育整体结构可以分为以高等教育主体为中心的高等教育亚结构和以高等教育客体为中心的亚结构。前者起主导作用的要素是教育行政管理者、举办者、办学者、教师和学生，主要涉及的是人的活动，可展开为管理结构和形式结构。后者起主导作用的是以学科和专业体现的高深而专门的知识，主要涉及的是知识的生产、传播、更新与应用，可以展开为科类结构、层次结构。"③ 但从总体上看，这主要是对高等教育静态结构特征的描绘，没有真

---

① 颜泽贤：《复杂系统演化论》，人民出版社1993年版，第94—95页。
② 潘懋元、王伟廉主编：《高等教育学》，福建人民出版社1995年版，第65—66页。
③ 赵文华：《高等教育系统论》，广西师范大学出版社2001年版，第119页。

正揭示高等教育结构的动态特征。显然,这对理解高等教育结构是不够的,我们必须将高等教育结构的静态特征与动态特征结合起来考察,因为高等教育结构既包括静态结构体系,也包括动态结构体系。况且,高等教育结构如同一个特定社会的结构,"永远在形成、消失、竞争、协作或组成更大的结构"①。我们的认识,也应该从静力学飞跃到动力学。

二、高等教育结构演化的多维解读

从系统科学的视角看,系统结构的演化可以从三个方面加以考察:一是系统组成部分的演化,如构成元素多少的变化、元素与要素的转化以及要素的数量和性质的变化;二是系统内部关系的演化,如元素与元素、元素与要素、要素与要素间的关系变化,以及各种关系的性质、强度、种类的演化;三是系统局部与整体关系或结构形态的演化。当然,我们没有必要照此一一地考察高等教育结构的演化情况,否则论述上的重复和繁琐在所难免,而且还容易引起解释上的混乱。为了避免这种的情况发生,又不至于让问题的剖析过于简化或流于形式,我们选择高等教育亚结构的演化为研究对象,即通过考察高等教育管理结构、形式结构、科类结构和层次结构的历史性变迁,揭示高等教育结构演化的机制与规律。

(一)高等教育管理结构的演化

高等教育管理结构的演化,可以从三个维度或层面来考察:一是高等教育管理主体(管理者、举办者和办学者)的变化;二是高等教育各管理主体之间关系的变化;三是高等学校

---

① [德]赫尔曼·哈肯:《协同学——大自然构成的奥秘》,世纪集团上海译文出版社2005年版,第11页。

内部组织结构的变化，主要表现为管理层次的变化。通过历史比较与分析，我们发现高等教育管理结构的演化具有以下二大特点：

1. 高等教育管理主体逐步从单一走向多元

早期高等教育的管理主体难分彼此，教育行政管理者、举办者和办学者具有明显的"合一性"或"同一性"，表征为高等教育或大学实行师生自治。比如，在中世纪的博洛尼亚大学，学生既是管理者，又是举办者和办学者；而在巴黎大学，教师既是管理者，又是举办者和办学者。随着时间的推移，国家政府或教会逐渐参与高等教育，管理主体也随之逐步从高等教育主体中离析和独立出来，而且日益变得复杂而多元。

从世界范围看，高等教育管理主体尤其是高等教育举办者的变化是显而易见的。例如，在二战以前，高等教育历史悠久的英国，几乎没有一所国家和地方政府举办的高等学校，甚至国家也很少为高等教育投入资金，举办者主要是由国王、王后、主教、牧师、信女、出版商、银行家、造船主、棉花厂主、酿酒厂主、炼钢厂主、工商行会等形形色色的各类人士和团体组成。他们资助高等教育的方式和目的各不相同，或出于政治的，或出于宗教的，或出于经济的，抑或其他。但二战结束之后，英国逐渐打破了原有的传统，国家开始"参与"兴办大学。美国最早的高校都是私立的，建国后为了培养适应地方经济建设和社会发展需要的实用型人才，创建了公立的州立大学和赠地学院。日本在明治维新时期仅有国立东京大学一所，如今各类公立高校林立，而私立大学也占据整个国家高等教育的半壁江山，承担着日本高等教育近80%的重任。事实上，没有列举到的世界其他国家也存在类似的情况，高等教育管理主体历经漫长的历史演变，逐步从单一走向多元。总体而言，

第二章 高等教育演化的选择性

"世界范围内高等教育办学体制已经相对稳定,恪守单一办学主体模式的国家相对减少,发展私立高教和三种办学主体并存正在成为办学体制改革的主要趋势。"① 这里的三种办学主体是指国家、地方政府和个人。

2. 高等教育管理主体之间的关系逐步从松散走向紧密

中世纪大学最初的管理者、举办者和办学者均与教会或政府不太相干,行会性质的大学与教会或政府之间的关系比较松散。也就是说,无论中世纪大学在多大程度上是"教会的侍女和附庸"②,也不管大学拥有的各种权力有多少来源于教皇或国王的特许,但中世纪大学不像今天的大学在经费抑或制度安排上较大地依赖于国家和政府。特别是在真正意义上的"民族国家"形成之前,根本不存在国家或政府办学的概念,自然也没有今天所谓的体现高等教育管理主体之间关系密切与否的教育集权制、分权制和混合制之说。中世纪大学最初虽拥有相对充分的自主权或自治权,但这不是教会或政府对大学管理的自觉放权,它所反映的更多是教会或政府对大学的"漠不关心"。中世纪后期,随着大学的力量逐步增强和大学的作用日益突显,此时的教会和政府谁能赢得大学的全力支持,谁就能在权力斗争中拥有取胜的砝码,因而彼此都开始重视和争取对大学的控制权。也正因为如此,在较长一段时间内,大学一直在教会与政府争斗的夹缝中求生存、谋发展。

文艺复兴和宗教改革运动之后,随着民族国家的形成和高等教育功能的增强,统治者逐步意识到参与和控制高等教育是

---

① 邬大光:《试论高等教育管理、办学与投资体制改革的相关性》,《高等教育研究》1999 年第 2 期。

② [美] 约翰·S. 布鲁贝克:《高等教育哲学》,浙江教育出版社 2002 年版,第 139 页。

高等教育选择论

有益的和必须的,开始加强对高等教育进行控制与管理,师生自治的大学传统日益遭受破坏。正所谓"高等教育越卷入社会的事务中就越有必要用政治观点来看待它。就像战争意义太重大,不能完全交给将军们决定一样,高等教育也相当重要,不能完全留给教授们决定"[①]。国家政府参与高等教育原本无可厚非,但如果权力过于集中、高等教育主体及其形态单一,高等教育就容易走向僵化和封闭。然而,这种现象却相当普遍,"无论是欧洲还是美洲,无论是过去还是现在,无论是民主国家还是非民主国家,政府官僚和政客们常常对高等教育系统横加干涉"[②]。经验昭示,权力过分集中有时的确能够提高效率,但容易使整个高等教育陷入僵化和封闭,不利于高等教育形成个性和特色,不利于高等教育多样化发展。因为任何形式的权力垄断,都只能体现部分甚至少数主体的利益和意志,而相当部分或绝大多数主体的利益和意志会被遮蔽,他们的能动性和选择权在很大程度上会被扼杀。例如,"在中世纪的一些意大利大学中,学生们可以通过学生行会组织来雇用或开除教授,因而往往发生后者迁就前者的情况。在18世纪和19世纪,一些英国大学和其他欧洲国家的大学中资格较老的教师可以不对任何人负责,即使睡上几十年的大觉也无人过问。在早期美国的一些学院里,有权有势的董事可以仅仅因为院长和教授们不知道教会别针头部图案中翩翩起舞的天使的数目而把他们解聘。在20世纪的美国,一些学院的董事们常常以抽烟和喝马丁尼酒为理由而开除院长和教授。在另一些美国的高等院校,

---

[①] [美]约翰·S.布鲁贝克:《高等教育哲学》,浙江教育出版社2002年版,第32页。

[②] [美]伯顿·R.克拉克:《高等教育系统:学术组织的跨国研究》,杭州大学出版社1994年版,第301页。

尤其是师范学院,校长们大权独揽,仿佛整个校园都是他们的私有财产似的。"①

3. 高等学校管理逐步从单层管理走向多层管理

当下的高等学校管理主要有两种模式:一种是校、系两级管理,主要为单科性或多科性的中小型大学所采用;另一种是校、院、系三级管理,主要为综合性巨型大学所采用。与中小型大学相比,巨型大学的学科专业的种类繁多、规模宏大,这就必然要增大管理幅度,而管理幅度增加到一定程度必然会引起管理层次的增多,否则无法控制或管理效益下降。

现代大学与中世纪大学的"基本组织结构相同"②,但彼此之间的复杂性程度则不可同日而语,前者远比后者复杂。从管理的视角看,中世纪大学虽设有文学、法学、医学和神学等四个系科或四个学院,但校长与各学院院长不存在严格的上下级关系,各学院院长自主管理本学科的一切事务,现代大学显然不是这样。中世纪大学也设有"学院",但这种学院开始仅仅是捐资修建的招待所或宿舍,创立学院的目的也仅仅是为那些不能支付食宿的穷困学子提供一个栖居之所,绝非今天意义上的大学中所设立的"学院"。到后来,学院才变成学术生活中的一种固定性组织单位,成为正式的生活和教育的中心,承担了大学的诸多活动。总之,中世纪大学尽管已出现现代大学组织的教育特征,包括由全体教员、学院、课程、考试、毕业典礼和学位组成的教育体系,但"在整个启蒙时期,中世纪的大学都没有图书、实验室或博物馆,没有捐赠,没有自己的建

---

① [美]伯顿·R.克拉克:《高等教育系统:学术组织的跨国研究》,杭州大学出版社1994年版,第301页。

② [美]查尔斯·霍默·哈斯金斯:《大学的兴起》,上海三联书店2007年版,第2页。

筑物"①，只是具有现代大学的雏形，管理系统简单、层次单一。但从19世纪开始，"西方大学内部普遍由两级构成，即研究所（institute）或系和学部"②。今天，大学已不再是一个单纯的学者共同体，而是一个由不同的系或学院组成的庞大而异质的集成体，为提高办学效率和规范管理，它需要大规模的行政管理与协调，多层管理和管理职业化应运而生。大学专职的行政管理人员日益增加，大学校长任职要求及身份也在发生变化，早期魅力型与学院型的大学领导模式，已逐渐被一种既注重科层管理技巧又注重企业管理技巧的大学领导模式所取代，大学领导日益表现出教育家、企业家和社会活动家等合一的气质。

（二）高等教育形式结构的演化

高等教育形式结构主要指不同办学形式的高等教育的构成状态，即全日制、半日制和业余高等教育等办学形式之间的比例及其联系，包括全日制大学、电视大学、夜大学、业余大学、自学考试、函授大学等，分为普通高等教育和成人高等教育两大类。从诞生的时序看，普通高等教育在前，而成人高等教育在后，迄今只有一百多年的历史。成人教育最早可以追溯到1780年罗伯特·雷克斯创办的星期日学校，而早期较有影响的成人高校则是由英国教会人士于1842年在雪菲尔特创办的民众学院。该学院主要为工人工作之余提供科学文化知识教育，课程设置有拉丁语、希腊语、法语、德语、数学、英国文学、逻辑、演说和绘画等。19世纪的大学推广运动，开创了

---

① ［美］查尔斯·霍默·哈斯金斯：《大学的兴起》，上海三联书店2007年版，第1页。

② 单中惠：《外国大学教育问题史》，山东教育出版社2006年版，第61页。

第二章 高等教育演化的选择性

公共教育机构承担成人高等教育的先河。1867年,斯图尔特在大学推行讲座制度,为女士们和工人讲授课程。1873年,剑桥大学接受斯图尔特创办一种"流动大学"的建议,在列斯特、诺丁汉两城市及德贝郡开设课程,随后的两年中在全国各地开设了一百多门课程,到1878年成立地方讲座委员会。1876年伦敦大学成立大学教学推广学会,1878年牛津大学建立了类似的机构,1886年维多利亚大学也步入此行列,到1890年大学推广运动已覆盖全英格兰。① 英国的大学推广运动对美国有较大的影响,"20世纪20年代美国的哥伦比亚、哈佛、芝加哥、威斯康星、霍普金斯等著名大学以类似方式开设大学,推广自学课程,招收大量部分时间制和函授制学生,有时这些学生的人数甚至超过了全日制大学人数"②。二战结束后,美国新技术的发展为高等教育形式的多样化提供了技术基础,加上大批退伍青年面临就业困难,只能涌入高校,而普通高校根本无法容纳,于是部分时间制教育、继续教育、终身教育等多种形式的教育涌现出来,成人高等教育逐渐体系化。

新中国成立前,我国高等教育的办学形式比较单一。新中国成立后,高等教育迅速繁荣,成人高等教育经历了从无到有、从单一到多元的转变。1949年12月,中国人民大学成立,第一期招生中含有夜校生1000人,这是新中国成人高等教育的开端。1951年,中国人民大学又创办函授教育,设立了十个经济类的专业,培养在职经济干部。1953年,北京师范大学和东北师范大学也相继举办了教育学函授进修班、中国语文

---

① 贺国庆、王保星、朱文富等:《外国高等教育史》,人民教育出版社2003年版,第245—246页。

② [美]伯顿·克拉克:《高等教育新论:多学科的研究》,浙江教育出版社2001年版,第47页。

和数学函授专修班。自此开始，高等函授教育在比较广泛的范围内开展起来。1958年，中共中央、国务院发出指示，发展教育事业必须调动一切积极因素，多种形式、多种渠道办学，主张开办全日制学校、半工半读学校和各种形式的业余学校。1960年8月，北京电视大学成立，这是全国第一所利用现代化电化教育手段进行教学的高等学校，主要是为在职职工业余进修提供条件，当时开设了数学、物理、化学和中文四个专业，学制分为四年制和五年制。此后，上海、沈阳、长春、哈尔滨等大城市相继成立了电视大学，吉林、重庆等地成立了业余广播大学。"文革"期间，我国高等教育事业遭受严重破坏，许多全日制普通高等学校被撤销或停办，其他形式的高等学校也长时期停止招生。十一届三中全会以来，经过拨乱反正，整个教育工作逐步走上正轨，各种形式的高等教育也进入了恢复、整顿和发展时期。1979年2月，教育部和中央广播事业局开办了面向全国的中央广播电视大学。同年，全国共有28个省（市）、自治区都在省会所在地建立了省级广播电视大学，许多地市后来还相继成立了电大分校。迄今为止，我国成人高等教育已形成六大系统，即函授、夜大学、成人脱产班教育系统，高等教育自学考试系统，广播电视大学系统，网络教育系统，社会力量办学、社区教育系统和非学历高等教育系统。[①] 目前，人类开始步入学习型社会，世界各国的成人高等教育与普通高等教育，正在发生不同形式的融合，两者之间的界线逐渐模糊。

（三）高等教育科类结构的演化

高等教育科类结构是指"高等教育发展中不同学科领域的

---

① 李平、郭慧珍：《我国高等继续教育持续发展方略》，《中国高教研究》2007年第4期。

第二章　高等教育演化的选择性

构成状态，它反映了社会分工的横断面"①。高等教育科类结构的演化和发展是"力的集成"，既有知识分化与综合的内在动力，也有社会发展需要刺激的外在动力，二者共同作用于学科的运动发展，构成学科发展的学术背景和社会背景。正因为如此，学科的突破点往往发生在"社会需要和科学内在逻辑的交叉点上"。作为推动学科发展的强大动力，社会需要是学科发展取之不竭的源泉，它不仅为学科发展提供了丰富的材料，而且还向学科发展提供了大量的新课题。从世界范围看，高等教育科类结构或学科结构的演化具有以下特征：

1. 学科的演化过程是一个科学知识发展、繁荣、分化和综合的复杂过程

学科不是从来就有的，而是人类对自然界、人类社会以及人的思维的认识达到一定程度并要求进行专门的、更深入的研究时出现的。从本质上看，学科的演化过程是一个科学知识发展、繁荣、分化和综合的复杂过程。

古希腊到16世纪近代科学产生以前是科学的朦胧意识时期，哲学是唯一的和包罗万象的科学。当时的哲学家和科学家，差不多都会说四五种语言，大多数是综合型的和百科全书式的，他们在数学、物理、化学、天文学、哲学、力学等众多学科领域都有一定的建树，留有定理、法则、测试法等，如伽利略就在多个学科领域做出过重大贡献，自由落体运动、太阳系学说、光速测定等都是他的首创。16世纪近代科学产生到19世纪是学科分化时期。首先是数学、力学和天文学，然后是化学和物理学，再后是生物学和地质学等，先后获得独立。

---

① 潘懋元、王伟廉主编：《高等教育学》，福建教育出版社1995年版，第69页。

同时，人文主义大兴，人文科学崛起。随着实验科学和分析方法的问世，方法及方法论意识的强化，自然科学与哲学进行了划时代的分离，在哲学、社会、自然三足鼎立的总体格局中，自然科学、社会科学从哲学母体中分化出来，各自走上相对独立发展的轨道，形成了哲学、自然科学、社会科学的新三角构架态势，而且彼此又分化出多个理论体系相对完备的子学科，学科之林逐步形成。学科之间的界线也越来越明晰，越来越多的知识领域表现出"内在的深奥性"和"固有的自主性"，不同学科领域的专家无需他人帮忙就能在教学、研究、社会服务领域开展工作，但原先那种单枪匹马就可以驾驭所有学科的百科全书式的人物已经不存在了。进入20世纪，尤其20世纪中叶以来，科学知识既高度分化又高度综合，产生了许多新的交叉学科和横断学科，纵横交错的立体式学科森林日益繁茂。

当然，科学不是一个独立的变量，它是嵌在社会之中的一个开放系统，由非常稠密的反馈环与社会联结在一起，科学知识的发展、繁荣、分化和综合受到其外部环境的有力影响。一如阿尔文·托夫勒所言："一些学者把科学描绘成是由其自身的内部逻辑所推动的，是出色地从其周围世界孤立出来，按照其自身的规律发展的。但是许多科学的假说、理论、隐喻和模型（不论科学家作出怎样的选择：是研究还是忽视各种各样的问题），其形式都是由来自实验室外的经济、文化和政治力量决定的。"[①]

2. 不同国家有着不同的科类划分标准，而且彼此的用途也不尽相同

学科划分是人为的产物，不同国家有着不同的科类划分标

---

① ［比］伊·普里戈金、［法］伊·斯唐热：《从混沌到有序》，上海译文出版社2005年版，第3页。

第二章　高等教育演化的选择性

准，因而高等教育科类结构在"形式"上各异。比如，美国的学科专业目录分设交叉学科、人文科学、社会科学、理学、工学、医学、工商管理、教育学、农学、法学、建筑学、艺术学、公共管理、新闻学、图书馆学、神学和职业技术等十八个学科大类。① 联邦德国在统计分析中，科类结构按人文、经济与社会科学、数学/自然科学、工程、医学、兽医、农村营养、美术与音乐等八大类进行划分。日本现行的高等教育科类结构包括人文科学类、社会科学类、理学类、工学类、农学类、保健类、商船类、家政类、教育类、艺术类十大类。② 俄罗斯高等本科教育可分为文理（综合大学科类）、工程、农林、卫生与体育、法律和经济、师范——艺术、艺术七大科类。印度的高等教育科类结构由人文科学、教育、美术、法律、社会科学、自然科学、工程、医学、农艺学九个科类。③

中国制定有多套功能不同的学科专业分类体系。比如，1997年国务院学位委员会、原国家教委联合颁布的《授予博士、硕士学位和培养研究生的学科、专业目录》分设哲学、经济学、法学、教育学、文学、历史学、理学、工学、农学、医学、军事学、管理学十二大学科门类，下设一级学科88个和二级学科381个。1998年颁布的《普通高等学校本科专业目录》分设哲学、经济学、法学、教育学、文学、历史学、理学、工学、农学、医学、管理学十一个学科门类（无军事学），

---

① 刘念才等：《美国高等院校学科专业的设置与借鉴》，《世界教育信息》2003年第1—2期。

② 赵文华：《高等教育系统论》，广西师范大学出版社2001年版，第134—135页。

③ 潘懋元、王伟廉主编：《高等教育学》，福建教育出版社1995年版，第75页。

下设二级类学科71个、专业249种。除此之外，在我国大量的统计资料中，也有将学科专业划分为工、农、林、文、理、医师、师范、财经、政治、体育和艺术等十一大门类。

从世界范围看，尽管每一个国家都有自己的学科、专业目录，但用途却不尽相同。有些国家的学科专业目录主要用于统计，而有些国家的学科专业目录用来规范人才培养，还有些国家则二者兼而有之。

3. 世界各国的高等教育科类结构不是静止的，常处于不断地调整之中

世界各国的高等教育科类结构都是社会发展到一定阶段的产物，都是高等教育自我演化和以社会需要为导向的人类主体选择双重作用的结果。同时，任何国家的高等教育科类结构都是动态的、发展的变体，常处于不断地调整之中。我国高校的学科专业设置始于1952年，50多年来一直处于不断地调整之中，国家先后四次统一修订本科专业目录。1963年9月，国务院发布《高等学校通用专业目录》和《高等学校绝密和机密专业目录》，共设本科专业510种。1982年至1987年，国家组织开展了第二次普通高校专业目录修订工作，专业种数由1343种减少到671种。1989年原国家教委组织了第三次本科专业目录修订工作，并于1993年正式颁布了《普通高等学校本科专业目录》，共设本科专业504种。1997年由原国家教委组织开展了第四次普通高校专业目录的修订工作，并于1998年颁布了《普通高等学校本科专业目录》，本科专业数由504种减至249种。同年，教育部颁发的《关于做好普通高等学校现设本科专业整理和本科专业设置数核定工作的通知》（教高厅［1998］6号）规定，普通高校除可在249种本科目录专业内设置专业，也可在9种工科本科引导性专业和36种（后增

加到37种）职业技术师范类本科专业内设置专业。2001年教育部发布《关于做好普通高等学校本科学科专业结构调整工作的若干原则意见》（教高［2001］5号），允许"北京大学、清华大学等若干所国家重点建设高等学校，经教育部批准，可自主设置本科专业"。至2003年，经教育部批准设置的目录外专业达140种，2004年教育部批准设置目录外专业49种，2005年批准设置目录外专业31种，2006年批准设置目录外专业25种。至此，我国目录外专业以及工科引导性本科专业和职业技术师范本科专业总数达到291种，超过1998年所修订的249种目录专业数；目录内外的本科专业总数为540种，超过1993年的专业总数504种。

4. 大学学科结构逐步呈现出从"线状"到"树状"再到"网状"发展态势

中世纪大学起初均为单科性大学，如博洛尼亚大学为法学科，巴黎大学为神学科，萨莱诺大学为医学科。直到13世纪，大学开始设文学、法学、医学、神学四个系科或四个学院，简称"两级四科"。"文学科"[①] 为低级科，法学、医学和神学为高级科，学生修完低级科方能进入高级科深造。影响中世纪大学科类结构的主要因素是文化和政治，教师和学生按照专门的学科领域聚集在一起进行教学和研究，主要是为了满足文化传播与政治的需要。简言之，按职业分科设置课程，传习经院哲学和古典著作，培养各种专业人员，是中世纪大学的基本特点。这种传统一直延续到19世纪，甚至还影响着今天的高等教育。

[①] 文学科并非音乐、美术、雕刻之类的艺术，而是包括文理科在内的多种学科，类似于现在西方大学教育中经常提及的"自由教育"。那时的人文学院教授"七艺"，即文法、修辞、逻辑、算术、几何、天文和音乐。——笔者注

高等教育选择论

从 16 世纪开始，近代科学逐步获得发展，新学科不断产生和不断独立成为一种趋势。大学作为知识的发源地和文化的集散地，不能不受到这种趋势的影响。比如，18 世纪的德国大学开始开设地理学、应用数学、物理学、历史学、政治学与法学。但总体来看，此时的绝大多数大学还异常保守，自然科学所取得的进步，科学的兴起与学科的分化，并没有立刻对大学产生非常明显的影响和冲击。英国是世界上最早实现工业化的国家，但 18 世纪的"牛津大学虽然在一定程度上增设了一些自然科学课程，但其基本结构并未发生实质性的转变，近代科学的知识无法成为课程中的重要内容"[①]。剑桥大学虽然比牛津大学稍好一些，但作为自然科学的核心——数学直到 18 世纪末仍属于私下传授的课程。一如安东尼奥·坦恩所言："在 18 世纪，几乎所有的欧洲国家，大学都成为科学领域经院思想最重要的堡垒。如法国和英国，大学以外的科学机构的迅猛发展，促进了观念和方法的改革，同时大学的保守主义也凸显出来。在西班牙，由于大学几乎垄断了高等教育，而且不存在对实用知识的需求，因此除了专业学院外，将新知识引进大学机构的尝试都受到了挫折。"[②] 不过，科学毕竟是一种革命力量，它先是通过在医学等系科课程的渗透引发大学的内部矛盾和变革力量，后又或借助政治力量破旧立新（如法国大革命引发的高等专科学校的创建与发展），或引进新的大学理念和发展机制实现变革（如德国以柏林大学为标志的现代大学的形成），或另辟蹊径创建新校（如英国以伦敦大学为代表的新大学运动），最终在大学中确立了自己的地位。随着近

[①] 潘懋元主编：《多学科观点的高等教育研究》，上海教育出版社 2001 年版，第 31 页。

[②] [法] 米歇尔·布莱、埃夫西缪斯·尼古拉依迪斯：《科学的欧洲：科学地域的建构》，中国人民大学出版社 2007 年版，第 302 页。

第二章 高等教育演化的选择性

代大学的形成、科学的全面进入和研究职能的不断增强，教学与研究开始在大学中相互结合、相互促进，即科学研究拓展新的领域，而教学则将成熟的研究领域确定为学科，教学与研究相结合和彼此互动促进了学科的创生和分化，大学的学科结构也呈现出"树状化"发展态势。

20世纪尤其是二战以后，新学科、新理论、新方法大量涌现，跨学科研究、科技间渗透、学科间交叉成为大势所趋，整个学科之林急剧变化，学科森林逐步形成。此时的科学，"再也不是一个无结构的'几何点'了……而是一个门类繁多、层次分明、结构复杂的知识系统。这个系统，不仅包括自然系统、技术科学和社会科学，而且也包括在这三大领域之间由于门类交叉、学科交叉、知识交叉、方法交叉所产生的各种各样的交叉学科、边缘学科、横断科学和综合性科学"。[①] 自然科学、人文科学和社会科学在知识渗透、学科交叉、以及门类"杂交"中，犹如一张正在编织的大网，走向科学整体。在这个知识系统里，门类与门类之间、学科与学科之间、知识单元与知识单元之间，形成不同层次的结构关系，发挥不同的认识或社会功能，造成不同形式的价值标准。在科学、技术、生产三者彼此互动，以及科学发展的综合化和整体化趋势下，无论是人才培养还是科学研究和社会服务，单纯基于学科分化特性的系科划分和学科建制已不合时宜，绝大多数单科性院校逐步向多科性或综合性大学演进和转变。与此同时，各种跨学科实验室和研究中心应运而生，跨学科研究与教学的范围不断拓展。一些名牌综合性大学，既设有大量以"学科为导向"的院系所，又创建了许多面向实际问题"以功能为中心"的课题

---

① 赵红州：《大科学观》，人民出版社1988年版，第2页。

组、研究所、实验室和研究中心，形成了纵横交错的学科格局。尤其是功能定向的课题组、研究所、实验室和研究中心的创建，打破了不同学科之间的壁垒，将原属不同院系、互不相干的学科紧密地联结起来，实现了跨学科协作的实体化和体制化，有力地促进了大学学科结构的"网状化"，同时为创新性人才的培养和科技创新提供了宽厚的平台。

（四）高等教育层次结构的演化

高等教育层次结构（亦称高等教育水平结构），是指按学习的知识难易程度不同和要求不同而划分的高等教育构成状态。联合国教科文组织《国际教育标准分类》将高等教育定为"第三级教育"，并将其划分为一级、二级和三级三个层次，它们分别与中国的专科教育、本科教育和研究生教育相对应。

作为学校教育的最高层次，高等教育的分化、独立和定位，经历了一个漫长的发展过程。据史学家考察，古代高等教育没有从教育体系中分化出来而成为一个独立的教育层次，即使在中世纪大学诞生之后的相当长时间内，高等教育与中等教育之间的关系也没有完全理顺，彼此交叉和重叠的情形依然存在。比如，中世纪大学的"文学科教育"就类似于今天大学的"预科教育"，而当时的教会学校同样也传授大学"七艺"。16世纪兴起的"文科中学"①虽具有为高等教育做准备的功能和性质，但高等教育与中等教育之间的关系，直到18世纪中叶

---

① 文科中学相当于英国的文法学校和公学，是17、18世纪德国中等学校的主要类型。这种学校1537年由斯图漠创办，其前身是路德新教人士梅兰克顿在1528年教育报告中倡导的分级式拉丁学校。拉丁学校主要是训练牧师，斯图漠式的文科中学则尤重古典。到17、18世纪时，文科中学既保持了古典传统，更把升学预备教育和培养上层职业者（医生、律师、牧师、官吏等）作为重要任务。——笔者注

第二章 高等教育演化的选择性

到19世纪初才开始理顺。这还只是在法国等少数国家,世界普遍认可直到19世纪末20世纪初才完成。也就是说,在现代学制确立之前,教育没有真正意义上的初等教育、中等教育和高等教育之分。同样,最初的高等教育虽有低级和高级之分,但却没有严格的层次之分。中世纪大学的文学科虽然低于或隶属法学、神学和医学三科,但两级学科之间的递进关系,与当下的不同高等教育层次之间的关系大相径庭,它们之间倒有点类似于今天大学课程结构体系中基础课与专业课之间的关系,低级学科的学习是晋升到高级学科学习的基础和平台。

中世纪大学已有学位制度,但也不是今天意义上的学位制度。那时大学颁发的学位原来的意思是"任教执照",大学毕业经考试合格,可获硕士、博士、教授学位,但它们都意味着同一件事——教师资格,即学习者获得学位意味着可以进入教师行会,可以立刻教授所学过的科目。中世纪的"学士"不是正式学位,只是表示学生已经取得硕士、博士、教授学位候选人的资格,后来才逐步发展成为一种独立的低于硕士水平的学位。硕士、博士和教授最初也没有高低之分,三个头衔完全是"同义语"。只是到后来,硕士才逐渐只用于低级学院的成员,而博士和教授用于医、法、神三个高级学院的成员。[1] 经过近千年的演化发展,目前学士、硕士和博士已发展成为三种层次分明的学位,分别授予本科教育、硕士研究生教育和博士研究生教育的毕业生,而教授则发展成为一种职称。当下少数国家还存在副学士学位,授予高等教育专科层次的毕业生。

反观高等教育史,本科教育的历史最长,独领风骚数百

---

[1] 贺国庆、王保星、朱文富等:《外国高等教育史》,人民教育出版社2003年版,第61页。

高等教育选择论

年，至今仍然是高等教育的主要层次；而专科教育其次，但也有二百多年的历史；研究生教育的历史相对要短些，只有一百多年的历史。① 从世界范围看，目前绝大多数国家已构建起开

---

① 最早的专科教育可以追溯到法国1720年创办的炮兵学校，它是路易十五继位后，为挽救"国威"、争夺海外殖民地而创建的一所军事学校。继炮兵学校创办之后，一批高等专科学校如军事工程学校、造船学校、骑兵学校、桥梁公路学校、巴黎矿业学校等应运而生，成为法国高等教育一个颇具特色的重要组成部分。至大革命爆发，法国共发展高等专科学校72所，广泛分布于军事、工程、水利、采矿、医学、文学和音乐等科学领域。1789年爆发的资产阶级大革命有力地冲击了旧大学，对高等教育的办学传统进行了彻底的冲刷和改造，同时还新建了一批高等专科学校，如今闻名于世的综合理工学校、巴黎高等师范学校等就是此时创建的。高等专科学校不像中世纪大学那样，在课程设置上仅依照培养的职业设置课程，而是按照不同学科和国家发展需要设置。在组织形式上，它也不像传统大学那样把文学院作为进入医、法、神三个学院的预备阶段。此外，高等专科学校既无内部学科层次高低之分，亦不存在各学院间的横向学术联系和合作（参见贺国庆、王保星、朱文富等《外国高等教育史》，人民教育出版社2003年版，第123—124页）。本科教育的历史可追溯到中世纪，法国早在12世纪末13世纪初就建立起了学位制度，当时巴黎大学的声誉甚至超过今天的巴黎大学，一度成为其他大学仿效的榜样。英国也是世界上本科教育历史最悠久的国家之一，其学位制度肇始于12世纪末，当时学生学习三年期满可获得学士学位。13—14世纪，14岁进入牛津和剑桥大学的学生经过四年的学习可以获得学士资格。关于研究生教育的起源有两种主要观点：一是认为德国19世纪中期出现的学徒式研究生教育，不仅是德国研究生教育史上的最早形式，而且也是世界研究生教育史上的最早形式（参见李盛兵《研究生教育模式嬗变》，教育科学出版社1996年版，第48页）。二是认为研究生教育正式产生于19世纪70年代的美国，高等教育史家倾向于认为，以1876年约翰·霍普金斯大学的建立为标志（参见杨汉清、韩骅《比较高等教育概论》，人民教育出版社1997年版，第111页）。我们认为，第一种观点比较符合历史事实，因为霍普金斯大学在某种程度上可视为美国的柏林大学，一如哈斯金斯所指出的："美国大学是一个混血儿，本科结构从英国大学制度中获得其形式，而文科和理科研究生学校从德国大学的学院中获得其模式。"（参见［美］查尔斯·霍默·哈斯金斯《大学的兴起》，上海三联书店2007年版，第121页）。贺国庆教授也类似地指出："如果说1636年成立的哈佛学院是英国的复制品，通过哈佛学院，英国式的学院支配了美国早期高等教育的发展，那么可以说，1876年成立的约翰·霍普金斯大学是德国的复制品，通过霍普金斯，德国大学的思想成为南北战争后美国高等教育改革的方向。"（参见贺国庆《近代欧洲对美国教育的影响》，河北大学出版社2000年版，第125页）

第二章 高等教育演化的选择性

放的多层次高等教育体系，专科教育、本科教育和研究生教育都有具体的实施机构和相对独立的人才培养体系。

三、功能选择导向下的高等教育结构演化

系统结构的秘密不在其自身，而在于系统构成要素以及系统与外部系统之间的相互作用，而相互作用的方式与程度又取决于系统功能的选择。高等教育结构发生演化并非无因之果，它根源于社会和个体对高等教育不断提出的新要求，根源于社会和个体不断更新的高等教育功能期待，根源于高等教育功能无休止的适应性选择。历史与现实都反复显示："如果社会不能从原有的机构中获得它所需要的东西，它将导致其他机构的产生。"[1] 英国的新大学、多科技术学院，德国的工业大学，丹麦的民众高等学校，美国的社区学院以及有些国家的研究所和研究院，在某种程度上可以说都是因为社会不能从原有的高等教育机构中获得它所需要的东西的产物，是一种对传统大学的功能"不满"或"反叛"的直接表现。当然，高等教育结构演化与高等教育功能选择，不是单向度的，而是双向互动的，即高等教育功能选择是高等教育结构演化的动力，高等教育结构的演化则为高等教育的功能选择准备和创造条件。世界高等教育史上的博洛尼亚大学、巴黎大学、柏林大学、霍普金斯大学、威斯康星大学等的相继诞生，不仅是高等教育结构不断演化的标志，同时也是新的高等教育功能不断呈现和释放的象征。

功能选择导向下的高等教育结构演化，是一种普遍的高等教育现象，在世界各个国家都存在。20世纪50年代，中国高

---

[1] ［美］伯顿·克拉克：《高等教育新论：多学科的研究》，浙江教育出版社2001年版，第35页。

高等教育选择论

等学校的院系大调整,在某种程度上可谓是政治变革或高等教育政治功能选择的结果。而20世纪90年代被称之为"新一轮的院系调整",可以说是高等教育经济功能选择的结果,表征为高校采取共建、合并、合作办学、划转和协作等方式来改变管理体制上的条块分割、小而全和低效益的局面,以适应社会主义市场经济体制改革的需要。值得注意的是,并非所有功能选择导向下的高等教育结构演化或调整都符合高等教育发展规律,即使它适应了当时特定的社会发展需要。据历史考察,在世界范围内,不少的高等教育结构调整符合高等教育发展规律,但也有一些结构调整是以牺牲高等教育发展的内在逻辑或外在逻辑为代价的。例如,18世纪末法国大革命时期取缔传统大学、改造和创建高等学校的行径,尽管在组织、体制和课程设置上都突破了传统高等教育的束缚和局限,确立了法国近代高等教育的基本模式,但无疑在某种程度上也严重破坏了法国的高等教育系统,尤其是过分专业化的高等教育致使法国的科技创新能力大大减弱,到19世纪下半叶远远逊于19世纪初原本落后于自己的德国。正因为如此,H.C.巴纳德[1]认为:"将大革命期间在教育方面的工作成就归纳为'破坏'和'建立'两个词是不完全恰当的,大革命期间实际取得的教育成就是'平庸的',因为它并没有在'破坏'之后成功地建立完整的国家教育体制。"[2] 又如,我国解放初期的院系大调整,其基本取向是按苏联模式重新调整中国的高等教育结构,重点是调整高校类型结构、科类结构和区域结构。回过头去看,当时

---

[1] 巴纳德(1884—1985),英国著名教育史学家,代表作有《教育与法国革命》(1969)等。——笔者注

[2] 转引自贺国庆、王保星、朱文富等《外国高等教育史》,人民教育出版社2003年版,第127页。

第二章　高等教育演化的选择性

的院系调整虽然催生了一大批单科尤其是工科院校，在一定程度上优化了高等教育科类结构和区域布局结构，适应了当时经济建设和社会发展的需要，但其负面影响是深远的。第一，调整后的综合大学是包含人文学科和社会科学、自然科学各科系的文理综合大学，技术科学和其他传统的学科被离析开来，严重违反了科学与技术相互依存、共生互进的发展规律。第二，高等教育科类结构总体上虽有所改善，但财经、政法、社会学、政治学等人文社会学科遭到削弱，人才培养结构严重失衡。时任厦门大学校长的王亚南教授，对当时的重理轻文倾向进行过批判，他告诫大家："社会科学和自然科学是密切联系的，两种科学相依为命、相互影响，自然科学在发展过程中必须有社会科学为其作清道的启蒙工作，社会科学的贫困必然带来自然科学的不振，那种以为'社会现象的认识不像自然现象那样，可以诉之于实验，可以用计算测验其成就水平，而置疑于社会科学的科学性'的想法是极端错误的。"[1] 第三，将私立高校全部改为公立高校，不仅挫伤了社会力量办学的积极性，而且造成了我国民办高等教育的"断裂"，破坏了高等教育制度的"生态"，这种尴尬局面直到20世纪80年代以后才开始得以逐步改观。1982年全国人大五届五次会议通过的《中华人民共和国宪法》第十九条第四款规定："国家鼓励集体经济组织、国家企业事业组织和其他社会力量依照法律规定举办各种教育事业。"此后的二十多年来，我国的民办高等教育得到了前所未有的发展，实现了从复苏到崛起再到发展壮大的巨大转变，现已形成公办高等教育与民办高等教育、政府办

---

[1] 李枭鹰、邬大光：《王亚南教育思想述评》，《厦门大学学报》（哲学社会科学版）2007年第3期。

学与社会力量办学共同发展的格局。

高等教育结构演化既是高等教育适应社会发展需要的客观要求，也是高等教育自身发展的内在需要。在历史的长河里，社会需要对高等教育的发展有着明显而重要的引导作用，高等教育结构演化集中表征为"一种由社会发展需要引发的功能选择导向下的结构适应性变化"。大学由学者行会转变为由国家主办、资助或依法管理的教育机构，由宗教性教育机构转变为世俗性教育机构，由单纯传授知识和研究纯理论的"象牙塔"转变为融教学、科研和社会服务于一体的教育机构，以及高等教育由简单到复杂、由低级到高级、由一元到多样统一，无疑都是社会需要刺激下的高等教育结构的适应性选择。质言之，高等教育结构的演化是由社会生产力和生产方式的发展变化决定的，社会经济结构、政治结构、人口结构、劳动力供求关系、科学技术发展程度以及教育民主化的进程等，都直接或间接地影响着高等教育结构的演化轨迹和发展方向。社会对于教育的作用和影响是强大而显见的，"诸如人口、政治、经济和社会趋向之类的环境力量，强有力地冲击着当代高等教育的发展。这些力量绝不限于在某个国家起作用，它们可以将一个共同发展结构强加给其他一些极不同的国家。"[1]

第二节 高等教育功能的演化与选择

高等教育的演化不仅表现在结构的变化上，而且表现在功能的变化上，是二者的辩证统一。如果说前者是从系统的内部

---

[1] [加]约翰·范德格拉夫：《学术权力：七国高等教育管理体制比较》，浙江教育出版社2001年版，第9页。

第二章 高等教育演化的选择性

来考察的,那么后者则是从系统的外部来审视的。作为一个刻画关系的概念,功能"涉及谁对谁发生作用,前者是功能主体,后者是功能对象;主体提供功能服务,对象接受功能服务,二者具有服务和被服务的关系,称为功能关系"[①]。功能是系统通有或共有的属性,大凡系统都具有一定的功能。

系统的功能在关系互动中获得体现,高等教育的功能体现或存在于它与外部其他系统的相互作用之中。因此,高等教育的功能除了与自身的内部结构有关外,还依赖于与之相互作用的对象和环境。从这个意义上说,高等教育功能的演化就是高等教育与外界其他系统"相互关系"的演化。高等教育功能的演化相当复杂,如何考察它是一个富有挑战性的课题。我们认为,既然高等教育是在历史中不断生成的,那么沿着高等教育的发展轨迹,动态地考察高等教育功能的演化历程,应该是理性的和可取的选择。这恰如潘懋元先生所言:"当我们努力探讨和把握高等教育本质与功能时,不能忽视历史学的观点与方法。这种研究对于我们准确理解高等教育现象本身及其与社会间的关系,认识高等教育的发展规律与机制,往往是关键性的。"[②]

一、高等教育功能的形成与释放

高等教育是发展变化的,总体上表现为由简单到复杂、由低级到高级、由一元到多元统一的转变,即高等教育的结构与功能,长期地向着具有更高水准的多样和统一的方向发展,而

[①] 苗东升:《系统科学大学讲稿》,中国人民大学出版社2007年版,第60页。
[②] 潘懋元主编:《多学科观点的高等教育研究》,上海教育出版社2001年版,第25页。

且这两个方面的变化紧密相连。从功能的变化看，高等教育从古代走到现代，实现了从简单到复杂、从一元到多元的巨大转变，表现为个体功能（促进人的社会化与个性化的实现）的完善和增强，以及社会功能（高等教育在社会发展中的作用）的逐步分化和释放。

高等教育功能的演化相当复杂，在特定的时空条件下，究竟哪一种高等教育功能会被遮蔽或释放出来，取决于高等教育系统与社会环境系统之间的相互作用或双向选择。在农业社会，高等教育远离经济中心，释放的主要是高等教育的政治功能、文化功能，经济功能则相对处于潜伏或隐性状态，而育人功能更是遭受限制甚至被扭曲；到工业尤其是知识经济社会，高等教育成为人类社会发展的"动力站"，知识的保存、传授、应用和创新，文明的传承和进步，人才的发掘与培育，科学的发现与技术的更新，不同文化间的交流与合作，无不以高等教育为基础和平台，高等教育的多种功能逐步被释放和呈现出来，尤其是经济功能得以充分发挥，育人功能的个性特征开始得到展现，高等教育的功能体系日益得到完善。

大学（或高等学校）是高等教育的主要承载体，大学的发展过程与状态清晰地描绘着高等教育的发展轨迹和演化图景，因而我们可以通过大学职能的历史性变迁，以及大学与外部社会环境系统之间关系的变化，来考察高等教育功能的演化情况。我们之所以要如此抉择和处理，关键在于大学职能变迁的历史轨迹比较清晰和单纯，以其为主线来阐述问题相对容易，而且也能把问题解说清楚。虽说大学职能与高等教育功能是两个意义不尽相同甚至差异较大的概念范畴，但它们无疑也是两个联系非常密切的概念范畴。作为高等教育的最主要承担者，如果大学的职能得不到释放与拓展，那么就难以有高等教育功

第二章 高等教育演化的选择性

能的发挥与分化。事实证明,大学职能从一元走向多元与高等教育功能从简单走向复杂,存在某种程度的"对应关系"和"契合度"。

随着时代和社会的发展,大学职能逐渐得到拓展,实现了从一元到多元的转变。从欧洲中世纪大学起,西方大学就开启了教学职能,并一直延续到今天的大学。进入近代社会以后,在科技和经济发展的推动下,19世纪初的西方大学增加了科研职能,创造知识不断地赋予大学教育以新的活力。从19世纪中期起,以美国大学为先导,西方大学又增加了社会服务职能,从而使大学逐渐走向经济社会的中心。20世纪以后,特别是第二次世界大战以来,西方大学逐渐集教学、科研、社会服务等多种职能于一体,建立起了多元化的职能体系。

(一) 大学教学职能的形成与高等教育功能的演化

教学是西方大学最古老的职能,也是西方大学最基本的职能。从欧洲中世纪大学产生起,西方大学就形成了教学职能,即通过教学活动培养专门人才。当时的大学被看做是知识的"储藏所",主要是为保存和传播知识,教学或者说培养人才是其唯一的职能。正因为如此,人们通常将中世纪乃至19世纪以前的大学称为"教学型大学"。由于形成了教学职能,欧洲中世纪大学迅速成为欧洲文艺复兴和知识传播的中心,并成为随之而来的文艺复兴、宗教改革和近代启蒙运动的重镇。

作为中世纪相对独立的"王国",大学培养学者主要是为了传播知识。尽管如此,中世纪大学的职业性和实用性是显见的,因此将中世纪大学完全视为"与世隔绝的神学的附庸"是不符合历史事实的。对此,科班曾经指出:"中世纪大学在很大程度上是职业性学校。它们训练学生掌握一定的知识,以为以后从事法律、医学、教学这些世俗专业或献身教会工作所

· 129 ·

用。神学这一科学皇后只是少数人所学的科目，是大学里一些最有才华的人物的奋斗目标，但这种追求对学生大众来说却鲜有人问津，并且也太费时……一般学生所期望的只是在既定秩序的安全范围中获得报酬丰厚的就业。"[1] 据史学家考察，中世纪大学的毕业生，不仅就职于教会机构，而且也就职于各级国家机构，"他们有的担任了政府的主要官员、王室的顾问和牧师、主教、教堂的院长、教会团体的领导等，有的担任了世俗和教会法庭的法官、议会成员、高级官员、大教堂的牧师和名誉牧师、主教和副主教以及贵族家庭中的各类职务，担任学校校长、教区牧师、附属小教堂牧师、家庭教师等"[2]。当然，中世纪大学也并非全是职业性或实用性的，大学也培养了社会舆论的制造者、法学家、哲学家、逻辑学家和神学家，这些人对中世纪文化的发展和繁荣有着重大贡献。综而论之，中世纪大学"奠定了后来高等教育与国家之间关系的基调：国家为高等教育的存在和发展提供一定的生活条件和学术研究条件，高等教育用高深知识为国家社会服务。从此以后，高等教育机构既不再是国家政府机构的一部分，也不再是游离于社会之外的学者团体，它们渐渐成为一种特殊组织形式的团体，现代西方高等教育的组织形式正是由此演变而来"[3]。但不管怎么说，中世纪大学与经济领域的联系甚微，与政治领域的关系也不大，所释放的主要是高等教育的文化功能和在某种意义上"被

---

[1] [美]伯顿·克拉克：《高等教育系统：学术组织的跨国研究》，杭州大学出版社1994年版，第20—21页。

[2] 贺国庆、王保星、朱文富等：《外国高等教育史》，人民教育出版社2003年版，第302—305页。

[3] 潘懋元主编：《多学科观点的高等教育研究》，上海教育出版社2001年版，第29页。

第二章 高等教育演化的选择性

扭曲"的育人功能。

到文艺复兴时期,欧洲大学的传统仍然与中世纪类似,学术管理体系没有发生什么根本性的变化,但大学文科课程引入了人文主义的"新知识",开启了近代高等教育之先河。文艺复兴运动的教育意义是显著的,它"将基督教的知识权威取消了,转而认同希腊文和拉丁文古典知识的权威;从知识角度而言,西方人的进步不是由于对人文主义的研究,而是由于培养了一种批判探究的精神以及这种精神最终对科学技术的追求"[①]。由于人文主义的"新知识"比较抽象,与实际生活和具体职业关联不大,因而在欧洲大陆的作用不太明显或比较隐蔽。不过,与欧洲大陆不同,英国人文主义希望培养公民和政治家,而不是单纯的学者,因而人文学科的作用相对比较显著。但总体看来,此时的高等教育功能没有发生新的"裂变",只是高等教育的育人功能和文化功能得到了一定的提升和加强。

与文艺复兴相比,宗教改革运动则更具"群众性"和"革命性",对包括高等教育在内的社会各方面的影响也更为强烈。自中世纪大学诞生以来,教会和大学之间就存在着无法割舍的关系,因而教会里所发生的革命也必将引起大学相应的剧变。事实也的确如此,宗教改革运动从一开始就与大学密切相关。回溯历史,宗教和教育的关系密切而久远,它们之间的密切关系"只是近年来才被切断"[②]。在宗教改革运动的推动下,欧洲各国除了改造原有的老大学,还纷纷在各地方建立新大学,

---

① 转引自单中惠《外国大学教育问题史》,山东教育出版社 2006 年版,第 11—12 页。

② 杜普伊斯、高尔顿:《历史视野中的西方教育哲学》,北京师范大学出版社 2006 年版,第 8 页。

· 131 ·

逐步形成了以地方世俗政府的"智力权威"取代"天主教会权威"的态势，大学的控制权逐渐从教会转入政府。宗教改革运动之后，各国政府先后加强了对大学的控制。与此同时，大学也由原先的"国际性大学"转变成"国内或地区性大学"，逐渐成为服务于国家和世俗政权的工具。在此情形之下，高等教育的政治功能开始得到释放，高等教育机构虽不是国家政府机构的一部分，但在国家的控制之下而逐渐成为服务国家和世俗政权的一种重要工具。

较之文艺复兴和宗教改革运动，17世纪的科学革命虽没有对传统大学产生根本性的影响，但却在一定程度上催生了各类新型的高等教育机构。由于中世纪初期形成的绝大多数传统大学，未能及时回应科学革命的呼唤，专门学院、技术学院等新型高等教育机构不断涌现，同时近代科学的部分内容也开始进入传统大学的课程之中。另外，从17世纪初期开始，在欧洲启蒙运动浪潮的冲击下，学生型大学内部组织结构发生变化，原先由学生行会支配的大学管理权逐步过渡到大学教师和地方当局手中。到18世纪，欧洲南部的意大利、西班牙等地的绝大多数学生型大学，逐步成为国家培养高级官僚或为地方政治和经济发展服务的高等教育机构。18世纪末期，"民族化或国家化"趋势成为欧洲高等教育发展的基本特征，在欧洲绝大多数的国家大学中已很难发现16世纪以前那种带有"普遍意义"的特征，取而代之的是生长于本民族经济、政治、文化等环境之中并为之服务的各个国家或民族大学。此时此刻，高等教育经济功能开始慢慢释放，与原已呈现的育人功能、政治功能、文化功能一起构成了新的高等教育"功能体系"。

（二）大学科研职能的开启与高等教育功能的演化

深受文艺复兴运动、宗教改革运动和近代科学革命的影

第二章　高等教育演化的选择性

响，19世纪的世界高等教育开始步入新的发展阶段。在1789年爆发的法国资产阶级革命的影响下，欧洲大陆的大部分国家和地区相继建立了近代资本主义政治和经济体制。各国近代资产阶级政权的建立，不仅在制度上为世俗政权取代教会势力、为近代科学和技术的普及以及工业革命扫除了障碍，而且使传统的价值观念，特别是传统的教育思想与理念的合法性基础受到震荡。

到19世纪初，英、法两国都已建立起较为稳固而强大的资产阶级政权，但德国还尚未摆脱政治上分裂和经济上落后的局面。在19世纪初的普法交战中，普鲁士遭受惨败，蒙受割地之辱，哈勒大学、哥廷根大学等也随之失去。为了挽救德意志，普鲁士国王等一批有识之士希望通过教育上的繁荣和精神上的胜利，洗刷军事上的失利所带来的国耻。然而，德国并没有像法国那样通过暴力革命关闭所有传统大学，将高等教育纳入国家政治和经济发展的轨道，而是根据洪堡的新人文主义教育思想于1809年创立了"教学与科研相结合"的柏林大学。柏林大学沿袭传统大学的学部组织形式，设哲学、法学、医学和神学四个学部，并把哲学部发展成为师资力量最雄厚、规模最大和地位最高的学部，同时继承了对近代科学革命作出过积极响应的"哈勒大学的优良传统"[①]。柏林大学的根本思想是尊重学术自由，从最初开始就把致力于"专门科学研究"作为主要的要求，把"授课效能"仅作为次要的问题来考虑。更恰

---

① 德国教育史学家鲍尔生教授认为："作为普鲁士振兴新基石的哈勒大学，是第一所现代大学。它不仅是德国的而且是欧洲的第一所具有现代意义的大学。哈勒大学之所以声望显赫，由于它有两个主要特点。第一，它采纳了现代哲学和现代科学；第二，它以思想自由和教学自由为基本原则。"（参见［德］弗·鲍尔生《德国教育史》，人民教育出版社1986年版，第79页。）

当地说，该校认为在科研方面有卓越成就的优秀学者，也总是最好和最有能力的教师。① 在柏林大学中，传统大学的读课和论辩方法逐渐被讲座、习明纳 Seminar 和实验教学的方法所取代。柏林大学的创建，不仅意味着新人文主义教育和某些近代科学的内容在新大学中开始居于支配地位，也意味着大学不再只是保存知识和传播知识的场所，同时还是创造和更新知识的场所。大学科研功能的开启和确立，不仅拓宽了人类知识的边界、丰富了人类对宇宙世界的认识，也动摇了整个西方大学的教育体制，还促使西方大学进入了一个新的发展阶段。

19 世纪中后期，以柏林大学为代表的德国大学模式在世界各地得到了广泛传播。1876 年，美国以柏林大学为榜样建立了霍普金斯大学，实现了教学与科研在新的水平层次上的融合，科研功能及其在大学中的地位获得了质的提升与飞跃。在吸收德国大学严谨的科学态度和治学原则的同时，霍普金斯大学把德国大学的模式嫁接在它原有的"英国式学院"和"美国式专业学院"的主干之上，创建了高水准的"研究生院"，形成了独具特色的霍普金斯理念，即"一所大学的声誉应当体现在它的教师和学者的水平上，而不是体现在教师的数量和所使用的建筑物上"②。与德国大学一样，霍普金斯大学设置研究生院的目的在于注重科学研究和创造新知识，而不是仅仅将知识传授给学生，因而在教学方法上也采用了习明纳和实验教学。大学科研职能的开启具有划时代的意义，它一方面凸显了高等教育的科学和文化创新功能，另一方面也表明"高等教育功能体系"在更高的层面上实现了"新的多样性的统一"。

---

① [德] 弗·鲍尔生：《德国教育史》，人民教育出版社 1986 年版，第 125 页。
② [英] 赫胥黎：《科学与教育》，人民教育出版社 1990 年版，第 169 页。

（三）大学社会服务职能的孕生与高等教育功能的演化

时间之矢在不停地穿梭，高等教育或大学之树也在不断地增添新枝。19世纪下半叶，一场新的大学运动即赠地学院运动在美国兴起。1862年，美国颁布了高等教育发展史上具有里程碑意义的《莫雷尔法案》，法案以赠地形式鼓励各州创办农业学院，为地方经济和社会发展培养专门人才。《莫雷尔法案》的颁布，不仅直接促成了一批州立大学的诞生，而且为美国大学社会服务职能的产生提供了法律依据。创办于1868年的康乃尔大学，一开始"就形成了'全目标课程'的理念"[①]，宣称自己的办学宗旨就是直接服务于农业和其他生产行业，主要任务就是进行工农业教育。20世纪初，威斯康星大学在范海斯校长的领导下，把大学社会服务职能推向顶峰，形成了著名的"威斯康星理念"。威斯康星大学也因此而成为继中世纪大学、德国柏林大学之后，世界高等教育发展史上的第三座"里程碑"，"威斯康星理念"则成了"为社会服务"的大学理念的代名词。英国比较教育家阿·什比对此进行过高度评价："美国对高等教育的贡献是拆除了大学校园的围墙。当威斯康星大学的范海斯校长说校园的边界就是州的边界时，他是在用语言来描述大学演变过程中的一个罕见的改革创举。历史已说明这是一次正确的改革，其他国家现在已开始纷纷效仿这种美国模式。"[②]

大学社会服务职能的形成和孕生具有特殊的意义，一方面表明近代大学已真正走出"象牙塔"，逐步向经济社会的中心

[①] 单中惠：《外国大学教育问题史》，山东教育出版社2006年版，第30页。
[②] ［美］德里克·博克：《走出象牙塔——现代大学的社会责任》，浙江教育出版社2001年版，第73页。

逼近；另一方面也标志着高等教育与经济社会开始"零距离"接触，高等教育的经济功能获得了前所未有的释放和强化。在此之前，高等教育或大学几乎只是社会中相对独立的王国，我们很难发现它与社会经济之间存在难以割舍的血肉联系。无论是那些带有某些高等教育特征或属性的古代中国的太学、国子监和古希腊的学园，抑或是诞生于欧洲中世纪的大学，都丝毫不表明高等教育与经济发展之间有着紧密的关联。即使到18世纪初，大学的主要职能依然只是单一的教学或人才培养，大学被视为超然物外的"象牙塔"。虽然传统大学所培养的人才，客观上也或多或少地为其所处时代的经济及社会发展作出过贡献；但从根本上说，当时人们很少关心教育与经济发展之间的关系。高等教育与经济发展之间的良性互动或直接结合，是在大学职能由一元走向多元，尤其是在为社会服务的大学职能出现的背景下逐渐形成的。此时以前，欧美绝大多数大学都将自己与尘世视为两条互不相交的"平行线"，它们对外部经济社会的发展几乎漠不关心。然而，经济社会的发展毕竟是一股强大的外在力量，高等教育在它的推动下终将发生各种样式的变革，否则就不能获得良性发展与进步。一言以蔽之，在历经文艺复兴、宗教改革、科学革命、工业革命以及政治革命的洗礼之后，在经济社会发展需要的刺激和引导下，高等教育实现了结构与功能的全面革新，尤其是高等教育的经济功能得到前所未有的释放和发挥。

（四）大学多元职能的确立与高等教育功能的演化

历经漫长的历史的洗礼，20世纪的西方大学确立了集教学、科研和为社会服务于一身的多元职能体系，即大学综合发挥教学、研究及服务的整体职能，而不是将三种职能分开运作。现代大学的职能是多元的，而且随着社会的发展会不断增

第二章 高等教育演化的选择性

加预期无限的职能。克尔在《高等教育的伟大变革》一书中指出，作为多元化巨型大学的现代大学职能模式要远不止三种，"要理解这个问题，必须理解其中的复杂性。无论是对大学职能的实际批评，还是可能的解决方案，都不能用这种简单化的三维分类体系予以评价"[①]。大学多元职能体系的确立，既是西方大学教育发展趋于成熟的一种表现，也是西方大学教育对当今多元社会、多元需要的一种积极的回应。难怪有学者认为，"大学从没有像今天这样变得如此重要，大学教育的价值从来没有像今天这样如此之高。大学提供了教育的机会，创造了知识。大学所提供的服务是当今社会取得领先优势的关键，它们包括个人生活的富足与安乐、经济的竞争、国家的安全、环境保护和文化繁荣"。[②] 时至今日，以大学为载体的高等教育已不再是社会中的"孤岛"，它与外部社会系统频繁地交换着不断变化着的物质、能量和信息，彼此之间的关系日益密切和复杂。

与大学多元职能体系的形成类似，高等教育的多功能体系也是漫长的历史演化的产物，人类的干预以及社会发展需要在此过程中则起了加速和导向作用。如果没有社会需要的刺激和人类的干预，那么高等教育的许多功能也许依旧处于遮蔽状态，至少不像今天这样多元。可以说，高等教育功能由单一向多元转变，既是时代发展的要求，也是高等教育自身演进的一种必然，更是高等教育未来发展的一种趋势。时间是一条流动不息的河，今天并非高等教育演化的终点，未来的高等教育还

---

① 转引自刘宝存《大学理念的传统与变革》，教育科学出版社2004年版，第73—74页。

② [美] 詹姆斯·J. 杜德斯达：《21世纪的大学》，北京大学出版社2005年版，第4页。

会不断"裂变"出新的功能。这些不断呈现的高等教育功能虽然在时序上有先后之分，但彼此没有优劣、高低和贵贱之分，后呈现的功能并不否定先前已经存在的功能，而是和原先的功能并存，一起构成高等教育的功能体系。另外，在不同的时空背景下，同一种高等教育功能的表现方式和表现程度，往往存在显著的差异，即在某一个国家或地区得到彰显的某种高等教育功能，在另一个国家或地区可能还处于完全遮蔽、半遮蔽或潜伏状态，让人难以觉察；而在此时已经得到彰显的某种高等教育功能，到彼时也可能被再次遮蔽或失去其存在的合法性。

二、社会需要刺激下的高等教育功能选择

恩格斯曾经指出，事物之间的相互作用是事物发展的终极原因。高等教育功能的演化，根源于高等教育内部各子系统之间以及高等教育与其环境之间的矛盾运动，即所谓的内在的依据和外在的原因。系统科学也类似地认为，系统之"演化动力或者来自系统本身，即组分之间、层次之间的差异和矛盾，以及规模或者结构的变化，导致系统形成主动变革的要求；或者来自环境，即环境变化给系统造成的不适应，给系统形成被动变革的压力；或者二者兼而有之，内在产生主动变革的要求，外部产生强制变革的压力，共同推动系统演化。在社会文化领域，无论系统内部，还是外部环境，总是既存在激进趋势，又存在保守趋势，二者都既有积极作用，也有消极作用，两种趋势的合力推动着系统的演化"。[①] 现代高等教育功能体系的形成，既是高等教育自我发展需要的产物，也是社会发展需要直接刺激的结果，是高等教育自我选择和社会选择双向和双重作

---

① 苗东升：《系统科学大学讲稿》，中国人民大学出版社2007年版，第84页。

第二章 高等教育演化的选择性

用的结晶。因此,仅仅从"利他"的角度看待功能问题是片面的,系统的功能首先是系统自身存在和发展的根据,一物以对他物提供功能服务来获得生存发展的条件,亦即得到他物给自己提供的功能服务。换言之,世间万物既互为"功能主体",又互为"功能对象"。一个事物或系统只要能够满足环境中某些事物的需要,它就有存在的合法性理由。同时,从外部环境看,任何系统都兼具功能和过失双重属性,不存在只有功能没有任何过失的系统,也不存在只有过失没有功能的系统。这对我们辩证认识高等教育功能的演化与选择,无疑具有极其重要的启迪。

社会需要是高等教育功能形成和释放的外部动力,是高等教育发展的不竭源泉。大学乃至整个高等教育之所以会产生并能存续到今天,根本原因在于它满足了社会发展的需要。因此,高等教育"与其说是社会的一个发源的部分,不如说是社会的一个响应的部分"[1]。史学家们认为,中世纪大学产生的原因和条件很多,"欧洲社会相对的政治稳定,教会影响的扩大,商业贸易的发展,城市的兴起,行会的产生,社会对教育的需求,以及基督教世界与伊斯兰世界的文化交流,都为欧洲中世纪大学的产生及其培养人才的目标奠定了坚实的基础"[2],但深层次的原因在于大学回应了当时社会的发展需要。无论是萨莱诺大学、博洛尼亚大学,还是巴黎大学和牛津大学,都是根据中世纪社会的需要通过教学来培养专业的人才,如律师、医师、牧师和教师等。人们原本一直以为,修道院学校可以为

---

[1] [美] 克拉克·克尔:《高等教育不能回避历史——21世纪的问题》,浙江教育出版社2001年版,第267页。

[2] 单中惠:《外国大学教育问题史》,山东教育出版社2006年版,第5页。

高等教育选择论

社会输送理论与实践方面受过专门训练的人才，但事实却并非如此。既然修道院不能承担为社会培养人才的重任，公众就不得不在社会上寻求其他的教育平台，大学也就成为这种教育平台之一。另外，大学的存续时间之所以也超过了"任何形式的政府，任何传统、法律的变革和科学思想，因为它们满足了人们的永恒需要"①。不过，我们也必须看到，高等教育的各种功能是以满足各自所属的那个历史时期的社会需要而获得合法地位的。比如，"中世纪的大学把它们的合法地位建立在满足当时社会的专业期望上。接着，文艺复兴后的大学又把其合法性建立在人文主义的抱负之上，这种人文主义抱负的发展以自由教育观念为顶点，自由教育观念使得红衣主教纽曼时代的英国式学院合法化。与英式学院暂时并进的是德国大学，它们是启蒙运动的产物，它们注重在科学研究中获得其合法地位。最后还出现了'赠地'大学，这些大学的合法地位依赖于它们把人力物力用于为社会和国家的发展服务"②。尽管不同时期、不同国家的不同大学获得合法地位的途径不尽相同，但满足社会需要是大学获得合法地位以及实现功能拓展的根本所在，这是不争的事实。可以说，没有社会需要的刺激和引领，高等教育的功能就无法得到释放和拓展，当下多元而内在关联的高等教育功能体系就不会形成。

从这个意义上说，高等教育的发展离不开国家和社会载体，必须主动满足或适应国家和社会发展需要；即为国家和社会提供必要的人才动力和智力支持，设法与政治、经济、文

---

① [美]约翰·S.布鲁贝克：《高等教育哲学》，浙江教育出版社2002年版，第30页。
② 同上书，第3—4页。

第二章 高等教育演化的选择性

化、科技等社会各子系统形成功能耦合关系。因为这是高等教育存在的最为重要的理由,也是高等教育发展繁荣的根本。事实上,任何社会子系统的改革与发展都莫不如此,它们都必须与其他社会子系统形成功能耦合关系,否则难以获得完整而彻底的成功。回望历史,鸦片战争的惨败动摇了中国封建社会上层阶级的自我中心主义世界观,洋务派为了"师夷之长技以制夷",开始办工业和学堂,但却由于缺少相应的政治制度、文化制度、教育制度等的支持而最终失败。人们开始认识到,西方国家的强大不仅在于技术,还在于先进的政治制度和文化制度,从而要求冲破传统文化的封闭状态,学习西方先进的政治制度和科学文化知识。戊戌变化注意到了政治制度的改革,却由于找不到强大的政治、经济和文化的支持也悲壮地失败了。孙中山领导的辛亥革命推翻了在中国绵延了两千多年的封建帝制,但新政权终因缺少强大的军事、文化和经济支持等原因而迅速变异和退化。如此种种,无疑均在告诉我们:高等教育与社会发展要彼此双向适应,即今天之大学或高等教育,绝不能仅仅躲在"象牙塔"内搞纯粹的学理研究,还必须加强与现代文明社会之间的对话和互动,把学术研究与人类社会的全面发展密切联系起来,主动回应时代变迁和时代进步的挑战和需要。对此,美国高等教育家克尔指出:"教育,特别是高等教育,不仅要为民族国家的行政和经济的利益服务,而且要成为发展民族身份的重要方面;不仅要成为国家的一个工具,而且要成为社会的灵魂和人民大众的有机组成部分。"[1]

    高等教育需要社会,社会也需要高等教育,即"以知识为

---

[1] [美]克拉克·克尔:《高等教育不能回避历史——21世纪的问题》,浙江教育出版社1994年版,第10页。

高等教育选择论

基础的社会既依赖于知识的不断进步，也依赖于知识分子的再生产，正如工业社会依赖于资本的不断投资和有技术的管理人员、工人的再生产。这不仅仅意味着纯研究的生产和受过高等教育的精英的再生产。以知识为基础的社会在整个社会范围内都需要受过教育的人，这不仅仅是因为社会上各种工作都需要知识，而且还因为知识既是目的也是途径，本身值得去掌握"①。但是，作为现代社会的"瞭望塔"和"轴心机构"，大学绝不可不假思索地或毫无理性地一味迎合那些短暂的和眼前的社会发展需要，尤其是在高等教育经济属性日益彰显的今天，大学不能牺牲自身的内在逻辑而成为某些经济组织的附庸和奴婢，相反应起到引领社会改革和进步的作用，因为大学不仅有维护和弘扬优良传统的责任，更有改造现状和创造未来的使命。尽管大学应随着社会的发展不断地调整自己，"但大学不是风向标，不能流行什么就迎合什么。大学应不断满足社会的需要，而不是它的欲望"。② 因此，从这个意义上说，"国家绝不应该指望大学同政府的眼前利益直接地联系起来，却应相信大学若能完成它们的真正使命，则不仅能为政府眼前的任务服务，还会使大学在学术上不断地提高，从而不断地开创更广阔的事业基地，并且使人力物力得以发挥更大的功用，其成效是远非政府的近前部署所能意料的。"③

历史上，高等教育功能的演化相当复杂，它是高等教育内

---

① ［美］伯顿·克拉克：《高等教育新论：多学科的研究》，浙江教育出版社2001年版，第46页。
② ［美］弗莱克斯纳：《现代大学论——美英德大学研究》，浙江教育出版社2001年版，第3页。
③ 转引自［德］弗·鲍尔生《德国教育史》，人民教育出版社1986年版，第125—126页。

第二章 高等教育演化的选择性

部动力和外部动力共同作用的结果,因此仅有外部动力的推动而没有内部动力的牵引,或者说仅有内部动力的牵引而没有外部动力的推动,都不可能有真正意义上的高等教育功能演化。另外,无论是外部动力还是内部动力,均可以分解为若干分动力,而且各分动力之间存在密切的联系,彼此之间相互作用、相互制约,共同构成高等教育功能演化的动力系统。在这样的动力系统中,某一分动力发生变化,往往会或多或少地引起其他分动力乃至整个动力系统产生某种的变化。不过,作用于高等教育的各股力量并不是线性的,而是立体式的、非线性的,彼此之间不具有可加和性。此外,对于复杂性程度不同的高等教育系统,其内外部动力在高等教育功能的演化中所起的作用往往不一样。一般而言,高等教育的结构越复杂,内部动力所起的作用越强;高等教育结构越简单,外部动力所起的作用越强。由此可推,在高等教育形成初期,外部动力的作用强于内部动力的作用,高等教育功能的演化表征为一种外在动力主导下的演化。随着高等教育结构日益完善和复杂,高等教育功能的演化逐渐转化为一种内在动力主导下的演化。对此,伯顿·克拉克教授指出:系统"一旦内部结构积聚了较大的动量,它们就以雷霆万钧之力向未来突进。许多时候,从外部强加而来的变化似乎要改变这些内部结构的组合方式,可是它们总是以相当大的弹力恢复原状。除非人们所期望的变化成为工作结构、信念体系和权力分配的不可动摇的一部分,否则这些变化会逐渐式微,最后以失败而告终"[①]。

[①] [美]伯顿·克拉克:《高等教育系统:学术组织的跨国研究》,杭州大学出版社1994年版,第263页。

第三节　高等教育演化的目的性与选择性

无论从结构还是从功能的维度看，高等教育的演化都带有鲜明的"目的性"，同时也无不渗透着人类主体的能动选择。复杂的现代高等教育结构与功能，不是先天生就的，而是无数次选择不断积累与积淀的结果。这种选择比较复杂，它既包括高等教育系统的自我选择，也包括社会环境的选择，还包括人类主体的能动选择。不同国家的高等教育之间，之所以存在这样或那样的差异，关键在于选择主体、选择环境和选择方式的不同。与自然选择不同，作为社会选择的特殊形态和具体形式，高等教育选择带有鲜明的意向性、目的性和价值性。诚然，自然选择也具有"目的性"，但这种"目的"是无意识的，是不带任何价值倾向的，仅仅是系统运行或演化的一种"归宿"或"趋向"而已。

一、社会系统演化的目的性

目的是系统的一种未来状态或状态集合，任何系统都具有一定的"目的性"，但无生命系统和生命系统之"目的性"的自觉性程度不同。系统科学认为，目的性的本质特性有三："一是吸引性，被当作目的的未来状态对系统的其他状态有吸引力，系统不达目的不罢休；二是可达性，这种未来状态是系统经过运动演变可以达到的，不可能达到的状态不是目的态；三是稳定性，系统一旦达到目的态，它就不会轻易离开别去，而会显示出保持目的态的趋势和力量。"[①] 无论无生命的还是

---

①　苗东升：《系统科学大学讲稿》，中国人民大学出版社2007年版，第291页。

第二章　高等教育演化的选择性

有生命的、人类主导的还是与人无关的系统，只要存在符合吸引性、可达性和稳定性三个要求的可能状态，它就具有目的性。可见，目的性并不神秘，也并非人类的专利，它是动态系统的一种客观属性。复杂系统追求的目标，"不是一种静态'平衡'，相反，它追求的是一个不断变化，不断创新，同时还要保持相对稳定的动态演化状态。至于它是怎样达到这种状态的，其详细过程并非一成不变"。① 此外，系统的目的不是人们想象的那样一种结果，而是一种未来状态或状态集合。对此，拉兹洛深刻地指出："任何任意的复杂系统的进化总是出现在这样的方向上：融合某些特征，分化另外一些特征，并且在系列上发展为部分自主的下层系统。"②

作为自然系统进化的高级阶段，社会系统的本质是自然的。但是，作为特殊的自然系统，社会系统又有自己独特的新质，即任何自然属性都无法取代的社会性。社会系统与自然系统不同，前者是以人类有目的的活动为基础，而后者则是以纯粹的自然物质的运动方式自在地存在着，因而社会系统的演化发展带有典型的"目的性设定"。所谓目的性设定，就是指"在人们的活动或社会生活过程中，总是由一定的目的引导、确定着人的行为，并导致一定的结果，目的在前，结果在后"③。目的性设定是社会历史领域中主客体关系确立的标志，是人类活动与动物活动的根本性区别之一。与动物活动相比，人类主体的活动具有鲜明的目的性和价值性，"如果一头狮子

---

① ［美］埃德加·E. 彼得斯：《复杂性、风险与金融市场》，中国人民大学出版社2004年版，第53—54页。
② ［美］欧文·拉兹洛：《系统哲学引论——一种现代思想的新范式》，商务印书馆1998年版，第57页。
③ 郝立新：《历史选择论》，中国人民大学出版社1992年版，第123页。

高等教育选择论

袭击一头羚羊，它的行动是由生物的需要而且只是由这种需要决定的。但是，如果原始人遇到一堆石头，他必定要根据哪一块最适合于作他的工具的考虑来进行挑选。在几种可能性中作出选择的概念对人的劳动来说具有根本性的意义，因此人的劳动总是目的论的"①。

任何社会历史现象的出现或产生都不可能像自然现象那样，是单纯的自然物质与自然物质之间直接相互作用的产物。人类社会生活中前后相继的各种现象，总是经由符合一定目的的选择活动而得到实现的。人类创造自己的历史是在既定的条件下进行的，但人类对待既定条件的方式绝不像动物那样不加选择地盲目服从。任何社会历史事件的发生，任何人类理性行为结果的出现，都不是先天注定的，而是经过人们对一定主客体条件或主客观原因进行选择、干预和控制而产生的。也就是说，社会系统的运动结果"不仅包含着客观原因的作用，而且包含着主观目的的作用；不仅包含着因果联系，而且包含着目的性联系。"② 但我们必须牢记，"在社会存在中也绝不可能存在纯目的的过程，而仅仅存在一种特殊的目的的能动作用，并且通过它而影响被目的性设定所推动的因果过程"③。不难看出，社会系统运动发展的因果关系因为有人类活动的介入产生了新质，表征为一种"选择性因果律"，即人类主体的目的作为一种超前的反映形式，指导着人类的实际行动，并构成这些行动的特殊的原因，即"目的因"。由于目的性设定在社会存在中具有根本性的意义，因而意识结构也就成了社会因果性中

---

① 杜章智：《卢卡奇自传》，社会科学文献出版社1986年版，第294页。
② 刘福森：《社会历史过程中的主体性、合目的性和规律性》，《哲学研究》1988年第10期。
③ 郝立新：《历史选择论》，中国人民大学出版社1992年版，第130页。

的一个不可忽视的因素。

二、高等教育演化的目的性与选择性

高等教育属于社会系统，自然具有社会系统的一般性特征，因此高等教育的演化也具有目的性。事实上，高等教育的演化之所以在整体上表现为一种从简单到复杂、从低级向高级、由一元到多样统一的动态过程，关键就在于它是一种在人类理性选择"干预"下的有目的的演化过程。人类有目的的理性选择活动的介入，使得高等教育运动发展的因果关系表现出鲜明的价值性、多向性和互动性。首先，高等教育是由一定价值目标所引导的"指向性"活动，人们必然要求现实中的一切现象和过程，朝着有利于满足自己需要的方向发展。正因为如此，高等教育史上每一种选择结果的出现，几乎都不是简单地重复以往的现实存在，而是人们自由的新的创造物，凝聚着人们新的智慧。比如，德国柏林大学深受哈勒大学、哥廷根大学的影响，但绝非它们简单的复制品；美国大学的本科结构从英国大学制度中获得其形式，而文科和理科研究生院从德国大学的学院中获得其模式，但美国大学无疑都印刻着美洲新大陆独特的人文环境和自然环境的品性。其次，高等教育的因果联系不是机械的单因单果联系，即绝非在唯一的可能性序列上发生的联系。尽管高等教育的发展具有"路径依赖性"和"历史继承性"，即后一过程的现状依赖于前一过程的状态，但依赖的线路不是唯一的，人们可以在前一状态的多种可能性空间中选取某一种可能性并使其成为现实。也就是说，高等教育过程的终态决不是完全自发地形成的，而是人们在一定的条件下经过选择来决定的。高等教育的必然性不是唯一的可能性向唯一的现实性的转化，而是多种可能性的总和，即高等教育的必然性表现为一定的可能性空间中的某种大趋势。第三，从历时性上看，高等教育的演化发展是不可逆的，在特定的因果序列中原因总是原因、结果总是结果。但从共时性上看，高等教育又是一个复杂的有机系统，各种要素之间存在一种非线性互动关系，即互为因果关系。

人类主体选择的客观存在，使高等教育的演化表现为一种"有意识"的自组织。第一，主体选择决定高等教育的开放性。高等教育的开放性固然与系统内外的客观条件有关，但对其开放性起决定作用的是高等教育系统中的人。因为某一高等教育系统即使处于一个十分活跃的开放环境中，如果系统中的人执行的是闭关自锁的制度或政策，那么此系统仍将是封闭的。反过来，假若某一高等教育系统处于一个相对封闭的不利环境中，但只要系统中的人具有开放的思想和开拓精神，就会积极主动地去开拓新的渠道，创造尽可能好的开放条件。当下办学条件基本相同的、处于同一区域甚至是同一城市的高等院校，其开放程度之所以存在这样或那样的差异，根源就在于主体选择不同。第二，具有自觉能动性的人，可以根据实际选择各种控制变量的作用。任何社会系统的形成和演化都要受到各种控制变量的制约，控制变量是系统演化发展的外在条件。无意识的自然系统，往往只能被动地接受外部条件或控制变量的作用；而有意识的社会系统由于受人的意识的目的性行为支配，对于控制变量并不是被动地加以承受，相反能够对控制变量进行主动选择。高等教育属于有意识的社会系统，由于人的选择与控制，高等教育可以避开或抵制某些不利的控制变量的作用，主动地接受有利的控制变量的作用。地处边疆地区的高等院校，因交通不便、信息闭塞，科学研究难以追踪主流研究的前沿，但这些院校可以选择研究民族文化、民族语言、民族

第二章 高等教育演化的选择性

经济等,将不利的地理环境转化为有利的地缘优势。第三,人类主体通过选择可以促进高等教育内部各子系统发挥协同作用。只要高等教育的形成和演化,符合人们的愿望和需要,人们就会主动地促进或加强其内部各子系统之间的协同合作,促成高等教育系统发生有利相变,削弱各子系统之间的不利竞争。比如,在同一国家,不同区域高等教育之间常常是资源的互为竞争者,但通过人的干预和协调彼此又能合作,实现优势和特色互补,充分发挥协同作用。第四,人类主体通过能动选择可以影响甚至左右高等教育演化的方向。按照自组织理论,当控制变量达到或超过某个阀值时,系统会出现"二分支现象",即系统演化可能趋向多个稳定状态。然而,系统究竟会朝哪一个方向演化,对于无意识的自组织系统来说,完全取决于系统内外的客观条件;但对于有意识的自组织系统或社会系统来说,则往往取决于人的有目的的主观努力。高等教育主体可以通过主观努力,改变作用于高等教育演化的内外部条件及其作用的方式、路径,从而达到左右高等教育演化发展方向的目的。明白了此理,我们就不难理解世界各国为什么有着不同的高等教育发展道路和发展模式,也就不难理解中国先后学习日本、美国、法国、前苏联、美国等高等教育发展历史经验的态度。

高等教育主体通过能动选择,不仅可以改变影响高等教育演化发展的内外部条件,而且还可以改变各种条件发生作用的方式,建立新的高等教育运行秩序,从而达到控制高等教育演化发展的目的。"序"类似一定的次序、规矩、约束、组织条例和结构原则,世界各国出台的各种高等教育制度、政策和条例等都代表一种序。高等教育的生存与发展,不能离开序的建立,"中世纪大学的历史加强了这样的观点,如果要使智力活动的契机不被消散,那么在取得学术成就之后,必须迅速作出制度上的反应。缺乏固定的组织，在开始时也许为自由探究提供机会，但是经久不息和有控制的发展只有通过制度上的框架才能得到"（考朋）①。为什么意大利北部的博洛尼亚大学及其模仿者能够幸存下来，而萨莱诺大学以及比它更早的和同样有前途的大学却消失了，原因在于"萨莱诺的主要弱点在于它没有发展一个保护性的和有凝聚力的组织以维持它的智力活动的发展"（科班）②。当然，这并不等于说高等教育的有序度越高越好，也不等于说高等教育越有序就越高级。长期以来，人们习惯于将有序性看成是系统进化程度的量度，误以为系统的有序性越高，系统就越高级。当然，事实并非如此。正如一个偶次方程的解，有正负值一样，有序性的增加无疑可以提升高等教育的运行效率，但它也会限制高等教育的活力。譬如，一所学校建立健全的规章制度是必需的，但如果规章制度过于繁琐和具体，就会使学校走向僵化和呆板。高等教育的发展有时也需要无序或混沌，因为无序或混沌是创造之源。我们还必须明了："无序在科学的意义上并不是混乱，而是各种矛盾和复杂事物各自在活动，拼接成若干集群。"③

有序和无序是一对令人"着迷"的矛盾，二者可以相互转化和演变，"即无序的排列可以导致有序，而有序的安排又可以产生无序"④。美国高等教育界建立并普及研究生院，可谓是一种无序中的有序。广为普及的研究生院既不是出自教育行

---

① ［美］伯顿·R. 克拉克：《高等教育系统：学术组织的跨国研究》，杭州大学出版社1994年版，第4页。

② 同上。

③ ［加拿大］迈克尔·富兰：《变革的力量——透视教育改革》，教育科学出版社2005年版，第25—26页。

④ ［美］伯顿·R. 克拉克：《高等教育系统：学术组织的跨国研究》，杭州大学出版社1994年版，第236页。

第二章 高等教育演化的选择性

政部门的规划,也不是出自哪一个特殊机构的命令,而是自由竞争的产物。与此形成鲜明对比的是,意大利和法国等集权制国家,高等教育的运行似乎井然有序,但高等教育僵化程度也相当严重,一环扣一环的严格控制,常常使这类国家的高等教育陷入僵局和瘫痪,甚至经常发生各种不同程度的混乱。1968年法国高等教育的大瘫痪以及后来十年的大动荡,意大利自20世纪60年代后期以来出现的种种危机,无疑都是佐证。事实上,作为复杂性系统,高等教育本身就兼具有序与无序、确定性与不确定性交混的性质,彼此对于高等教育的运行发展都是不可或缺的,正所谓"秩序会给我们安全感,然而,我们需要不确定性,没有它,我们就会变得迟钝而没有活力"[1]。正是因为如此,有成效的高等教育变革往往"在过度控制与无序之间徘徊"[2]。这再度表明:"自发秩序"和"社会干预"并非高等教育的"死结",我们完全可以在两者之间找到彼此的"契合点"。

---

[1] [美]埃德加·E.彼得斯:《复杂性、风险与金融市场》,中国人民大学出版社2004年版,第4页。
[2] [加拿大]迈克尔·富兰:《变革的力量——透视教育改革》,教育科学出版社2005年版,第27页。

第三章 高等教育选择的规律性

作为远离平衡态的复杂系统，高等教育的演化因有人的活动的介入而带有鲜明的目的性和选择性，表征为一种"有意识"的自组织。无论是高等教育结构还是高等教育功能，它们的当下状态都是历史的产物，都是高等教育自我选择和社会选择双向互动的结果，而且在绝大多数时间内社会选择对高等教育演化方向的确立起着主导作用。

然而，高等教育的选择是自由的吗？如果答案是否定的，那么它受到谁的制约和支配？除了众所周知的主客观条件之外，它还要受到教育规律的制约和支配吗？如果答案也是肯定的，那么教育规律是什么，它又具有何种特性？依凭经验判断，这似乎是一些"众所周知"或"陈词滥调"的命题，而且学术界早有定论。事实恰恰相反，它们不仅是学术界至今争论不休的问题，而且也是研究高等教育选择必须回答的根本性问题。因为这些问题若不能得到很好地回答，那么高等教育选择研究不仅缺乏推演的逻辑起点，同时也缺乏牢固的平台和根基，甚至还会给人一种"凭空立说，没有证据，也不管证据"的轻率印象。

当然，有些人并不这么想，认为对这些不证自明、从历史和现实似乎均可找到答案的命题进行繁琐论说，无疑是在"用

第三章　高等教育选择的规律性

尽可能多的语言说出他们知道得不太多的事情"①。毋庸讳言，这种观点和态度是狭隘的，"这就好比，何谓男人、何谓女人，实践中可谓一目了然，但理论上对男女之间的差异，包括生理的、社会的、心理的等，却是一个永恒的话题，绝无简单化的可能。我们不能因为在现实生活中男女是那么容易区分，而放弃对男女差异的理论研究。"② 作为一个复杂的理论命题，有关教育规律的研究可谓"汗牛充栋"，结论也似乎已经非常明了，但若因此而拒绝对其进行进一步的研究，非但不能领悟前辈们的研究成果，还极有可能误解他们的真正意思，甚至还会犯下"想当然"的错误。

第一节　两种范式的截然对立

寻求和探索统一规律是人类进入文明社会以来的永恒追求，它不仅具有重大的哲学意义，而且具有特殊的实践意义，因为它能够帮助我们"以最经济的方式处理许多不同的问题"③。正因为如此，"科学家一直在致力于发现宇宙的秩序和组织，这也就是同主要敌人——无组织——进行博弈"。④ 同时，这也说明科学探索与求真同在，每门科学都在竭力揭示客

---

① 美国第34任总统艾森豪威尔曾说过："我听到过一个关于知识分子的非常有趣的定义：一个人用比必要的词语更多的词语，来说出比他知道的东西更多的东西。"（参见［英］保罗·约翰逊《知识分子》，江苏人民出版社2003年版，第1—2页（序言）。）
② 王建华：《第三部门视野中的现代大学制度》，博士学位论文，厦门大学，2005年版，第108页。
③ ［德］哈肯：《协同学讲座》，陕西科学技术出版社1987年版，第1页。
④ 维纳：《维纳著作选》，上海译文出版社1978年版，第20页。

· 153 ·

观对象存在与发展的规律系统,设法展示其内部联系和内在运动的真实图景。

从历史的视角看,人们对自然规律的客观性早已形成较为一致的认识,但对社会规律的客观性依然还存在异议。有的肯定社会历史规律的客观性,有的却否定社会历史规律的客观性,而且不同观点的持有者或捍卫者似乎都能指出对方的不足,但彼此又都难以说服对方。社会领域有关规律之争的触角,当下已扩散到包括教育在内的各个领域,国内外教育理论界的学者在"是否存在教育规律"、"什么是教育规律"、"教育规律具有怎样的特性"等一系列核心问题上也争论不休,至今尚未完全达成共识。因此,人们有理由也有必要对教育规律问题进行再认识,对过去有关规律的考察进行再考察。由于教育现象属于社会历史的范畴,因此要阐明教育规律问题,就不能不从其源头即哲学对社会历史规律的认识谈起。在中外哲学界,人们对社会历史过程是否存在规律向来存在非决定论和决定论两种截然对立的观点,所对应的教育规律观也是彼此对立的。

一、非决定论:否认教育规律的客观性

非决定论是一种否定社会历史过程具有客观规律性和必然性的学说。按照非决定论的观点,社会历史是由人的活动所构成,历史活动总是在人的主观意志的驱动下自觉进行的,因而具有不确定性、随意性;社会历史事件也具有突发性、偶然性和一次性的特点,它即使有原因,社会历史的因果性只能属于偶然性的序列,并不构成社会历史的必然性和普遍规律,社会历史的发展是不可能预测的,社会历史过程表现为一种非决定的复杂过程。如法国生物学家莫诺认为:"宇宙里可能出现的

第三章　高等教育选择的规律性

一切事件中间，任何一个可能出现的具体事件的预先决定它出现的几率，总是接近等于零的。"① 正是持这样的观点，莫诺称自己的哲学为"无因果关系"的宇宙哲学。

从世界范围看，非决定论有不少代表人物。狄尔泰、新康德主义者文德尔班、李凯尔特以及后来的韦伯、萨特等外国学者，均否认社会规律的客观性，只承认自然领域才存在一般的东西，只承认自然规律的客观性。狄尔泰从生命哲学出发，指出了历史科学与自然科学的区别。他认为历史科学是一种精神科学，其基本要素是直接的内心体验，人通过这种体验直接意识到自己在世界中的存在。自然科学要说明或描述自然界，而精神科学或历史科学则是要理解精神生活。那种奢望概括整个历史过程及其规律的历史哲学或社会学只不过是"一片形而上学的迷雾"②。新康德主义弗赖堡学派的创始人文德尔班指出："有一些科学是关于规律的科学，而另一些科学则是关于事件的科学。前一类科学解说永远存在的事物，而后一种科学则解说仅仅发生一次的事物。如果允许创造新术语的话，科学思维在第一种情况下是规律的，而在第二种情况下则是个别的。按照一般公认的术语来看，可以就同样的意义来解说自然科学学科与历史学科之间的矛盾。"③ 新康德主义另一名代表人物李凯尔特，进一步将科学分为规律科学和个别科学，声称"历史科学和关于规律的科学是两个互相排斥的概念，因此他断然否认历史规律存在的可能，认为历史规律是个有矛盾的形容法，历史发展的概念和规律的概念是相互排

---

① 莫诺：《偶然性与必然性》，上海人民出版社1977年版，第107页。
② ［前苏联］H. C. 科恩：《十九世纪至二十世纪初资产阶级社会学史》，梁逸译，上海译文出版社1982年版，第157页。
③ ［波兰］沙夫：《历史规律的客观性》，三联书店1963年版，第72页。

斥的"①。李氏认为，规律概念是自然科学所特有的，它所包括的仅仅是那种可以永远看作是无数次重复出现的东西，而在社会历史领域，一切都是个别的和不重复的。

与新康德主义者遥相呼应，新黑格尔主义者克罗齐也大力宣扬一种否定历史规律性的绝对历史主义，指责黑格尔容忍历史规律的存在。克罗齐对历史决定论进行了无情地批驳，认为决定论是一种自然主义的观点，所采用的方法是"先收聚事实，然后按照因果关系把它们联系起来"②。这种决定论者相信所有的东西都是既定的，并牵强地发明一种全能的形而上学原则来支持其因果体系。历史研究的出路在于放弃决定论，超越自然及其原因，"主张一种与历来采取的方法相反的方法——就是说，放弃原因的范畴而取另一种范畴，那另一种范畴只能是目的范畴，这是一种外在的和超验的目的，是与原因相应的、相似的反面。寻求超验的目的就是'历史哲学'"③。克罗齐认为，历史是思想的产物，一切历史都应该归结为思想史。历史就像诗一样，就像道德意识一样，没有规律。全部历史，甚至是最接近我们的现代欧洲本身的历史，也都是一团漆黑。

批判理性主义的创始人波普则运用一种"反推"的方式，从否定社会预测的可能性入手，批驳和否定社会历史规律。肯定历史规律，预测历史未来进程的可能性，是历史决定论最为直接的和必然的结论。如果这种可能性被否定，那么决定论便

---

① 庞元正：《决定论的历史命运——现代科学与辩证决定论的建构》，中共中央党校出版社1996年版，第6页。
② [意]贝奈戴托·克罗齐：《历史学的理论和实际》，商务印书馆1982年版，第46页。
③ 同上书，第49页。

第三章　高等教育选择的规律性

无疑是虚假的。波普抓住这一逻辑"传递关系",对决定论进行了强有力地反驳。他认为,重复性是规律的必然表现,自然现象有重复性,人们能够从中猜到自然界的规律;社会历史则不然,历史现象不可能在精确相似的条件下重复,任何社会历史过程都是独一无二的过程。因此,"如果我们永远只限于观察一个独一无二的过程,那我们就不能指望对普遍性的假说进行验证"。① 波普认为,把自然科学方法与社会科学方法对立起来,是一种典型的"反自然主义"的倾向。自然科学的解释和历史解释的关系问题,类似于纯科学和应用科学的解释问题,社会科学应具有和自然科学统一的科学研究方法。他认为,当代自然科学的非决定论主要是由量子力学的测不准原理支撑起来的,自然科学的非决定论又会为社会科学中的非决定论提供强有力的支持。按照这样的逻辑,他从自然科学的非决定论出发,提出了社会科学的非决定论历史观,并对所谓的"历史决定论"大肆鞭笞。在波普的眼里,历史决定论的核心是"把社会科学的任务看作揭示社会进化的规律,以便预言社会的未来"②。但历史规律必须具备普遍有效性,适用于人类社会的一切历史时期,而不只适用于某些时期,因而历史规律的逻辑表述就必须是"全称命题"③。但社会的进化只是一个单独的历史过程,而对进化过程的描述只是一个单称的历史命题,而不是一个普遍规律。基于这样的逻辑与推理,波普断然否定社会发展规律的存在,否定历史发展有任何必然性可言。

---

① 卡尔·波普:《历史决定论的贫困》,华夏出版社1987年版,第86页。
② 同上书,第83页。
③ 全称命题包括全称肯定命题和全称否定命题。其中,全称肯定命题是断定一类对象中全体对象具有某种性质的命题;全称否定命题是断定一类对象中全体对象不具有某种性质的命题。——笔者注

他声称:"未来决定于我们自己,而我们并不决定于任何历史的必然性。"① 当然,波普的论据没有说服力,推理过程也没有让所有的人信服。莱布尼茨(德国著名的自然科学家、数学家、物理学家、历史学家和哲学家,一个举世罕见的科学天才,和牛顿同为微积分的创建人)有句至理名言:世界上没有两片完全相同的树叶。既然自然界同样找不到两个以上绝对相同的事物,那我们为什么不宣布自然界也没有规律可循,而偏偏否认社会历史规律的客观性!

作为决定论的坚决反对者,存在主义哲学家萨特则另辟蹊径,在社会历史领域把决定论与自由意志对立起来,以自由否定决定论所持的观点。他从"存在先于本质"的命题出发,以其自由哲学批判历史决定论,认为"假如存在确实是先于本质,那么,就无法用一个定型的现成的人性来说明人的行动,换言之,不容有决定论。人是自由的,人就是自由"②。如果承认必然性和因果性,人的自由就要受到限制,就会被必然性所奴役,人就不能称其为人。在萨特的理论框架里,"一种限制只能加于世界上的实在力量之上,人们限制一种物体的物理作用是通过作用于限定该作用的因素之一来实现的。而自由不是一种力量……它不受因果关系的制约,它属于另一个领域"③。自由是选择的自由,是不受任何条件决定的,即自由之为自由,"仅仅是因为选择永远是无条件的"④。很显然,萨特的选择实质上是不受任何限制的自由选择,坚持的是一种不

---

① [波兰]沙夫:《历史规律的客观性》,三联书店1963年版,第107页。
② 庞元正:《决定论的历史命运》,中共中央党校出版社1996年版,第8页。
③ 柳鸣九:《萨特研究》,中国社会科学出版社1981年版,第38页。
④ [法]让-保罗·萨特:《存在与虚无》,安徽文艺出版社1998年版,第615页。

第三章 高等教育选择的规律性

受任何规律支配和制约的自由选择论。

综上所述,非决定论的共同特征,可以从三个维度来描绘:一是从人的主观性特征出发,摒弃历史过程中的自然因素,排除普遍的、客观的因果律;二是从自由、选择活动的不确定性出发,推导出历史过程的非决定性;三是把自然与社会历史绝对对立起来,坚信价值和自由的绝对实在性。英国学者席勒的概括,可以作为非决定论的一个注脚:"如果人的自由是实在的,这个世界便是非决定的。这点很容易说明。因为如果我们实在具有在各种道路之间选择的能力,事物的进程将必然按照我们做这件事或那件事而有所不同。不论我们将其余的世界设想成是完全决定的还是设想成它自己具有某种自发的选择力量,这结论是一样的。如果在一群不变的前提中引进一个可变的因素,其结果将必然有所不同。如果在一群自身即是可变的前提中引进这样一个因素,最终的结果实际上可能仍是同样的,不过只有这些其他的因素竭尽全力理智地来抵制和挫败这个因素才行。这样事件的居间过程就将有所不同,因为它将被作了改变以迎合这第一个可变因素。因此在其中不论哪一种情况下,都将有可供选择的多种历史进程,并且有一种实在的非决定性存在于一个包含着自由动因的宇宙之中。"① 而凯斯特勒几乎给决定论判了"死刑",他毫不避讳地说:"我们已经听到了诺贝尔物理学奖获得者的全部合唱,告诉我们物质死去了,因果性死去了,决定论死去了。如果真是如此,就让我们伴着电子音乐的挽歌体面地埋葬它们。现在是我们从20世纪的后机械科学中吸取教训和摆脱19世纪唯物论加在我们哲

---

① [英] F. C. S. 席勒:《人本主义研究》,上海人民出版社1966年版,第96页。

学观点上的束缚的时候了。"①

非决定论思想的影响广阔而深刻，在某种程度上可称得上是经久不衰的"神话"。在它的支配和统摄下，国外相当一部分学者不承认教育规律的客观性，如著名的比较教育学者英国伦敦大学教授埃德蒙·金认为，社会科学的规律性（包括教育规律）只不过是符合一定时间空间的一般化和假说，不存在支配社会和教育行为的经济学和社会学的规律。众所周知的后现代主义，更是旗帜鲜明地表现出反本质、反规律、反普遍化、反总体化、反同一性、反确定性，肯定多元性、多样性、不确定性、差异性、非中心的倾向。如利奥塔认为，"后现代知识的法则不是专家式的一致性，而是属于创造者的悖谬推理或矛盾论"②。受后现代主义思想的影响，一些学者否认教育中存在普遍的规律，认为"教学论的概念的含义一般都不可能是普遍的、自明的，企图以此概念为基础去追寻整个教学理论的普遍性显然是不现实的"③。

二、决定论：肯定教育规律的客观性

决定论是一种"肯定事物以及事物之间具有客观的、普遍的因果性、必然性和规律性的学说"④。决定论的基本论点为：社会历史领域中具有普遍的因果关系，社会历史活动的每一结果、效果以及实际发生的社会历史事件都有其原因；社会历史

---

① ［比］伊·普里戈金、［法］伊·斯唐热：《从混沌到有序》，上海译文出版社2005年版，第37页。
② ［法］利奥塔：《后现代状况》，湖南美术出版社1996年版，第30—31页。
③ 郭晓明：《论教学论的实践转向》，《南京师范大学学报》（社会科学版）2002年第3期。
④ 庞元正：《决定论的历史命运》，中共中央党校出版社1996年版，第16页。

第三章 高等教育选择的规律性

的因果关系属于社会必然性的序列,并构成预测社会历史发展的前提和基础;社会历史活动总要受到一定条件的限制,其结果往往同人的主观愿望相悖;社会历史在其漫长的发展过程中呈现出一定的轨迹、趋势和统一性。如此种种解说,无疑都在肯定社会历史的发展遵循着一定的规律、具有普遍的必然性,无疑都将社会历史的发展过程看成是一个具有决定性的过程。

决定论历经了不同的发展阶段,在不同的时空背景下,具有不同的历史形态和表现形式。在自然哲学史上,决定论有拉普拉斯决定论、统计决定论和系统决定论三种形式。在历史哲学史上,也曾出现过两种形式的决定论:一种是机械的历史决定论,它承认社会历史过程具有客观必然性和规律性,但由于缺少辩证思想,对规律的理解过于刻板、机械和教条,认为一切规律都是"严格的必然性";另一种是辩证的历史决定论,它不仅承认社会历史过程具有规律性,同时也认为社会规律通常是作为历史发展的一般趋势表现出来的"弹性的必然性"。[①]我们坚持辩证的历史决定论,承认人类社会历史的发展存在客观规律,认同"不管进化过程可能显得多么杂乱无章,但是它服从在物理系统、生物系统、生态系统和社会系统中都有同样有效的一些普遍规律"[②]。同时,我们也赞成"决定论是人类探索知识的认识论基础"的观点,因为在不确定的宇宙世界里,"人们无法认识物质事物及其变化,那将是一团毫无意义的混沌状态,什么都无法辨认和区分,什么都无法预期的预测。在这样的一种环境里,人会变得束手无策,仿佛在说一种

[①] 邢贲思:《哲学前沿问题述要》,人民出版社1993年版,第147页。
[②] [美]E.拉兹洛:《进化——广义综合理论》,社会科学文献出版社1988年版,第8页。

无人能懂的语言。人们无法做出计划,更不用说付诸行动了。人之所以成为现在这个样子,就是因为他生活在一个有规律的世界里,而且他有思考能力来想象因果关系"。①

(一) 机械历史决定论的困境

受近代自然科学领域机械决定论的影响,机械历史决定论带有浓厚的严格决定性和宿命论色彩。按照近代自然科学的知识法则,客观世界在本质上是严格有序的,无序只是表面现象,万事万物都处于一个封闭的系统之中,并呈现出一种单向的线性因果联系,一个事物的产生与变化既是前一个事物产生与变化的结果,同时也为下一个事物的产生与变化提供一个原因,因果链是"线段式"的,而不是"环状式"的。秩序和规律充斥于整个宇宙系统之中,系统的演进因其严格的线性因果关系,完全可以为人们所认识和预测,科学能够而且必定能够通过对世界运动规律的把握而征服和控制世界,而人类理性的功能也正在于探求对象世界中的有序性,揭示和把握客观世界的运动规律。

法国天文学家、数学家拉普拉斯可谓机械决定论的最典型代表,他在1812年撰写的《概率解析理论》的序言中写道:"我们必须把目前的宇宙状态看做是它以前状态的结果以及以后发展的原因。如果有一种智慧能了解某一瞬间支配着自然界的所有的力,了解组成自然的所有存在状况,以及具有解析这些所给条件的巨大能力的话,那么它就能用一个数学公式概括出宇宙万物的运动,从最大的天体到最小的原子,都毫不例外,而且对于未来就像对于过去那样,都能一目了然。从人类

---

① [英] 阿诺德·汤因比:《历史研究》(修订插图版),上海人民出版社2002年版,第425页。

第三章 高等教育选择的规律性

精神在天文学所达到的完美形式中,已经可以窥视到这一智慧的朦胧面目。"① 将拉普拉斯的论断放到当时的科学背景中加以分析,不难看到机械决定论所蕴涵的几个基本前提:"①动力学规律是客观世界基本的和唯一规律形式;②宇宙的任何事物的状态都是前一瞬间状态的必然结果,宇宙的发展排斥偶然性而具有严格的必然性;③只要初始条件可知,宇宙的未来可以精确预测,原因和结果是单值对应的;④宇宙是大量力学系统的叠加,即遵循线性因果关系;⑤运动学规律在时间上反演可逆。"② 不可否认,这些前提中包含了对事物因果性、必然性和规律性的承认和肯定,在许多方面体现了决定论的合理因素,但对因果性的理解是单值的、线性的,对必然性的理解是以牺牲偶然性为代价的,将必然性与偶然性看成是彼此不相容的对立范畴,而且对规律性的理解是建立在单一的动力学规律之上的。

受机械决定论的影响和支配,许多人坚信:世间事物的每一细节,不管是物理的、生物的还是人类的,都是完全决定了的,如果我们知道了宇宙的所有规律,我们就能精确预言任何事物的任何运动,包括所有人类行为。同时还认为,社会历史规律是(相对于历史活动本身)预先存在的,因而是永恒不变的,规律就是绝对的必然性。由于社会历史规律是先定的、绝对的,因而对人的活动具有严格的决定性,不容丝毫的变更或"违背",规律的威严神圣不可侵犯。换言之,在机械决定论或确定性规律观的视野中,社会历史过程是一个纯粹客观的过程,主体选择从根本上被排除在社会历史必然性序列的因果链

---

① [日]广重彻:《物理学史》,求实出版社1988年版,第146页。
② 庞元正:《决定论的历史命运》,中共中央党校出版社1996年版,第29页。

条之外，即把主体选择视为外在于社会历史规律的因素，把人的活动和社会历史的进程完全置于由某种外在于人的力量（包括客观的精神力量）的绝对支配之下，人的主体性及其社会活动的选择性和创造性几乎无立足之地。另外，在进化论盛行的时代，把包括进化规律在内的自然规律引入社会历史领域是社会科学研究的一种时髦。"近代历史决定论的流行，可以被视为进化论时尚的一部分，这种哲学之所以有如此影响，主要是由于人们提出了关于地球上各种动植物历史的光辉的科学假说，并且它曾经与恰巧成为现存宗教信仰一部分的那种古老的形而上学理论发生了一场激烈冲突之故。"[1] 英国生物学家、达尔文主义的维护者与宣传者，赫胥黎对机械决定论的推崇可谓到了极点，他认为"科学或迟或早将发现有机物种的进化规律，它是巨大的因果链条的不变秩序，而古今一切有机物种都是其中的环节。……谁怀疑这一点，谁就必定是一个拙劣的哲学家"[2]。但令人费解的是，赫胥黎虽然承认世界的客观存在和自然现象具有规律性，但却又认为宇宙不过是许多持续并存的现象，物质的本质是不可知的。

机械的历史决定论不仅遭到了非决定论者的反对，同时也遭到了一些系统哲学家和马克思主义哲学家的批驳。美国的系统哲学家拉兹洛认为，"在绝大多数历史学家看来，科学规律是决定论的和机械论的，基本上就是牛顿物理学的规律。历史学家们反对把这种规律应用于历史事件和过程是理所当然的。不过很遗憾，只有屈指可数的历史学家认识到，进化的规律不

---

[1] [英]卡尔·波普：《历史决定论的贫困》，华夏出版社1987年版，第83页。
[2] 同上书，第85页。

第三章 高等教育选择的规律性

是机械论的和决定论的。"① 拉兹洛主张放弃"机械决定论",保留一种"宏观决定论",即认为"在历史领域内,事件的总趋势是决定了的,但是体现趋势的微观过程则不然。微观非决定性和宏观决定性完全可能兼有之。如果情况真是这样,我们便能预见大的趋势,但不能预见个体事件的发生。"② 不过,拉兹洛的决定论思想是不彻底的、摇摆不定的。他曾坦言不讳地声称:"作为现代科学家,我不知道世界上有多少决定性,只知道非决定性。"③ 因此,"我们现在的任务不是要找到一条决定论的道路,按这条路走下去就能达到我们的目标。"④ 除了拉兹洛以外,前苏联和东欧的一些马克思主义哲学家,也曾对社会科学领域中的非决定论思想进行过批判,并提出了不少辩证的历史决定论思想,但"基本上是零散的、不系统的,甚至还掺杂了某些机械决定论的东西,因而其对非决定论的挑战未能做出有分量的回答"⑤。

(二)辩证历史决定论的论点

辩证历史决定论是马克思和恩格斯创立的,继而为列宁、毛泽东等所继承和发展。与机械历史决定论不同,辩证历史决定论不仅坚持社会历史规律的客观普遍性,同时肯定人的主体性活动在社会历史发展中的能动作用,即认为社会历史过程具有规律性,但这种规律不是一种"严格的必然性",

---

① [美] E. 拉兹洛:《进化——广义综合理论》,社会科学文献出版社1988年版,第90页。
② [美] E. 拉兹洛:《世界系统面临的分叉和对策》,社会科学文献出版社1989年版,第61页。
③ [美] E. 拉兹洛:《系统哲学讲演集》,中国社会科学出版社1991年版,第247页。
④ 同上书,第243页。
⑤ 庞元正:《决定论的历史命运》,中共中央党校出版社1996年版,第9页。

而是一种"弹性的必然性"。辩证历史决定论还认为，社会历史发展中的必然性和偶然性是彼此相容的和辩证统一的，"各种偶然性使历史发展呈现为一条曲线，偶然因素愈多，曲线就愈是曲折。但是，偶然性之中存在着必然性，这就是曲线的中轴线，它是一条贯串于全部发展进程并唯一使我们能够理解这个进程的红线"①。教育属于社会历史的范畴，辩证历史决定论者承认教育规律的客观性和普遍性，如"前苏联的休金娜、法国著名教育理论家米亚阿拉雷、英国伦敦大学教育研究所的霍尔姆斯、原德意志联邦共和国的施奈德教授，美国哥伦比亚和纽约市立大学的埃克斯坦等人，他们并不否认教育规律的存在，他们把教育当成一个处于普遍联系之中的现象来看待，而不仅仅是把它看成是一个自我表现的过程"②。我国学者普遍坚持历史决定论的观点，承认教育存在不以人的意志为转移的客观规律。我们相信，作为一个特殊的社会领域，作为一个复杂的社会子系统，高等教育具有可以认知的秩序和客观规律。

非决定论和机械决定论都是不可取的，因为"完全决定论者和完全自由主义者的观点必须根据自由的绝对标准来衡量。自由意味着某一主体对于任何形式的相互决定性都是独立的，而决定论意味着不存在任何自主决定的能力。具有这种绝对意义的两种观点都是不正确的。自由同决定性一样，取决于程度而不取决于绝对……"③系统科学认为，自由与内外在相互决定因素的多寡有关，系统内在的相互决定因素愈多就愈加自

---

① 邢贲思：《哲学前沿问题述要》，人民出版社1993年版，第167页。
② 扈中平：《现代教育理论》，高等教育出版社2000年版，第107页。
③ [美] 欧文·拉兹洛：《系统哲学引论——一种现代思想的新范式》，商务印书馆1998年版，第294—297页。

由,而外在的相互决定要素愈多就愈不自由。从外在的相互决定要素看,假如两个或多个元素之间的通讯愈多,彼此之间的相互传递的信息愈多,那么它们相互决定的程度也就愈大,也就越不自由。比如说,假如世界上只有两个人,而他们之间的相互通信既是充分精确的又是全面的,那么这两个人就完全处于相互控制之中,或者说彼此相互完全地控制着对方,两人都没有自由。由于人被赋予了复杂的内在神经系统,因此人是世界上最自由的实体或系统。尽管如此,人的理性是有限的,只能获得"程度上的自由",而不可能获得"绝对的自由"。况且,作为开放的有机系统,任何人都处于复杂的社会关系网络之中,虽然单个的人处于有机体等级层次的顶峰,但无疑它又处在社会等级层次的最底层,通常作为社会整体的一部分而存在,而不是以一个孤岛的形式而存在。既然人作为社会整体的一部分不是绝对自由的,那么由人参与的教育系统乃至整个人类社会,自然既不是完全决定的,也不是完全自由的,而是决定与自由的辩证统一。

第二节 教育规律的属性与特征

承认规律的客观性是一回事,认同存在什么样的规律是一回事,而怎样按规律办事又是一回事。有关社会规律问题,学术界除了存在决定论与非决定论的截然对立外,在两种论点的内部也存在多种不同的分歧。我国学者普遍承认包括教育规律在内的社会规律的客观性和普遍性,但在存在什么样的社会规律、社会规律的特性等问题上,依然存在各种不同的声音。

国内的哲学辞书以及常见的外国哲学著作，普遍把规律看成是事物发展过程中的本质联系或必然趋势，认为自然规律和社会规律都具有客观性、必然性、普遍性和可重复性等特性。比如，列宁认为，"规律就是关系……本质的关系或本质之间的关系"。①《辞海》认为，规律是"事物发展过程中的本质联系和必然趋势。具有普遍性、重复性等特点。它是客观的，是事物本身所固有的，人们不能创造、改变和消灭规律，但能认识它，利用它来改造自然，改造人类社会"。②《中国大百科全书·哲学卷》的注释是："规律亦称法则，……是客观事物发展过程中的本质联系，具有普遍性的形式。规律和本质是同等程度的概念，都是指事物本身所固有的、深藏现象背后，并决定或支配现象的方面。然而本质是指事物的内部联系，由事物内部矛盾所构成，而规律则是就事物的发展过程而言，指同一类现象的本质关系或本质之间的稳定联系，它是千变万化的现象世界的相对静止的内容。规律是反复起作用的，只要具备条件，合乎规律的现象就必然重复出现。"③ 如此种种的注释和解说，无一不在反复强调：只有同时具备客观性、必然性、普遍性和可重复性等特性，才能确定事物或现象之间的联系属于规律性的联系，具有规律性的意义。

针对国内哲学辞书和外国哲学著作有关规律的解释，尤其是我国《辞海》的注释，湖南师范大学前校长张楚廷教授提出了一系列质问，如"规律为何是固有的"、"何谓'本质联系'"、"联系为何是普遍的"、"'改造'是否意味着改变"、

---

① 列宁：《哲学笔记》，人民出版社1974年版，第161页。
② 《辞海》，上海辞书出版社2000年版，第1744页。
③ 《中国大百科全书·哲学卷》，中国大百科全书出版社1987年版，第269页。

第三章 高等教育选择的规律性

"何以为客观"①。他认为,《辞海》关于规律的注释反映的是一种典型的纯自然规律观,是一种排除了人的规律观,是一种与人无关的规律观。这种规律观"把物质的意义说到了绝对的程度,不仅是贬低或忽视了意识的意义,而且也没有说清楚物质本身的实际意义,而且也忽视了我们所生活的星球上物质的特殊意义,忽视了这一星球拥有的特殊历史"②。同时,他告诫我们永远不要忘记,人类历史和人类社会都是人创造的,"是人带来了人间的规律,是人创造了人间的规律,是人在不断改造、改变着人间的规律,人在做这一切时,当然借助了大自然的大舞台,但演员和导演都是人,剧本写作者也是人。人既是'他们本身的历史剧的剧作者'又是'剧中人物'"。③

我们认为,自然规律不是规律的一切,以为一切规律都是或类似于自然规律的观点,至少是对规律的一种误解。科学一贯告诫我们,"不要轻率地把一些规律认为是普遍有效的。我们不得不一再承认,一些自然规律,其有效性虽在一定领域中被认识并得到肯定,但在更大范围内就只是一种近似,甚或完全失去意义"。④ 自然规律可以合理地运用于自然,在春夏秋冬的转换、月圆月缺的交替、白昼黑夜的轮换、地球公转自转的周期等面前无疑是正确的,但却不能随意扩大到人、人的意识领域以及由人组成的社会领域。如果我们将自然规律视为规律的一切,那无异于承认社会哲学是自然哲学的一个分支,无异于承认社会规律是自然规律的子规律。当然,社会规律与自

---

① 张楚廷:《教育哲学》,教育科学出版社2006年版,第180—184页。
② 同上书,第195页。
③ 同上书,第198页。
④ [德]赫尔曼·哈肯:《协同学——大自然构成的奥秘》,上海世纪出版集团2005年版,第9页。

然规律各自具有不同的特性，彼此不存在包含或被包含的关系，因此将自然规律不加区分地运用于社会领域，无视或忽视社会活动的目的性以及社会规律的选择性，就永远难以从本质上找到二者之间的区别。认识社会规律需要如此，认识教育规律恐怕也要如此。

一、不同决定论视野中的规律观

科学发展史表明，人类对规律的探索始于自然科学或自然领域，然后自然科学的研究成果经由各种路径，逐步拓展和影响到包括教育在内的社会各个领域。因此，若想审视教育规律及其属性问题，洞悉教育规律的奥秘，就不能不从其源头即自然规律的演进说起。然而，现有的理论研究很少将自然规律与社会规律结合起来思考，要么用自然规律代替社会规律，要么认为自然规律与社会规律是两种完全不同性质的规律，根本不可能走到一起。我们认为，自然规律与社会规律存在差异是毫无疑问的，但彼此之间存有共性也是不争的事实。因此，从考察自然规律的认识轨迹入手，通过分析自然规律与社会规律的联系与区别，进而把握社会规律的特殊性，不失为一种好的探究路径。

在自然科学领域，自以牛顿力学为标志的近代科学诞生以来，人们对规律的认识经历了从确定性规律（或动力学规律）到统计性规律（或统计学规律）再到非线性规律（或系统规律）的动态发展过程。这一认识过程是一个螺旋上升的过程，是一个否定之否定的递进过程。

（一）拉普拉斯决定论视野中的确定性规律

作为一种严格的决定论，拉普拉斯决定论（亦称机械决定论）是自然决定论的最初形式，是17、18世纪科学家惯用的

第三章　高等教育选择的规律性

一种思想方法。当时，人们描述自然现象，总希望或习惯于将繁事化简、大事化小。如描述一个物体的运动，先把物体的大小、形状、结构等特征都忽略掉，只把它看成一个"质点"，物体的全部质量集中在质心上。当有一个外力作用于物体上时，人们可以根据牛顿方程：$F = ma$（其中 F 为作用于物体上的外力，m 为物体的质量，a 为物体的加速度）得到物体运动的情况。换句话说，"只要我们知道了物体运动的初始状态和边界条件，利用牛顿定律及其方程，我们便可单值地确定物体任何时刻的运动状态"。[1]

法国科学家拉普拉斯是严格的决定论者，他认为如果人们一旦找到一个无所不包的宇宙方程，而且也知道宇宙的一切初始条件和边界条件，那么就会一劳永逸地揭示出宇宙万事万物的规律。这就是历史上所说的"拉普拉斯决定论"或"宇宙宿命论"。在拉普拉斯决定论的视野里，因果关系被理解为单值的、严格对应的和预定的，严格的必然性联系被视为自然规律的唯一形式，而且因果序列中的每一个环节都是为上一个环节预先地、单值地决定。在现实世界中，这种方法对于个体事物，或对于那些简单事物（即单一的因果关系的事物），对于那些可以把复杂的因果关系忽略掉，只留下一种因果关系的简化事物，无疑都是正确的。但对复杂的自然现象来说，这种方法就会失去其有效性。因为在复杂的自然现象中，如在分子运动中，存在着大量的偶然性、随机性，用单纯的因果关系不能对其进行解释，人们只能给出分子个体行为的可能性或概率。如果把现实条件充分考虑进去，那么纯粹的必然性就不存在了。D. 玻姆坦言："无论人们怎样表述自然规律，结果总将不

---

[1] 赵红州：《大科学观》，人民出版社1988年版，第113页。

高等教育选择论

可避免地依赖于一些实质上独立的偶然因素,这些偶然因素存在于所研究的范围之外,因而相对于研究范围之内的运动来说,要受到机遇涨落。因此,适用于任一特定范围之内的因果律,即使是用来对只发生于这一范围之内的事情作理想的预测,也是不够的。"[1] 客观地说,D. 玻姆对拉普拉斯决定论的评论是客观的和中肯的,因为"如果拉普拉斯的超人和我们一样,他的知识也是通过一系列对宇宙各个部分的研究而获得的,而不是由(比方说)天启或是埋在他的心灵深处的先验直觉而获得的,那么,他就绝对不可能预言宇宙的全部未来情况,甚至也不可能像趋于一个极限一样地去接近这个预言,不论他是一个多么能干的计算家。"[2]

拉普拉斯决定论是以单一因果关系为基础的,认为事物的因果关系是严格确定的,原因和结果是一一对应的,人们可以根据物体的初始状态准确地判定物体的整个运动,预知这个物体每个定时点上的位置和运动速度,即运动状态。或者说,只要知道事物的某种原因,就可以准确无误地预知或解释其结果。推导的逻辑就是:某种事物 B 的出现,依赖于某种事物 A 的出现。如小球之所以运动,是因为力作用在小球上;月球上之所以没有生命,是因为月球上缺乏含氧的大气;水之所以结冰,是因为温度降低;等等。如果把这种简单的因果关系,抽象为数学逻辑,那便是单值的函数关系 $y = f(x)$。只要我们给予一个确定的自变量 $x = a$,便可得到一个确定的函数值 $f(a)$;如果令 $x = b$,那么则可得到另一个确定的函数值 $f(b)$。对于

---

[1] D. 玻姆:《现代物理学中的因果律与机遇》,商务印书馆1965年版,第183页。

[2] 同上书,第184页。

第三章　高等教育选择的规律性

由有限多个因素构成的复杂因果关系，原则上都可以简化成单一的因果关系的某种组合，从而得到确定的有限多个方程组。

不难看出，拉普拉斯决定论视野中的规律是一种确定性规律，所表达的因果关系是单值的、单向的。对此，系统科学家贝塔兰菲曾经精辟地指出："在牛顿力学中一个太阳吸引一个行星，受精卵的一个基因产生如此这般的遗传性质，一种细菌产生这样那样的疾病，精神元素也用联想定律像珠链那样串了起来。"[①] 显见，确定性规律所描绘的世界图景是：万事万物都处于一个封闭的系统之中，并呈现出一种因果式、单向的线性联系，一个事物的产生与变化既是前一个事物产生与变化的结果，同时也为下一个事物的产生与变化提供一个原因。秩序和规律充斥于整个系统之中，系统的演进因其"严格的必然性"或"一一对应的因果关系"可以为人们所准确认识和预测，科学能够而且必定能够通过对世界运动规律的把握而征服和控制世界。当然，世界上的万事事物从来也没有绝对的单一因果关系，我们通常在实验室里看到的单一因果关系，不过是"将所考虑的系统孤立起来，对可变因素加以限制，改变条件，直至结果很明显地依赖于单一的因素"[②] 而已，是一种典型的理想状态下的"实验结果"。

（二）统计决定论视野中的统计性规律

拉普拉斯决定论是一种决定论形式，但不是唯一的决定论形式。随着统计物理学的建立，统计决定论作为第二种形式的决定论应运而生。与拉普拉斯决定论不同，统计决定论所考察

---

① ［奥］贝塔兰菲：《一般系统论：基础·发展·应用》，社会科学文献出版社1987年版，第37页。
② ［德］M. 玻恩：《关于因果和机遇的自然哲学》，商务印书馆1964年版，第11页。

· 173 ·

的对象不是"个体的因果关系",而是"群体的因果关系"。统计决定论把因果关系当做一个集合来考察,"就这个集合的个体和个别行为来说,它的出现和运动方向是随机的、无规律性的,但就这个集合的整体或总和来说,它们的出现和运动方向则是确定的、必然的和有规律性的"。[1] 统计决定论还认为,并非自然界的一切事物,都遵循严格的单一因果关系或有限多个单一因果关系,都可以用微分方程严格而确定地描述。自然界有的事物如群体事物中的个体行为不能用决定论方法描述,只能以概率加以描述。换言之,自然界本无纯粹的、完全理想的单一因果关系,总会有无穷多的偶然因素,破坏确定的因果关系,使得群体事物中的个体行为带有不确定性,因而"概率描述"与"决定论描述"同等重要。尽管统计决定论认为"因果观点"不能说明所有的自然现象,而要辅之以"概率观点"的手段,但是它并不否认规律的客观性,仍然承认自然现象是有规律可循的,只不过这种规律不是"严格的必然性",而是"弹性的必然性",即所谓的"统计性规律"。统计决定论由于其理论基础有经典统计理论和量子统计理论之分,故而彼此的因果观点又有所不同,"前者统计系综中的个体遵守力学规律,后者统计系综中的个体则遵守不同于力学规律的另一种规律"[2]。

统计性规律在事物和现象的总体中发生作用,"这些大量的事物和现象在时间和空间上共同存在,或者只是在时间上重复,依次相互更替,并由一定的标志联合起来,从而形成某种

---

[1] 郝立新:《历史选择论》,中国人民大学出版社1992年版,第117页。
[2] 赵红州:《大科学观》,人民出版社1988年版,第20页。

第三章 高等教育选择的规律性

完整的、相互联系的整体"。① 与确定性规律不同,统计性规律不直接地表现在某一总体的每一个个别的现象中,而只表现在这个总体的运动中。也就是说,统计性规律是大量现象的规律,是平均数的规律,它不能完全决定个别事物和现象的命运,它容许个别事物和现象离开总体发展方向或总体趋势而存在。物理学家玻尔曾指出:"在真正的量子过程中,我们就遇到了一些和机械自然观完全不合的并且不能适用形象化的决定论描述的规律性。""关于这些个体量子过程的出现,我们只能作出统计的说明。"② 通过实验观察,玻姆也类似地指出,一个粒子从这个系统传递到那个系统的过程中,具有一种"非理性特征"③,是不可预知的。

  统计性规律反映了现代自然科学的最新成果,在应用上具有比确定性规律更强的普适性和解释力,因而它必然要取代并更新"确定性规律"而成为研究客观世界规律性的"经纬"。庞元正认为,统计性规律在三个方面更新了人们对规律的认识:一是它完全更新了人们对规律与必然性关系的理解和描述。在确定性规律中不考虑也不容纳偶然性和随机性,而在统计性规律中,必然性表现为由大量偶然性事件所体现出的必然性,是一种偶然性与必然性相统一的规律观。二是它更新了人们对规律的可重复性的理解和描述。在确定性规律中,可重复性意味着只要具备某种条件,就可以在自然界中重复出现某些完全相同的事物。在统计性规律中,相同的客体即使处在一定的条件下,甚至同一状态中,测量它们的力学量也不总是得到

---

 ① 洪宝书:《教育本质与规律》,成都科技大学出版社1992年版,第191页。
 ② 邢贲思:《哲学前沿问题述要》,人民出版社1993年版,第121页。
 ③ D. 玻姆:《现代物理学中的因果性与机遇》,商务印书馆1965年版,第108页。

高等教育选择论

相同的结果（如能量、动量、角动量）。可重复性在这里表现为统计性重复，重复整体的概率频率。它不是某一事件的完全重复再现，而只是规律所反映的关系的特征本身的重复。三是它更新了人们对于规律可预言性的理解。在确定性规律中，变量在较早时刻与稍后时刻之间的关系是完全确定了的，因而只要知道了事物的初始条件，就可以精确地预见事物未来的状态。在统计性规律中，预测的性质发生了根本性的改变，它只能由给定的过去的有关条件预言未来事件的几率，即预言事件可能性实现的几率。[1] 根据庞元正的理解，确定性规律实际上是统计性规律的一种理想化或简化形式。从理论上讲，一般随机性事件发生的几率处在 0 与 1 之间，根本不可能发生的事件几率为 0，严格按照必然性发生的事件的几率为 1，确定性规律是"几率定律的一级近似"[2]，表现的就是几率为 1 时的统计性规律的极限状态。在统计性规律中，偶然性和必然性都被定义在"可能性空间"之中，确定性规律所要求的严格必然性只是可能性空间中的"一条轨道"，而统计性规律则是由"一组轨道"所组成的系统。因此，统计性规律并不排斥确定性规律，相反包含着确定性规律的合理内核。

作为统计性规律的理论来源，统计决定论用概率来解释世界，拓宽了对复杂的自然现象进行整体研究的思维和道路。从这个意义上说，统计决定论是对机械决定论的超越和发展，从确定性规律过渡到统计性规律是人们客观认识世界的一种理性选择。但是，这并不意味着一定要将确定性规律抛弃，或用统

---

[1] 邢贲思：《哲学前沿问题述要》，人民出版社 1993 年版，第 122—124 页。
[2] D. 玻姆：《现代物理学中的因果性与机遇》，商务印书馆 1965 年版，译者序。

第三章 高等教育选择的规律性

计性规律完全取代确定性规律，因为尽管确定性规律在解释世界方面存在很大的局限性，但如果考察的对象是简单的个体事物的因果关系，那它无疑是科学的、适用的。可以说，拉普拉斯决定论与统计决定论是相辅相成的，那种企图把后者纳入前者或将前者纳入后者的思维，都是片面的和不可取的，也是难以办到的，毕竟"偶然的东西是必然的，而必然的东西又是偶然的"①。

（三）系统决定论视野中的非线性规律

系统决定论是第三种决定论形式，它所考察的既不是个体事物的因果关系，也不是群体事物的因果关系，而是系统事物的因果关系。"个体事物、群体事物和系统事物是三种既有区别又有联系的事物存在形式"②，彼此有着自己独具的标志和特

---

① 恩格斯：《自然辩证法》，人民出版社1971年版，第195页。
② （1）系统事物与个体事物之间的联系和区别，主要表现在四个大的方面：一是个体事物是一个无结构的"几何点"，系统事物是一个具有复杂结构的"有机整体"。个体事物不包括任何别的个体事物，系统事物则包括一群个体事物，即既包括个体事物，又包括群体事物。个体事物在一般的情况下，都不会转化成非个体事物，系统事物则可能随着时间的推演，有时变成个体事物，有时变成群体事物。二是个体事物的运动主要是靠外力的作用来实现，系统事物的运动则主要靠内部结构所造成的内部动力来推动。个体事物的运动在外力消失后，它便停止自己的运动，保持相对静止的状态，而系统事物的运动在外力消失后，则照样可以靠内部动力实现自身的运动。个体事物的运动方式是简单的，一般情况下只参与某一特定方式的运动（如力学质点的平移）；系统事物的运动方式是多样的、复杂的，有时是位置的移动，有时是结构的变动。个体事物的运动在时间轴上是可逆的，没有自己的历史，只有自己的存在，因而也就无所谓"进化"和"演化"；系统事物的运动在时间轴上是不可逆的，它有自己的历史，因而也就存在所谓的"进化"和"演化"问题。三是个体事物无论如何运动都不会产生"新质"，系统事物只要在结构上发生运动，新的结构必然长生新的功能，即产生事物的"新质"。四是个体事物的力学运动遵守拉普拉斯决定论方程，它的运动状态可以由方程的初始条件和边界条件一劳永逸地确定下来。一个系统的力学行为，也可以由一个确定的非线性方程组来描述，由于系统终态的确定性，因而系统行为带有一定意义上的拉普拉斯决定

·177·

性。系统事物是高级的个体事物,个体事物则是低级的系统事物,而群体事物则为个体事物过渡到系统事物的"居间事物"。如果说,从个体到群体是一次"否定"的话,那么从群体到系统则是一次"否定的否定"。作为对个体事物的"否定之否定"或作为对群体事物的"否定",系统事物既具有个别事物的"机械确定性",也具有群体事物的"统计随机性",而且还具有个体事物和群体事物均不具有的由要素相关性造成的系

论的性质(参见赵红州《大科学观》,人民出版社1988年版,第105—108页)。当然,系统事物与个体事物虽然不同,但彼此之间也具有一定的相似性。比如说,一个系统的整体性愈强,它就愈像一个"无结构"的个体。因此,无论是什么样的系统,哪怕是极其复杂的巨系统,在一定条件下都可以以一个要素或子系统的身份,参加到更加巨大的系统的运动过程中去。也就是说,系统事物在忽略其内部细节或子系统的结构时,可以看成近似的个体事物;而个体事物在究其细节或解析其结构时,又可以看成近似的系统事物。不过,系统事物与个体事物之间的相似性是次要的,而它们之间的差异才是主流。因此,正确把握二者之间的差异,不仅是我们认识系统事物和个体事物的切入点,也是我们揭开系统事物和个体事物之神秘面纱的关键所在。——笔者注

(2)系统事物与群体事物之间的差异也是显见的。为了深刻理解群体事物、描写离散的群体分布和运动,系统科学引进了"系综"的概念。系综表示一群彼此独立相互离散的随机事件或个体的集合,或者是"大量的性质相同的,彼此独立的力学体系所构成的群体(或集合)"。系综乃想象中的事物群体,"系综中的任何一个事件点同另一个事件点都没有任何联系"。一句话,群体事物是一个没有结构层次的离散集体,它的个体与个体之间没有任何联系,其终态是无序的静态平衡。假如系综中的各个体事物之间在同一时刻彼此发生了联系,或相互之间不再是"线性无关",那么它就已变成我们所讨论的"系统"。与系综的想象性相对,系统是真实空间中彼此相互联系的元素构成的、具有特定功能的有机整体。任何系统本身又是它所属的更大系统的子系统,具有整体性、要素的相干性、结构的层次性、结构功能的专一性和系统演化的目的性等特性。如果从本体论意义上说,系综是一群互不来往、互不作用的一个离散的"想象群体",而系统则是一群互相依赖、互相作用的"现实有机整体"(参见赵红州《大科学观》,人民出版社1988年版,第56—57页)。

第三章 高等教育选择的规律性

统新质的"模糊性"。系统内部各要素之间以及系统与外界环境之间的非线性相互作用,不断调整着系统的结构和功能。当外界环境作用于特定系统的某一个或几个要素时,该要素不仅自身发生变化,而且同时作用于其他要素,其他要素又反作用于该要素,进而引起系统的"涨落",并表现出某种相应的变化。

个体事物、群体事物和系统事物,彼此遵循各自的规则,即个体事物遵循个体的规则,群体事物遵循系综的规则,系统事物则遵循系统的规则(详见"三种事物存在形式的关系比较")。单就系统而言,由于系统的新质是由要素之间的相干性关系的总和来确定的,所以系统事物遵从的既不是纯粹的"确定性规律",也不是单纯的"统计性规律",而是包容确定性规律和统计性规律的"非线性规律"。亦即说,只要人们所研究的是一群具有相干性联系的事物或系统,那么用"线性方程或线性方程组"是不可能描绘和解释由于相干性联系所形成的系统新质的,只能用"非线性方程组"来加以说明。

三种事物存在形式的关系比较[①]

特征＼对象	个体事物	群体事物	系统事物
作用关系	无相互作用	随机性作用	相干性相互作用
个体运动方程特征	线性、确定性	线性、不确定性	非线性、不确定性
认识论模式	科学性＝真实性	科学性＝真实性＋概然性	科学性＝真实性＋概然性＋模糊性
运动规律	确定性规律	统计性规律	非线性规律

---

① 此表根据赵红州《大科学观》中的"三种决定论的比较"的表格改制而成(参见赵红州《大科学观》,人民出版社1988年版,第111页)。

(四) 三种决定论规律观的反思

通过以上比较分析，我们不难看出：从确定性规律到统计性规律再到非线性规律，是一种螺旋式上升，是一种"否定之否定"。统计性规律和非线性规律都渗透着"或然性"，较确定性规律更适合于解释社会领域的因果关系，但这两种"或然性规律"也只是揭示了社会规律的部分特征，也只说明了社会因果关系或可能性空间的多值性，没有阐明社会历史领域为什么能够出现多种可能性及其有关的因果联系。也就是说，在自然科学揭示的统计性规律和非线性规律中，我们只看到偶然性与必然性的并存，而不能发现自由与必然的关系、决定性与选择性的关系。因此，当我们用统计性规律或非线性规律解释社会领域的因果关系时，必须考虑社会系统的特殊性，因为任何一种学说或法则即使是健全的，但假如"它的建立者乃至它的拥护者，把它的适用性，延伸到它的时空限界以外，如所谓'放之四海而皆准，百世以俟圣人而不惑'，那就根本忽视了社会科学的历史特征，忽视了社会现象的历史演变极则"[①]。这也一如拉兹洛所言："社会是在它特有的社会层次上遵循这些规则，而不是在社会成员的生物层次上遵循这些规则。"[②]

社会系统不仅具有必然性与偶然性、确定性与非确定性、有序性与无序性交混的特性。由于人类有目的的活动的介入，使得社会领域的因果关系带有明显的"选择性"，社会规律也因此而表现为"选择性因果律"。所以，当我们运用统计决定论的因果观与系统决定论的因果观来解释包括高等教育在内的

---

① 王亚南：《社会科学新论》，经济科学出版社 1946 年版，第 9 页。
② ［美］欧文·拉兹洛：《人类的内在限度：对当今价值、文化和政治的异端的反思》，社会科学文献出版社 2004 年版，第 152 页。

社会领域的因果关系时，不仅要看到社会因果关系的"决定性"，也要看到社会因果关系的"统计性"，还必须看到社会因果关系的"选择性"和"多向度性"。在社会科学领域，有些学者已洞察到社会规律的统计性，但对社会规律的选择性还认识不够。历史地看，英国著名的实证主义社会学家斯图亚特·穆勒首先发现了人类行为规律的统计性，这也是他对社会学做出的最重要贡献。穆勒的推理逻辑十分简单："由于人类行为是人性的一般规律与其自身个性的合力作用的结果，解释那些行为的关键是要找到一种可将一般规律与特殊的偶然的因素相分离的方法，统计学提供了这样一种方法，当我们充分考虑了多数现象后，就能将偶然的背离——予以排除。统计规律并不能使我们预言特定情境中的特定个人行为，但它可揭示某些倾向，这些倾向必定在巨大规模上呈现出来，只有当确定了群体的属性和集体行为后，才可能较有把握地断言个人的行为。因此社会科学'原则上是与群体的而非坚硬的个体的行为有关，与共同体的而非单个人的命运有关'。"① 一句话，人对事物运动发展趋势的认识和把握往往是宏观的和整体性的，"规律的概念是人对于世界过程的统一和联系、相互依赖和总体性的认识的一个阶段"②。

二、教育规律的特性与定位

（一）走出教育规律的认识误区

长期以来，人们探索教育规律时，习惯于聚焦于寻找教育的确定性和有序性，或把对教育规律的探求等同于对教育确定

---

① 于海：《西方社会思想史》，复旦大学出版社2003年版，第201页。
② 《列宁全集》第55卷，人民出版社1990年版，第126页。

性和有序性的寻找，义无反顾地挖掘教育中"严格的必然性"或"单值的因果关系"，而忽略或剔除教育中某些看似不起作用或起重要作用却难以把握的因素，将复杂的教育因果关系线性化和简单化，坚信"找到一个事实，就证明了一个真理"。情形一如赵红州教授所言："当自然科学已经圈定了机械决定论的疆界时，社会科学领域却到处游荡着机械决定论的幽灵。人们囿于生活的狭隘经验，惯于沿袭'单一因果关系'的思路，用一个原因，去说明一个结果；用一个事实，去证明一个真理……一句话：真实性就是科学性。"①

殊不知，教育属于复杂系统，任意地剔除和简化影响教育运行发展的相关因素，必然会造成对教育因果关系的简单理解，看不到教育因果关系的多值性、统计性和选择性。大家熟知的古印度寓言《瞎子摸象》，可谓寓意深远、耐人寻味，它告诫我们：当从事物的局部来考察事物的全局或将复杂关系简单化处理时，极容易犯以偏概全的毛病，即摸到大象的身子就说像一堵墙，摸到大象的牙齿就说像根棍子，摸到大象的尾巴就说像条绳子。在教育研究乃至社会科学探索中，若想避免类似的事情发生，就必须划定确定性规律的适用范围，毫不客气地驱赶走机械决定论的幽灵，让它回到它应当呆的地方去。同时，要树立系统观念和非线性思维，张开双臂将统计性和选择性迎进教育规律的大门。事实上，无论系统观念还是非线性思维，都是马克思主义所主张的"从战略上"、"从总体上"、"从全部总和"、"从联系中掌握事实"的思想观念和思想方法的集中体现，对人们解决复杂系统问题以及认识社会规律具有方法论的意义。

---

① 赵红州：《大科学观》，人民出版社1988年版，第23页。

第三章　高等教育选择的规律性

　　从研究成果的水平看，我国教育理论界关于教育规律的探索，在某种程度上说还处于初级阶段，多数关于教育规律的解释，只是从规律的哲学释义出发所作的大同小异的"注释"。如《辞海》认为"规律就是事物发展过程中的本质联系和必然趋势"①，而《教育大辞典》认为"教育规律是教育发展过程中的本质联系和必然趋势"②。稍加比较就不难发现，后者只是将前者中的"规律"和"事物"分别置换成"教育规律"和"教育"而已。由于《辞海》关于"规律"的注释带有浓厚的自然规律色彩，而《教育大辞典》又直接演绎《辞海》的注释，因此教育规律的释义深深地印刻着自然规律的痕迹。对于这一论断，我们还可以从 1978 年以来，我国教育理论界所呈现的有关教育规律的各种代表性界定获得佐证。比如，"教育规律就是教育这个社会现象在它发展运动中的那个固有的矛盾，那种与其他事物的联系。""教育规律是教育现象中同一的东西，巩固的东西，或本质间的联系，发展中的必然。"③ "教育规律是教育工作内部本质的、必然的、普遍的、相对稳定的联系，是搞好教育和发展教育的客观依据。"④ "教育规律是规律的一种表现形式，它是教育现象内部诸方面的本质的必然的联系。它同样具有客观性、必然性、稳定性、普遍性和抽象性。教育规律包容了社会规律、自然规律和思维规律，它是

---

　　① 《辞海》，上海辞书出版社 2000 年版，第 1744 页。
　　② 顾明远主编：《教育大辞典》（增订合编本）（上卷），上海教育出版社 1998 年版，第 750 页。
　　③ 孙喜亭：《关于教育规律客观性质的几个问题》，《北京师范大学学报》（社会科学版）1981 年第 3 期。
　　④ 杨友吾：《用毛泽东哲学思想探索我国教育建设的规律》，《毛泽东思想研究》1987 年第 1 期。

高等教育选择论

这三方面的规律的有机结合。"① "教育规律是教育这种社会活动在发展过程中与其他社会活动及自身各种活动、各种要素间的本质联系。"② "所谓教育规律，是指教育同人的发展之间以及同社会发展之间的内在的、本质的、必然的联系。"③ "教育规律所要回答的是：'教育怎样运动发展'，它所揭示的是教育的运动和发展所必然受到的制约因素，或其所必然遵循的逻辑轨道。我们对教育基本规律的探索，必须始终遵循三点：其一，我们所概括出来的教育基本规律必须具备客观性、必然性和普遍性三种属性，三者缺一不可；其二，根据'规律就是关系'的界定，我们所概括出的教育基本规律，必须能够说明是什么事物之间的关系和是怎样的关系；其三，这种规律必须是对一切教育有效，而且只对教育有效。"④ 当然，有关教育规律的定义，还可以枚举很多。不过，以上这些关于教育规律的释义，已足以反映我国教育理论界对"单值教育因果关系"的偏重与追求。事实上，即使在今天，确定性教育规律观的持有者和捍卫者仍然很多，他们坚信一切教育都处在一种严格的因果关系链条之中，只要澄清了各因素彼此之间的因果联系，就等于找到了教育运行发展的逻辑轨道，就可以从教育的初始状态准确地预测和判定教育的整个运动过程和任意时空点上的教育运动状态。

事实上，教育是确定性与不确定性的统一，单纯的确定性

---

① 马兆掌：《现代教育论》，浙江教育出版社1990年版，第195—196页。
② 郝文武：《也谈教育规律的分类》，《高等师范教育研究》1993年第6期。
③ 彭永泉：《正确处理市场经济规律与教育规律的关系：谈师范教育体制改革》，《山东师范大学学报》（社会科学版）1994年第5期。
④ 洪宝书：《教育本质与规律》，成都科技大学出版社1992年版，第195—197页。

第三章 高等教育选择的规律性

或单纯的不确定性都难以概括教育系统运行发展的特性。因此，过分地苛求教育的确定性，沉迷于探求教育运动发展中的单一因果关系，不仅容易误读教育规律，也容易将教育的确定性与不确定割裂开来。辩证地看，教育的确定性与不确定性不是彼此孤立的，而是共生共存的。不存在脱离了确定性的绝对的不确定性，也没有摆脱了不确定性的绝对的确定性。确定性与不确定性是整个教育系统两种不可或缺的属性，二者在教育运行发展中有着同等的地位和作用，彼此相辅相成、相互包含、相互补充，各自有着应有的意义和适用范围。教育的确定性说明的是教育过程的历史限制和现实基础，解释了教育中因果关系的存在；教育的不确定性说明的是教育过程的偶然性和多变性，解释了教育中因果关系存在的多种可能。因此，我们要以积极的态度正视教育过程的确定性和不确定性，既不能抛开抽象的过程来考察具体事件，也不能抛开具体事件来考察抽象的东西，以避免陷入纯必然和纯偶然的决定论中。[①] 当然，承认确定性与不确定性的并存，绝非一种刻意的"折中"，教育的本来面目就是如此。此外，教育的确定性和不确定性二者之间还可以相互转化，人为控制或干预下的教育发展过程，正是教育不断从不确定性向确定性转化的过程。在这个转化过程中，主体的能动选择作为重要的机制起着非常重要的作用，其中不确定性是选择的动因，确定性是选择的归因。因此，认识教育规律，不能仅仅将教育整体中可以确定的东西离析出来加以审视和研究，更不能为了寻找教育中严格的必然性而无视或忽视不确定性的存在，人为地将教育模式化和程序化。总之，

---

① 曹树真：《浅论教育的确定性与不确定性》，《教育理论与实践》2004年第6期。

高等教育选择论

如果我们看不到教育确定性与不确定性的共生性和相互转化性，人为地将教育的确定性与不确定性割裂开来，或将教育视为纯确定性的或完全不确定性的，将难免陷入机械决定论或非决定论的泥潭，忽视主体对教育的选择性作用，最终也就无法真正揭示和把握教育规律及其特性。

诚然，我们强调教育的不确定性，不等于否定教育过程中因果律的真理性和客观性，而是旨在表明"追求真理与客观性不能同追求绝对混为一谈"①。由于非线性相互作用的存在，教育的原因与结果之间的关系往往不是完全决定论的，而常常是概率论的，因此我们不可能为所有的教育活动摸索到一个亘古不变和一劳永逸的操作方案或程序，只能对具有多值因果关系的教育问题或教育现象进行总体考察，只能对教育未来发展的可能性或总体趋势作出弹性预测，为教育决策提供原则或思维上的指导和咨询。也就是说，我们所能揭示的教育规律，只能是一种"弹性的必然性"，而非"严格的必然性"，人们只能预见未来教育可能性实现的"几率"，只能重复教育的整体概率和频率，教育的必然性表现为由大量偶然教育事件所体现的必然性。原因在于，教育的确定性不是由各部分的单个决定性造成的，而是由各部分的群体决定性或各部分之间统计性的相互关系造成的。换言之，复杂的教育系统不具备"稳定运作的条件"②，不可能按照确定性规律运行发展，它所遵循的是

---

① 王治河：《扑朔迷离的游戏：后现代哲学思潮研究》，社会科学文献出版社1998年版，第201页。

② 系统稳定运作依赖三个基本条件：①对于给定的外部刺激有而且只有一个反应；②任何输出与输入之间都有一定的比例关系；③系统不多不少恰好是各部分的总和。（参见［英］拉尔夫·D.斯泰西《组织中的复杂性与创造性》，四川人民出版社2000年版，第21页。）

第三章 高等教育选择的规律性

一种统计性规律和非线性规律，教育领域的因果关系具有多值性、统计性、非线性和选择性等特点，因而我们只能以几率的形式对教育的运行发展加以预测。当然，这也并非等于说现实的教育世界是一个纯粹的混沌世界，人们在其面前无能为力或无所作为。

（二）透视决定性与选择性统一的教育规律

教育规律属于社会规律的范畴，要全面理解教育规律，就必须先把握社会规律的特性。认识社会发展中的各种规律的性质和特点，"除了要坚持辩证决定论的新的规律观之外，还必须对人在历史过程中是否具有自觉能动性、选择性以及怎样认识这种能动性、选择性作出回答"[①]，因为社会历史是否具有规律性，同人在社会历史发展中有无选择性，是同一社会历史过程不可或缺的两个方面。这正是哲学的"选择论问题"。选择论有不同的表现形式，有唯心的选择论和唯物的选择论之分：唯心的选择论否定社会规律，鼓吹任意选择；唯物的选择论则将社会规律同人的选择统一起来，认为社会规律允许并制约着人的选择，而人的选择又是社会规律起作用的条件。马克思主义赞成将社会规律和人的选择、辩证历史决定论和唯物的选择论统一起来，尽管马克思主义创始人对选择问题未展开充分论述，但我们可以看到，历史决定论和主体选择论在马克思和恩格斯那里是统一的，他们既把社会历史看成是一种有客观规律可循的"自然历史过程"，又把社会历史看成是一个体现人的自觉意识和能动创造的实践过程。列宁就曾深刻地指出，决定论思想确定人类行为的必然性，推翻所谓"意志自由"的荒唐神话，但丝毫不消灭人的理性、人的良心以及对人的行为

---

① 王伟廉主编：《高等教育学》，福建教育出版社2001年版，第38页。

的评价，相反只有根据辩证历史决定论和唯物主体选择论相统一的观点，才能对社会历史发展过程做出正确的评价，而不至于把所有的一切，任意地推到自由意志的身上。另外，历史必然性的思想也丝毫不损害个人在历史上的作用，因为全部历史是由无数的个人行动构成的。

马克思主义关于规律问题的辩证历史决定论与唯物选择论相统一的观点，不仅是我们探讨教育规律的理论基础，也是我们研究高等教育选择的理论基点。我们应该正确运用这些基本观点和基本理论，从必然性和偶然性、确定性与不确定性、有序与无序的辩证关系中，从教育因果关系的决定性和选择性的统一中，去揭示和把握教育规律的性质和特点。否则，我们就无法真正理解教育规律的本质与特性。我们认为，既然教育过程具有必然性和偶然性、确定性与不确定性、有序与无序交混的性质，那我们就应该坚持辩证历史决定论与唯物主体选择论的辩证统一。具体地说，就是坚持决定论，反对非决定论，承认教育规律的客观性；坚持辩证的历史决定论的观点，反对机械决定论的观点，反对将教育规律视为一种刚性的必然性，而应将教育规律理解为通常只能作出统计说明的、具有弹性的必然性；坚持唯物的主体选择论，反对唯心的主体选择论，承认人的自觉能动性和选择性在教育发展中的作用，但又绝不夸大人尤其是个人的选择作用，坚决反对无视教育规律的任意选择或自由选择；既承认教育规律从根本上制约着人的选择，也承认人的选择能改变教育规律起作用的条件、过程和结果。

（三）高等教育内外部关系规律简评

20世纪80年代以来，我国不少学者对教育规律进行过研究和探索，取得了不少的研究成果，但较为系统的研究成果并不多。而在为数不多的系统研究中，著名高等教育学家潘懋元

第三章　高等教育选择的规律性

先生关于教育基本规律的研究和论述，可谓最有代表性。潘先生认为，在诸多的教育规律中，有两条规律是最基本的，一条是关于教育与社会发展关系的规律，称为教育的外部关系规律，简称教育的外部规律；一条是教育和人的发展关系的规律，称为教育的内部关系基本规律，简称教育的内部关系规律。教育的外部规律可以表述为"教育要与社会的发展相适应"，也可以进一步表述为"教育要受经济、政治、文化等的制约，并对社会的经济、政治、文化等的发展起作用"。教育内部关系规律是指在人的培养这一复杂的过程中，各种因素之间的必然联系与关系。而在这些关系中，最基本的关系有三个：一个是教育与教育对象的身心发展以及个性特征的关系，一个是人的全面发展教育各个组成部分的关系，再一个是教育者、教育对象、教育影响诸要素的关系。所谓教育的内部关系规律就是这些关系与作用的总和。教育的外部规律和内部规律的关系表现为：教育的外部规律制约着教育的内部规律，但教育的外部规律也只能通过内部规律来实现。[①] 两条规律同时作用于教育，构成教育发展必须遵循的内外部逻辑。

教育的内外部关系规律，系潘先生1980年在湖南大学讲课时第一次正式提出的，当时的表述与以上的表述有所不同，但其基本精神和内核是一致的。对于这两条基本规律，潘先生多次提到：教育的外部关系规律比较成熟，他心中有数；有关教育内部关系规律的研究，还不够全面和成熟，至今他心中还没有数。然而，后来恰恰是教育的外部关系规律遭到质疑和批评。批评者认为，规律是事物内部的本质联系，事物的外部只

---

① 潘懋元主编：《新编高等教育学》，北京师范大学出版社1996年版，第12—14页。

能是非本质的、不稳定的联系，不存在外部的本质联系，教育的外部不可能有规律。那么，教育的内外部关系规律究竟是不是科学的？事实上，教育的内外部关系规律从提出以来，已经受了无数的教育实践的检验。20世纪80年代中期以后，中国高等教育蓬勃发展，出现了许多新现象和新问题，潘先生本人以及许多教育界人士灵活运用教育内外部关系规律，解释和解决了这些新现象和新问题，如高等教育与商品经济（市场经济）的关系、文化传统与高等教育的关系、高等教育如何迎接新技术革命挑战、高等教育大众化、中国高等教育地方化、中国民办高等教育发展、高等教育教育通向农村等，有力地论证了教育内外部关系规律的科学性。虽然潘先生自己多次强调，他对教育的内部关系规律还没底，但这并不影响教育内部关系规律的真理性。

　　教育的内外部关系规律不是随意提出的，大凡了解潘先生治学历程和系统研读过他的论著的人士都不难悟出：潘先生首先从辩证唯物主义出发看到了教育规律的客观性，然后以系统科学的理论与方法为指导，引进动态的时空概念，以教育系统的内外部关系为研究重点，立足于社会与人、教育与人、教育与社会之间的辩证关系，通过对世界高等教育历史与现实的全面考察，历经理论抽象和逻辑推导，才创造性地总结出解释力强和普适性高的教育内外部关系规律。从逻辑上看，人与社会处于教育的两端，教育是人与社会关系的中介，从教育、人、社会三者的互动关系出发，考察教育的功能和规律是没有任何问题的，而且是一个很好的切入点和非常明智的选择。换言之，将"教育要与社会的发展相适应"和"教育要与人的发展相适应"概括为发展教育必须遵循的内外部关系规律，是恰切的。作为教育的基本规律或普遍规律，教育内外部关系规律

第三章 高等教育选择的规律性

究竟还包括哪些子规律或特殊规律,那是另外一个问题,它并不影响教育内外部关系规律的科学性。当然,教育规律是一个多层次的规律系统,我们必须把握各个层次的教育规律,包括教育的特殊规律、教育的基本规律(或普遍规律)和教育的整体规律。比如,教育的外部关系规律可以是教育与经济发展的矛盾,教育与政治发展的矛盾,可以是教育与文化发展的矛盾等;教育内部关系规律"可以是社会要求与学生身心发展的矛盾,可以是德智体美的矛盾,可以是师生关系的矛盾等"①。如此种种的"矛盾"关系,属于教育的特殊规律,是教育研究应该揭示的,也是具体的教育实践必须遵循的。

教育的内外部关系规律的提出,具有非常特殊而重要的意义,它"使人们摆脱了传统的'一般'与'特殊'看待教育问题的思维方式,使人们更加清晰地认识到教育特别是高等教育与社会政治、经济生活之间的必然联系,找到了探讨高等教育问题的逻辑起点"②。教育内外部关系规律的提出,揭示了教育规律的层次性,展现了教育研究的生态逻辑和教育规律的发现理路,即通过应用研究发现教育的特殊规律,通过历史与比较研究发现教育的基本规律或普遍规律,通过逻辑研究或理论研究发现教育的整体规律。③ 三个维度和层次的教育规律构

---

① 潘懋元:《潘懋元教育口述史》,北京师范大学出版社2007年版,第183页。
② 邬大光、秦国柱:《在高等教育的实践中寻找理论的支点——关于高等教育研究与学科建设的几点思考》,《中国高教研究》1992年第3期。
③ 袁鼎生教授认为,从学理上看,一个完整的学科一般由三个维度构成的:第一维是逻辑研究;第二维是历史研究;第三维是应用研究。构成一个完整学科的三维,彼此之间相互作用,形成整体发展的方向,形成超循环的潜能:应用研究形成学科的一些特殊规律,历史研究形成学科的普遍规律,逻辑研究或理论研究形成学科的整体规律。[参见袁鼎生《前沿学科群的整体生发:以中国—东盟比较学科群为例》,《广西民族大学学报》(哲学社会科学版)2009年第1期。]

成一个完整的、立体化的教育规律体系，不同规律通过相互作用，共同生成教育的整体发展方向和相对稳定的运行轨道。与之对应的应用研究、历史与比较研究、逻辑研究或理论研究，则共同构成了一个完整的教育学科发展的三维和生态平台。同时，教育内外部关系规律发现的历程昭示，高等教育学的三维研究形成以后，若要形成更加统一的可持续发展，则要靠超循环的运转，即以应用研究推进历史与比较研究，从历史与比较研究升华至逻辑研究或理论研究，通过逻辑研究或理论研究形成高等教育学的理论与方法，然后运用这些理论与方法去指导高等教育的应用研究、历史与比较研究，推进应用研究、历史与比较研究的深化，揭示学科建设与发展的普遍规律与机制。抽象地说，学科应用研究的特殊规律，首先是升华成历史与比较研究的基本规律或普遍规律，进而提升为逻辑研究或理论研究的整体规律，然后这个整体规律再回过来指导和规范应用研究、历史与比较研究，最终形成循环性的学科发展与规律发现的机制。如果学科或规律循环结构的整体以及各子学科或规律是开放的，那么这种循环也就有了超循环性（见图3.1）。教育内外部关系规律属于教育的基本规律或普遍规律，它是由大量的教育特殊规律提炼升华而成的，蕴涵着深刻的教育整体规律思想，彰显了教育整体规律的统计性、非线性等特性。

关于教育内外部关系规律的性质与特点，我们至少还可从以下三个方面去理解：第一，教育内外部关系规律不仅揭示了教育因果关系的客观性和决定性，同时也揭示了教育因果关系的统计性和选择性，辩证地将决定性和选择性统一到了教育规律之中。这种统一不仅抓住了教育规律的本质特性，也革新了人们对教育规律的认识，还丰富了教育规律研究乃至教育哲学的园地。教育内外部关系规律的表述中所使用的"适应"、

第三章 高等教育选择的规律性

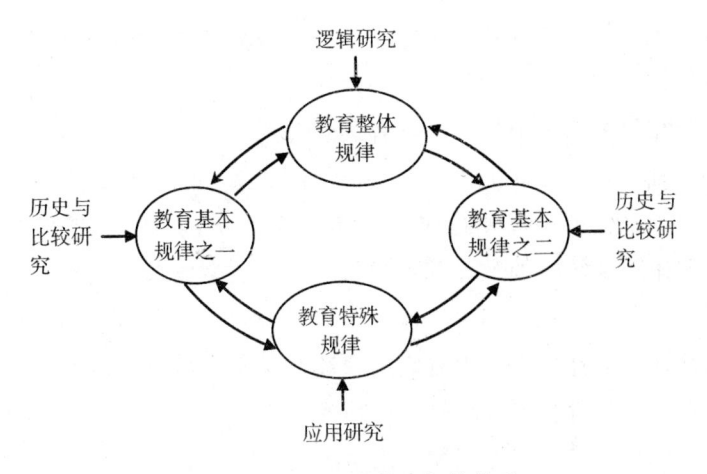

图 3.1 超循环的教育规律体系

"制约"等词汇，直接揭示了教育因果关系的决定性与选择性。同时，这些词语的恰切使用还揭示了教育规律的统计性，无论是"适应"还是"制约"，它们所揭示的因果关系都是弹性的必然性，而非刚性的必然性。第二，教育的内外部关系规律揭示了教育因果关系的非线性和多向度性，走出了线性、单向度的确定性规律观的思维框架，抓住了教育规律的本质特征。"教育要受经济、政治、文化等的制约，并对社会的经济、政治、文化等的发展起作用"的表述，昭示着教育的运行发展受到多种因素的影响，多值的教育因果关系呈现出多向度性。另外，在教育与经济、政治和文化等的相互关系上，表述中使用"制约"而不使用"决定"，深刻地揭示了教育因果关系的非线性特征。第三，教育的内外部关系规律揭示了教育系统除了要不断优化自身的结构之外，还必须与社会各子系统（如政治、经济、文化等）形成功能耦合关系。教育受制于又作用于经济、政治、文化等的发展，内在地表明教育系统惟有与社会各子系统形成功能耦合关系,才能充分发挥教育的社会和个体功能。

相比之下,国内很多学者虽然看到了教育与人、教育与社会、社会与人之间的内在联系或辩证关系,但却鲜有人将"教育要与社会的发展相适应"、"教育要与人的发展相适应"看成两条辩证统一的教育基本规律。另外,多数学者虽然看到了教育规律的客观性和决定性,但却很少有人洞察到教育规律的统计性和选择性,很少有人洞悉教育因果关系的非线性和多向度性,对教育规律的理解或所作的释义,基本上没有走出自然规律观特别是确定性规律的思维框架。

第三节 高等教育选择的自由与必然

一、选择与自由的关系

如果说自我存在是选择的逻辑起点,那么选择在某种程度上就可以看成是选择主体自由意志的表现。真正的选择与自由共时同在,主体"在选择"或"选择了",表明主体是自由的。如果主体失去了自由,那也就同时失去了选择权,也就失去了自我存在的价值。因此说,没有自由就没有真正意义上的选择,不能选择也谈不上拥有真正的自由,"自由是选择的自由,而不是不选择的自由。不选择,实际上就是选择了不选择"[①]。选择体现着自由,被迫选择或无法选择所体现的不是"自由",而是"不自由"。

---

① [法]让-保罗·萨特:《存在与虚无》,安徽文艺出版社1998年版,第614页。

第三章 高等教育选择的规律性

在历史的长河中,自我存在的选择绝大部分时间处于一种"被选择"的地位。这包含两层意思:一是在整个自然界的漫长发展过程中,自然界的存在处于一种有序的、但却是被选择的地位,处于无自由的但有序的演化过程之中。二是自我存在从出现生命体以后,选择便进入一个新的阶段,自我存在开始适应周围的环境,但自我存在的选择基本上是被动的。因为这种选择是无意识的,虽然有时似乎有点"自由"选择的痕迹,如植物的向光性、动物的趋利避害等,但都是对自然环境的被动适应。自从动物分化出人类以后,选择发生了质的变化。自我存在的选择已从无意识的选择逐渐演变为有意识的自由选择,不再是无目的地、被动地适应周围的环境,而是处处体现出选择主体的自由、创造性和价值。不过,人类社会的发展仍然受到各种主客观条件以及社会规律的制约和支配,人类的种种选择或多或少地带有点被动的色彩,各种选择的自由空间都是有边界的。直观地看,人类的各种选择总是在一定的时空背景下发生,要受到具有历史性、地域性、文化性等特征的现实条件的影响和制约。

作为一种客观存在,社会系统的选择究竟是自由的还是不自由的,本质上是一个系统与环境的关系问题。关于这个命题,当下存在四种不同的解说:第一种观点认为,系统(人类)选择是由外部决定的。系统的每个选择是由环境中各因素的集合决定的,系统本身只是钟表装置式的宇宙的一部分,它必须服从机械宇宙规律和原理,它本身没有任何选择的可能。第二种观点认为,系统在多种可选择的行为方式中进行选择是完全自由的,否认存在对选择有重大影响的任何因果性和决定性因素,选择是一种"绝对自由意志"的活动。第三种观点认为,系统通过自我决定进行选择。第四种观点认为,系统和环境过去的相互作用构成自我决定的因素。[①] 从系统科学的视角看，前三种观点显然得不到现代科学的支持。系统哲学家拉兹洛根据双透视理论对人类进行了观察和描述，认为当我们考虑到人类自由时，必须深入研究人类与环境两种透视图像，然后把人综合到心理—物理、自然—认知系统这个一般性的概念之中，因为"人类行为者的选择是建立在他现有的心理物理组织中的，而这些反映作为过去相互作用的结果的组织内部有充分的自主性，它提供了对自由的精神"[②]。我们认为，包括高等教育在内的社会系统的选择不是一种"绝对自由意志"的行为，它总是以一定的主客观条件为基础的，也总是在某种"可能域"中进行的。同时，任何特定主体的选择都既要受到其他社会活动和选择主体的制约，也要受到历史进程一般规律的支配，还要受到选择主体自身状况的限制。一句话，现实的具体选择不是无条件的和完全自由的，选择总会受到一定主客观条件和客观规律的制约和支配。

二、主体选择的限度

选择是主体的创造性实践活动，强调实践的作用必然要强调主体的能动性与选择性，因为人的能动性和选择性主要通过实践来体现，这是辩证历史决定论的基本观点。但历史与现实证明，人类的实践都是在既定的时空背景下展开的，总要受到一定的主客观条件的限制，同时也不能摆脱客观规律的支配。也就是说，人类主体选择的自由是有限的和相对的，那种绝对

[①] 黄小寒：《世界视野中的系统哲学》，商务印书馆2006年版，第205页。
[②] ［美］欧文·拉兹洛：《系统哲学引论——一种现代思想的新范式》，商务印书馆1998年版，第298页。

第三章　高等教育选择的规律性

自由的选择是不存在的，正所谓"任何选择都是假设排除和淘汰；任何选择都是对有限性的选择"①。随着生产力的提高、科技的进步以及人的本质力量的增强，人类改造世界的能力会越来越强，但人类也只能改造世界，却不能创造世界。人类虽然有着相当大的自由，但人类也无不处在一种自身所设置的条件制约之下。从这个意义上说，"劳动创造世界"只能在一定的范围内是正确的，而不能把它无限推广和放大。那种将人类社会历史完全看成是人类主体选择的结果，否定社会历史发展的规律制约性，或认为人通过实践做出的种种历史抉择，造成了历史上的分合聚散、兴衰隆替，都是非理性地放大人类主体选择性的唯心史观，是一种唯心的主体选择论。

我们坚信："人类不是宇宙的中心，宇宙也不是按照人的形象构建的，人只是构成宇宙全部秩序的一个组成部分。"② 因此，对人类实践和主体性的强调，不能超出一定的限度，不能无限拔高实践、主体性的作用。具体而言，我们不能认为实践的创造作用是无条件的，实践可以从虚无中创造出实有；不能认为主体可以超越客体的制约，可以随心所欲地发挥作用；不能把实践、主体提升到本体的高度，提升为万事万物之源。不错，人类社会的历史是人们自己创造的，但他们并不是随心所欲地创造，不是在自己"选定"的条件下创造，而是在直接碰到的、从过去继承下来的"既定"的条件下创造。俗语说，真理超出一步，就会变成谬误。如果把实践和主体的作用夸大过了度，也会变成谬误，而且会酿成不可估量的后果。殷鉴不远，1958年大跃进时

---

　①　[法]让-保罗·萨特：《存在与虚无》，安徽文艺出版社1998年版，第631页。
　②　[美]欧文·拉兹洛：《系统哲学引论——一种现代思想的新范式》，商务印书馆1998年版，第27页。

高等教育选择论

那种无限拔高主体能动性所造成的悲剧性后果，人们至今记忆犹新。"人有多大胆，地有多大产"之类的豪言壮语，至今虽已化作对历史的嘲讽，但它给我们的教训永远不可忘记。

社会选择之所以不是绝对自由的，除了要受到主客观条件和社会规律的制约和支配外，主要原因还在于作为社会选择的主体，人是一切社会关系的总和，是作为社会系统的一个具体组成部分而存在的，即人是社会的人，每一个人都处于错综复杂的各种关系之中。高度组织化的社会束缚着个人的内在自由，个人的自由只能表现为在清楚了种种可能性与限制以及对各种因素权衡利弊之后所做出的选择。不过，组织化的决定性社会系统和个人自由并不是不相容的。一方面，社会系统激励构成它的个人成员提高选择意识和选择能力，使他们成为潜力充分发挥的自由个人，因为毕竟阻碍个人自由的社会系统是僵化的和没有创造性的，同时也是缺乏长期稳定性的。另一方面，个人要在组织化程度很高的社会中生存，就必须使自己的动机与行为适应社会发展。也就是说，人相对于自身的构成是整体，但相对于自己生活其中的社会系统却是部分。正因为如此，任何人都不能只强调自我价值和个人选择，必须与整个社会在互动中相互适应。如果每一个人都趋向于以自我为中心，那么社会就将成为"一团乱麻"，成为一盘缺乏关联和凝聚力的"散沙"。从这个意义上说，人无论作为整体还是作为部分，都应该与某种最佳价值整合的社会系统状态相适应，此时此刻的"个人既是社会的一个职能成员，又是一个完全实现了的生物文化的存在"[①]。同时，也正是因为存在这样的内在关联，

[①] ［美］欧文·拉兹洛:《系统哲学引论——一种现代思想的新范式》，商务印书馆1998年版，第327页。

第三章　高等教育选择的规律性

无论个人选择还是社会选择都不可能是完全自由的。

主体选择与社会规律是内在统一的，二者共同构成社会发展的辩证图景。社会规律是历史过程的深层本质，主体选择是历史过程的表层特征；社会规律制约着主体选择，主体选择是社会规律起作用的条件。因此，我们绝不能因主体选择而否定社会规律的客观性，因为主体的选择作用只是使客观历史规律的展现具有比自然规律大得多的弹性和波动性，而并没有摆脱客观规律的制约。"如果说选择作用使历史发展过程具有很大的偶然性，那么为客观历史规律所决定的必然性终究要在这种偶然性中为自己开辟道路。此外，主体能动作用归根到底要受到客观历史规律的制约，主体的选择如果超出了客观规律所容许的合理限度，或者从根本上背离了客观规律，那么这种选择无论如何也不可能实现，而只能在实践中碰壁。"①

三、高等教育选择与教育规律的辩证关系

社会的发展进步离不开人的能动选择，但并非所有的选择都是积极的，也并不是所有的积极的选择都可以实现。社会历史有它自身发展的内在规律，只有那些既符合规律又具备条件的选择才能变成现实，而那些不符合历史实际及其规律的任意选择会被历史不断地淘汰。几千以来，历史上各种社会制度的依次更替，可以说既是人们选择的产物，又是社会规律起作用的结果，它们是表层原因和深层原因的辩证统一，而后者就深藏在前者之中。因为"只有在人类的选择即人类活动中，才有社会规律存在，离开人类的选择和活动就无所谓社会规律，二

---

① 中共中央党校等编：《主体与客体》，中共中央党校出版社1990年版，第169页。

· 199 ·

者是一种载体和属性之间的关系；更主要地表现在，人的选择可以使社会规律起作用的前提发生改变，从而造成极为不同的历史结局，并给人们的利益带来迥然有别的影响。"① 质言之，社会规律允许并制约着人的选择，而人的选择又是社会规律起作用的条件，两者共同构成社会历史发展的辩证图景。

与社会历史发展进程类似，高等教育的发展与进步也离不开人的选择，但主体选择并非自由的和无条件的，它要受到各种既定的主客观条件和教育规律的支配和制约。首先，高等教育有自身独特的运动规律，假如人们蔑视或忽视它，必然遭受挫折甚至失败。与此相反，如果按照教育规律办事，则可事半功倍。其次，在高等教育领域里，人们之所以这样选择而不是那样选择，原因在于要受到各种主客观条件、自身状况、他人选择和教育规律的制约，不管人们是否意识到或是否愿意接受这样的客观事实。最后，从高等教育选择的过程看，即使各种具体的客观条件都获得满足，但主体的意图与客观的结果之间总是存在一定的偏差，并非所有的意图都能如愿以偿地实现和达到，这说明什么？说明其中存在除客观条件之外的规律，主体的意图只有符合它，才有可能最终达到。当然，教育规律也为主体选择留有一定的空间，使各种高等教育选择成为可能。因为教育规律虽具有决定性，但也具有统计性和选择性，它所规定的教育发展不是死板的、机械的和唯一的，只在总体上限制主体选择的大致走向，这就使得主体有可能选取不同的道路、方法甚至方向。高等教育发展史已反复证明，教育规律不仅不排斥主体选择，相反是在主体丰富多样的选择中表现和实现自己，同时教育自身也在主体选择的导向下逐渐实现结构与功能的优化，逐渐从

---

① 邢贲思：《哲学前沿问题述要》，人民出版社1993年版，第187页。

第三章　高等教育选择的规律性

简单走向复杂，从低级走向高级，从一元走向多样统一。

教育规律与主体选择是相互作用的，高等教育规律允许并从根本上制约着主体选择，而主体选择又使高等教育规律起作用的前提、结果以及内容发生变化，它们统一于高等教育发展的动态过程。可以说，主体选择是高等教育发展与进步的前导，没有主体的种种选择，就很难有高等教育的快速发展；而教育规律则是高等教育发展与进步的保障机制，它对主体的选择进行筛选，淘汰那些阻碍高等教育发展的选择，而保留那些能够促进高等教育发展的选择。从这个意义上可以说，人们对教育规律的能动反映是主体选择和教育规律统一的中介，对教育规律认识不同，高等教育选择成功或失败的程度也会有所不同。正是因为这样，探求和揭示教育规律并按教育规律办事，一直是中外教育理论工作者和教育实践工作者的一种理性诉求。但长期以来，人们认为教育规律是一种"确定性规律"，认为只有同时具备客观性、必然性、普遍性和可重复性等属性，才能确定事物和现象之间的联系是规律性的联系、具有规律性的意义，俨然把探求教育规律等同于寻找教育的确定性和有序性，完全忽视教育的不确定性和无序性。事实上，教育是一种复杂性社会实践活动，是有序与无序、必然与偶然、确定性与不确定性的有机统一，教育中几乎不存在严格的必然性，只存在弹性的必然性，教育因果关系是非线性的、多值性的和多向度的，而教育规律主要体现为一种统计性规律和非线性规律，除了具有客观性和必然性等特性之外，同时还具有统计性和选择性。事实上，只有既承认教育规律的客观性和必然性，同时又承认教育规律的统计性与选择性，才能真正发挥人在教育运行发展中的能动作用，才能真正将人的选择与教育规律辩证地统一到教育发展的图景之中。

第四章 高等教育选择的本质与特征

高等教育选择的本质与特征，是研究高等教育选择必须解答的两个根本性问题。从表象上看，本质与特征似乎界限分明，各自所回答的问题截然不同；但从根本上看，它们的目标是一致的。也就是说，高等教育选择的基本特征弄清楚了，那高等教育选择的本质也大致被认识清楚了。不过，我们也必须看到，从本质或特征切入考察高等教育选择，彼此所关注的重心和焦点是不同的，前者主要聚焦于揭示高等教育选择主体与客体在互动中形成的"关系属性"，后者侧重于剖析高等教育选择过程中表现出来的"外部特性"，如选择的主体与主体、客体与客体、主体与客体、主客体与环境等之间的"互动关系"，但两者都旨在解读和回答"什么是高等教育选择"。从逻辑上看，两个问题的阐发存在严密的依存关系：没有对高等教育选择本质的认识，就难以正确剖析高等教育选择的特征；没有对高等教育选择特征的透视，就不可能真正揭示高等教育选择的本质。透视和揭示高等教育选择的本质与特征具有特殊的意义，它不仅可以为高等教育选择相关理论问题的研究奠定基础，同时也可以为高等教育选择行动的展开清除认识上的障碍。

第四章　高等教育选择的本质与特征

第一节　高等教育选择的本质

寻找和界定一个可以依靠或信任的概念，不仅是理论体系构建的前提和基础，也是理论探索的期盼与诉求。严格地说，每一种科学理论都应该有自己严密的概念体系，而且所有的推演都应在内涵与外延统一的概念体系框架内延展开。如果名称相同的概念因其文中时空位置不同而取义各异，那么整个理论体系就会缺乏共同的话语体系或话语平台。果真如此的话，不但逻辑推演和说理无法展开，而且混乱和误解也在所难免。从这个意义上说，明确界定所使用的概念尤其是核心概念，揭示和剖析它们的本质与特征，是任何科学研究得以顺利开展的基础，也几乎是所有理论研究的第一站。

任何概念都是在历史中逻辑化生成的，因此概念界定不是一件随心所欲的事情，必须坚持概念发展的辩证法，即既要看到概念"稳定性"的一面，尊重它在特定历史时期的通行用法，同时又要看到概念"流动性"的一面，允许它随着时空的推移而被赋予新的内涵。因为只有承认概念的稳定性，我们才能对其进行界说；只有承认概念的稳定性并不排斥概念的流动性，才能使概念的稳定性通过概念的流动性获得体现和解释。如果我们看不到概念发展的辩证性，即便能够勉强地对概念作出某种自我满意的界定，或者说能够获得一个自洽性的界定，也恐怕只能捕捉到概念的某一种历史形态，而不能统观它的全貌，真正揭示概念的"庐山真面目"。

作为本研究的核心概念，"高等教育选择"具有典型的复合性，它涉及"高等教育"和"选择"两个核心概念，因而界定它的难度也按指数增大。换而言之,"高等教育"和"选择"当中的任何一个概念的内涵发生变化,或者说它们当中任何一个概念的取义发生变化,都将引起高等教育选择界说的变化。与此逻辑相同,如果"高等教育"和"选择"两个概念的内涵或取义明确了,那么界定"高等教育选择"也将成为顺理成章的事。既然如此,那么在界说"高等教育选择"之前,我们就有必要或者说不能不先对"高等教育"和"选择"两个概念作出界定或解释性的说明。

一、选择之界说

(一) 不同视野的选择解读

同一种现象可以有不同的分析视角,而且从不同的视角对其展开分析和研究,往往具有不同的意义。正因为如此,有学者认为"对同一种现象,从不同的观点着眼,可以选出不同的本质……如同现象是多种多样的一样,一种现象的本质也是多元的,而不是唯一的"[1]。萨特也曾类似地指出:"尽管一个对象只是通过一个单一的渐次显现(abschatting)揭示自身,然而只要有一个主体存在,这一事实便意味着可能出现对这个渐次显现的多种看法。"[2] 因为认识主体是动态变化的,甚至连认识对象或客体也是不断变化的,在认识对象的本质渐次显现的过程中形成多种看法也就在情理之中。

作为一个概念范畴或一种行为,选择曾在不同的时空背景下被赋予不同的意义,同时也曾在不同的意义框架下被使用。

---

[1] 王振武:《开放的选择:选择学引论》,三联书店1990年版,第153页。
[2] [法] 让-保罗·萨特:《存在与虚无》,安徽文艺出版社1998年版,第3页。

第四章　高等教育选择的本质与特征

因此，为了揭示选择的本质与特征，我们必须坚持概念发展的辩证法，既要看到选择内涵的稳定性，同时也有必要尽可能对在不同意义框架下使用的选择，作一个"全景式"的历时性动态考察。之所以一定要对选择的界定进行动态考察，其根本原因在于恰切的概念界说，往往既不在概念的成熟之处，也不在概念的生成之时，而在概念形成的过程之中。

1. 经验视野：选择是人类特有的一种行为

回顾历史，无论在古代中国还是在古希腊，选择基本上被视为人类所特有的一种行为，意为选择主体在特定的价值观的导向下，从多种选择客体中将符合自身需要或达到某种标准的客体挑选出来，或依据一定的标准将不同的客体或事物区分开来的行为过程。选择客体可以是人，可以是具体或抽象的事物，也可以是时间和信息，但人类是唯一的选择主体。我国古汉语中常说的"选贤任能"、"择日而定"、"良禽择木而栖，贤臣择主而事"和"三人行，必有我师焉，择其善者而从之，择不善者而改之"等，所表达的都是人类的选择行为。

世界之事无独有偶。从可考察到的资料看，西方历代哲人大多数也将选择视为人类所特有的一种行为。如普罗第库斯认为，人始终如"赫尔库勒斯（希腊神话人物，笔者注）站在十字路口"；柏拉图认为，人必须选择其生活模式；亚里士多德认为，人总是偏爱较好的生活模式，选择"或是渴望的理想，或是推理的偏重"[①]。为什么说选择是人类特有的行为？按照亚里士多德的说法，动物没有理性，因而也就没有选择，而人类则不一样，即人类有理性，所以就有选择。亚里士多德

---

① 周辅成：《西方伦理学名著选辑》（上卷），商务印书馆1964年版，第312页。

之后，不少学者如托马斯·阿奎那、康德、黑格尔等也曾涉猎过"选择"这一概念，但也基本上是将选择看作是人类特有的一种行为。

中外古代哲人或理论家，之所以将选择视为人类特有的一种行为，主要基于他们对人与自然关系的理解和思考。在他们眼里，人与自然是根本对立的，与自由的人类不同，自然完全是被动的，不具有选择的意识和选择的能力，只能作为选择的客体而存在。

2. 科学视野：选择是自然界和人类社会的普遍现象

正如前面所述，选择最初只是被看成人类特有的一种行为，而且主要是在日常生活水平和伦理学意义上被使用。随着人类社会的推进以及科学的不断发展，人们开始在科学的意义上使用选择。专门赋予选择以科学意义并推广到生物界的，首推近代英国生物学家达尔文。他于1859年发表的《物种起源》首次提出了"自然选择"的概念，并将它引入有序的宇宙之中，认为宇宙的秩序不是上帝在创世时确定的，而是漫长的自然选择的结果。生物进化就是由于原因不明的随机变异通过自然选择的作用，由无序到有序、由低级的单细胞生物向高度有序的人类进化的过程。自此开始，"选择"概念不仅被用来反映人类的行为，而且被推广到生物界，然后进一步延展到物理化学系统乃至更广阔的领域。

进入20世纪，随着物理学掀起的革命和各门学科取得的长足进步，人类对非生命物质系统的选择性也有了一定的认识。尤其是一般系统论和耗散结构理论的诞生，揭示了任何系统在一定条件下都可以产生出具有"时间节奏"和"空间构型"的自组织现象，推进了人们对大自然选择的客观性和普遍性的认识。时至今日，人们已普遍承认，选择不只是人类和各

第四章 高等教育选择的本质与特征

种生命有机体所独有,而且在一切物理—化学系统的发展中也都普遍存在。也就是说,选择并非为人类所独有的行为,即使是一般的生命有机体和非生命物体也都具有选择性。

3. 哲学视野:选择是一个表征主客体之间特定关系的范畴

从本质上看,无论是经验视野还是科学视野的选择,可以说都是一种具体意义的概念诠释。它们只是在日常生活和自然科学的框架内取义,都没有从最一般的意义上定义和解说选择。从国内来看,早期有关选择的研究不少,特别是对机遇与挑战的论述较多,但大多数是以生活中的事例为对象加以研究的,具有"叙事"的特点,缺乏哲学的概括。20世纪80年代中后期开始,我国不少学者开始从哲学层面探究选择问题,至今已取得不少令人欣慰的成果,出版了一些选择学的论著,在空间有限的哲学领域为选择获得了一块专门的领地。

尽管如此,关于选择的哲学研究还处于初级阶段,人们对选择的界说还未形成统一的认识,各种界定可谓众说纷纭、莫衷一是。对此,我们不难从近20年来我国学术界关于选择的代表性界定获得证明。可考察到的众说纷纭的选择界说,可以归纳为两类主要观点:一是将选择看成是人类特有的一种认识和实践活动。这类观点认为,选择是人类特有的一种能力与活动,"是人类有目的、有计划地认识世界和改造世界的活动,是人的自觉能动性的表现"[1]。作为一个哲学范畴,选择"是作为一种行为而存在,它不同于实践,但又以实践为基础,这种行为既是一种认识过程,又是一种实践过程"[2]。选择以认

---

[1] 安起民、佟玉琨:《略论历史的必然和选择的自由》,《教学与研究》1987年第2期。

[2] 周书俊:《选择论》,中央编译出版社2006年版,第13—14页。

高等教育选择论

识上的选择为起点,以实践上的选择为终结,二者是"由此及彼、循环不已的前进过程"①。更为抽象地说,"选择作用于可能性空间,是可能性空间中收缩自由度的过程"②,是人在既定的历史条件下对社会生活未来发展的多种可能的方向、目标和方式,有意识、有目的地选取其中一种方向、目标和方式的活动过程。二是把选择看成是一个表征主客体之间关系的范畴。这种观点认为,作为一种关系范畴,选择"存在于主体和客体的关系之中"③,是主体对客体的特征、状况和属性的取舍过程。选择着眼的"不是主体或客体的实体属性,而是主客体之间的关系……主客体在相互作用中根据双方的共同需要和性质保留(肯定、取出、挑选)主客体之间某些特定的关系,同时排除(否定、限制、约束、摒弃、消除)主客体之间可能建立的其他种关系的特性。"④ 相比较而言,我们更倾向于第二种观点。当然,这两种归纳和概括不是严格意义上的区分,二者并非"泾渭分明",相互之间也不存在不可逾越的鸿沟。相反,两种解说之间存在着交叉,彼此蕴涵着对方观点的某些思想。正是因为如此,有学者认为,"选择是一个表征事物之间特定关系的范畴,它是在价值引导下确定系统以某种方式存在和运动的一种有目的性的活动过程。"⑤ 很显然,这种界定既洞察到了选择的"关系属性",也揭示了选择的"行为特征"。

---

① 邢贲思:《哲学前沿问题述要》,人民出版社1993年版,第172页。
② 朱葆伟、李继宗:《论选择》,《社会科学战线》1987年第1期。
③ 郝立新:《历史选择论》,中国人民大学出版社1992年版,第16页。
④ 王振武:《开放的选择:选择学引论》,三联书店1990年版,第11—12页。
⑤ 张卓民、宋曙:《一般选择学》,辽宁人民出版社1991年版,第82页。

第四章　高等教育选择的本质与特征

(二)"选择"在本研究中的取义

作为一个概念范畴，我们主要在哲学层面或哲学范围内对选择"取值"，即选择作为一个表征主客体之间特定关系的范畴，它是指在既定的时空条件下，主客体在相互作用过程中保留彼此之间的某些特定关系，同时排除彼此之间可能建立的其他种关系的行为过程。广义的选择包括自然选择、社会选择和思维选择；狭义的选择则指以人或有人参与的社会系统为选择主体的选择。本文主要研究狭义的选择，即研究对象为有人的活动参与的社会选择。作为一种行为过程或行为系统，选择以认识上的选择为起点，以实践上的选择为终结，是二者循环不已的前进过程，是一条由无数的认识选择和实践选择构成的"行为长链"，它要经历认知、判断、取舍和行动等一系列关系密切的"子行为过程"方可完成。

从系统科学的视角看，选择过程由选择主体、选择客体和选择环境三大基本要素构成。其中，选择主体是选择行为的发出者和实施者，意指谁来选择或谁在选择，它的存在或自我存在是选择发生的逻辑起点；选择客体是选择主体作用的对象或接受者，意指选择什么或选择谁，选择客体具有多与一、质与量相统一的特性；选择环境则指影响选择发生的背景或时空条件，具有历史性、地域性、文化性等特征，是一种作用于选择的总体化或整体性力量，是一种先于选择主体和选择客体的客观存在。选择主体、选择客体和选择环境是一个有机整体，彼此在相互作用、相互关联中规定对方的角色和地位，并共同构成选择过程的基本框架。不管选择的性质和类型如何，也不管选择发生什么样的变化，构成选择过程的这个基本结构的"骨架"不会改变。但是，选择主体、选择客体和选择环境本身都是不断发展变化的，在不同的时空条件下各自具有不同的形态和特征，而且彼此之间发生作用的方式也会随着时空条件的变化而变化。选择主体、选择客体和选择环境密不可分，彼此相互依存，离开了谁都不能形成选择关系，谁离开了谁就无法确定自己的地位和角色。选择主体、选择客体和选择环境之间的复杂关系，可以用下图来描绘。

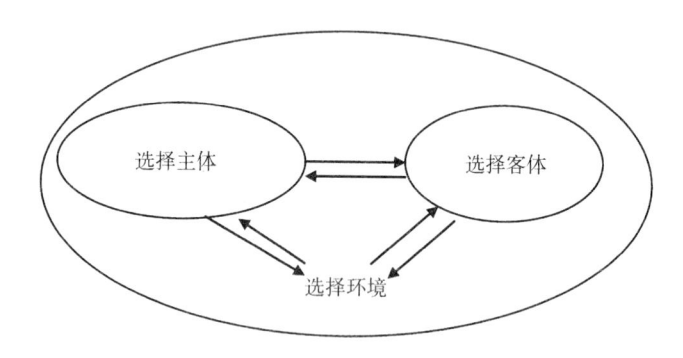

图4.1 选择过程之构成要素间的三角互动关系

在选择主体、选择客体和选择环境的彼此双向互动中，选择主客体之间的关系相对更为复杂，因为选择的主客体常常处于动态变化之中。从理论上讲，选择主客体之间的关系是不对称的，"客体对于主体的作用是作为主体选择的对象而起作用的，是通过主体的能动性而起作用的，而主体对客体的作用，则是主体作用的本质的体现"①。也就是说，主体根据客体的变化所进行的策略性选择，并非客体一极的作用，所展现的恰恰是主客体在互动过程中主体的能动性或创造性。在具体的选择过程中，主体是主动的、能动的，客体本质上只是作为被施行者而存在，即客体对于主体与主体对于客体的作用往往不对

---

① 周书俊：《选择论》，中央编译出版社2006年版，第185页。

第四章　高等教育选择的本质与特征

称，但这并意味着主客体之间的地位一定是不平等的。当然，主体也存在"被动性"，表现为对既定的环境无法选择；而客体也存在"能动性"，表现为迫使主体改变或调整原来的选择，使其既符合主体"主观"的发展，也符合客体"客观"的发展。特别是当客体和环境一起发生变化的时候，客体的"能动性"表现得更为突出。如果不能认识到这一点，社会选择当中的许多主客体关系就容易被误解，譬如教育领域中的师生关系、大学与政府之间的关系等。

选择总是在一定的选择环境中发生。作为选择主客体之外的对象性存在物，选择环境一方面为主体展开选择提供相应的空间，同时也对主体选择进行种种限制。广义的选择环境具有很强的包容性，譬如群体主体中的任一选择主体都可以看成是另一选择主体的选择环境，因而任何主体选择都要受到其他主体选择的影响和干扰。事实上，宇宙万物都具有主客二重性，因为"一个存在物如果在自身之外没有自己的自然界，就不是自然存在物，就不能参加自然界的生活。一个存在物如果在自身之外没有对象，就不是对象性的存在物。一个存在物如果本身不是第三存在物的对象，就没有任何存在物作为自己的对象，就是说，它没有对象性的关系，它的存在就不是对象性的存在。非对象性的存在物是非存在物〔Unwesen〕"[1]。比如，教师或学生都具有主客二重性，教师或学生常常既是选择的主体，又是选择的客体。在师生互动关系中，我们常常很难作出谁是主体和谁是客体的判断。

(三) 社会选择的基本特征

作为一种复杂的"行为系统"，选择因主体、客体和环境

---

[1] 马克思：《1844年经济学哲学手稿》，人民出版社2000年版，第106页。

高等教育选择论

不同而具有不同的性质和特点，我们可以据此对选择进行各种各样的分类和划分。若仅以选择发生的环境为分类标准，选择可划分为自然选择和社会选择。我们之所以特意对选择进行如此分类，不是为了划分研究"禁区"，也不是分封研究"领地"，占领研究"山头"，而旨在通过自然选择和社会选择的比较分析，揭示社会选择的本质特征，以期为高等教育选择研究作适当的铺垫，毕竟高等教育选择属于社会选择的范畴。

自然选择和社会选择发生在不同的领域，各自有着不同的性质和特点。自然选择是发生在自然界，选择主体可以是物理化学系统或生物系统，集中表现为一种定向选择（如水往低处流、竖立的木桩趋向于横卧等）或被动的环境适应性选择（植物的向光性、动物的保护色等）。社会选择发生在社会历史领域，是人类社会特有的行为，着眼的不是主体或客体的实体属性，而是主体与客体之间的特定关系。与自然选择相比，社会选择有自己的独特性和个性化标志。第一，社会选择的主体是人类或由具有主体性意识的人参与的社会系统，而自然选择的主体则是没有意识的无机的或有机的自然系统。第二，社会选择是一个自觉的、能动的过程，而自然选择是一个自发的、被动的过程。社会是人的社会，人类社会的一切活动及其取得的一切成就，都是在具有主体能动性的人的参与下实现的，如政治体制或经济体制改革，都是人的一种能动选择。可以说，人类社会的一切创造物，都或多或少凝聚着人类的智慧，都是人类实践活动的结晶，都渗透着人类主体的种种选择。第三，社会选择带有鲜明的目的性，是认识上的选择与实践上的选择的有机统一，而自然选择主要表征为定向性或适应性反应，虽然也具有"目的性"，但这种"目的"是无意识的，仅仅是系统运行或演化的"归宿"或"趋势"而已，通常作为系统的

"吸引子"而存在，集中表现为系统的趋稳定性和趋平衡性。第四，社会选择渗透着主体对客体的价值判断与取舍，而自然选择不存在价值判断与取舍问题。第五，社会选择是自由与必然的统一，主体的自我存在是社会选择的基础和逻辑起点，但主体的自由及其选择不是绝对的和毫无条件的，它要受到主客观条件以及社会客观规律的制约和支配；而自然选择的主体无所谓自由可言，完全受环境条件和自然规律的支配和制约。

总之，社会选择发生在社会历史领域，是人类或社会系统所特有的行为，具有明确的目的性和价值取向性。社会选择是主客体在既定的时空背景下相互作用的结果，它的实现往往既符合认识过程中的认识途径，也符合实践过程中的实践途径，是认识上的选择和实践上的选择的有机统一，是二者由此及彼、循环不已的前进过程。在主客体相互作用的过程中，选择不断地得以产生、实施，选择主体不断地获得充实，选择客体的价值不断获得体现。在总体趋势上，社会选择是不断递进的，当一种选择完成之后，就会产生一种新的更高层次的选择。

二、高等教育的界说

"高等教育选择"是一个复合性概念，当中的"高等教育"是一个限制性定语，它与选择连用规定了选择的性质和归属，框定了我们所研究的选择是"高等教育选择"，而不是"经济选择"、"政治选择"、"文化选择"、"科技选择"、"信息选择"，抑或其他性质和类型的选择，从而把"高等教育选择"从复杂的"选择丛林"中离析出来。因此，高等教育的界定和取值，不仅决定着高等教育选择主体、选择客体和选择

高等教育选择论

环境的边界，也规定着高等教育选择研究的话语平台和范围。比如，将高等教育视为一个高于初等教育或中等教育的独立的教育层次，还是将高等教育看成一个复杂的组织系统，对高等教育选择的界说及其研究具有截然不同的意义。因为如果将高等教育视为一个高于初等教育或中等教育的教育层次，那么研究的重点就是探讨高等教育选择相对于初等教育选择或中等教育选择的特殊性；假如将高等教育看成一个复杂的组织系统，那么高等教育选择研究涉及或覆盖的问题恐怕就要复杂得多，关注的焦点和研究的重心将更加立足于高等教育选择自身，进而系统揭示高等教育选择的内在规律，为高等教育选择实践提供理念或策略性指导。另外，高等教育的界定和取值不同，研究高等教育选择的逻辑和理路也迥然不同。因此，若不对高等教育的"取值范围"或者说"定义域"作出解释性说明乃至明确规定，那么在高等教育选择研究中发生混乱、误解和诘难将在所难免。

反观历史不难发现，高等教育犹如一个多变的"几何图形"，在不同的历史阶段具有不同的内涵、外延和特征，因而常被人们视为一个较难把握和不易界说的概念，许多学者经常为其"模棱两可"的边界和"变化不定"的意义所困扰。历史地看，无论是高等教育的形式与内容，还是高等教育的结构、功能和属性，无一不处在动态变化之中，它的"界限埋嵌在历史发展中"[①]。因此，无论是权威辞书还是教育理论家，面对动态发展的高等教育，都只能给出一个"时代性"的界定，即给予一种以当时的高等教育系统为考察对象或参照物而

[①] ［美］约翰·S. 布鲁贝克：《高等教育哲学》，浙江教育出版社2002年版，第3页。

第四章　高等教育选择的本质与特征

形成的描述。大学教育、高等教育、中学后教育等概念的相继提出，就是对此判断的最好解释。当下人们对于高等教育的各种界定，就是种种典型的"时代性"解释。比如，《中国大百科全书》认为，高等教育是"建立在中等教育基础上的专业教育"①；《教育大辞典》将高等教育定义为"中等教育以上程度的各级各类教育的总称"②；《不列颠百科全书》认为"高等教育是指大学、文学院、理工学院和师范学院等机构所提供的各种类型的教育而言，其基本入学条件为完成中等教育。一般入学年龄为18岁，学完课程后授予学位、文凭或证书，作为完成高等学业的证明"③；潘懋元教授认为，"高等教育是建立在普通教育基础上的专门教育，其对象是20岁左右的大学生。"④上述的各种界说，尽管表述各自不尽相同，但彼此蕴涵着共同的元素，即将"高等教育"视为建立在"中等教育"或"普通教育"基础上的专门教育或专业教育，渗透着"高"和"专"的品性。同时也不难看出，这些共同元素主要是以现代高等教育为考察对象或参照物而抽象出来的，是对现代高等教育本质特征的描述。

　　严格地说，当下我们研究高等教育选择问题，应该在现代高等教育的概念框架下展开，即将高等教育视为建立在中等教育或普通教育基础之上的专门教育。但问题似乎并非如此简单，因为如果我们严格按照这个定义来框定高等教育的话，那

---

① 《中国大百科全书》简明版·第3卷，中国大百科全书出版社1996年版，第1497页。

② 顾明远主编：《教育大辞典》（增订合编本）（上卷），上海教育出版社1998年版，第72页。

③ 《不列颠百科全书》第8卷，中国大百科全书出版社1999年版，第1497页。

④ 潘懋元主编：《高等教育学讲座》，人民教育出版社1993年版，第11页。

么本研究在追溯高等教育的发展历史时，时间的起点恐怕不能早于文艺复兴时期甚至更晚。因为只有到文艺复兴时期，欧洲才有相对独立的中等教育机构和相对独立的中等教育体系。然而，高等教育的历史源远流长，可以追溯到古代东方国家，因为古代东方是人类文明的发源地，也是包括高等教育在内的人类教育的发源地。据史学家们考察，"埃及的海立欧普立斯大寺、印度的塔克撒西拉大学和纳兰陀寺、中国的太学，都是名副其实的高等教育机构，谁也不能否认这些机构的高等教育性质。"[1] 从西方国家看，"古代希腊和罗马是欧洲最早举办高等教育的地方，尤其是古希腊，出现了较完善的高等教育设施，毕达哥拉斯、希波克拉底、智者学派、苏格拉底、伊索克拉底等的教育活动都具有高等教育性质。柏拉图的学园是西方乃至世界最早的，既体现社会功用性又体现人文性的高等教育机构，常常被公认为世界第一所大学；亚里士多德的吕克昂注重研究和实验，可看作是古代最早实施教学和研究相结合的高等学府；亚历山大学校注重研究的风气更是促成了许多学科的形成"[2]。当然，我们必须承认，古代的高等教育只具有高等教育的某些特征或属性，尚未从教育体系中独立出来而拥有自己的独立地位，但它们"或多或少对欧洲中世纪大学和现代大学制度的形成与发展具有某种潜在的或迁移式的影响"[3]，尤其是这些高等教育机构探求知识和自由传播知识的传统，后来成为影响欧洲中世纪大学乃至近代西方大学的价值核心和宝贵财富。对此，英国高等教育史学家珀金指出："正是雅典的哲学

---

[1] 贺国庆、王保星、朱文富等：《外国高等教育史》，人民教育出版社2003年版，第2页。

[2] 同上书，第33页。

[3] 单中惠：《外国大学教育问题史》，山东教育出版社2006年版，第49页。

第四章　高等教育选择的本质与特征

学校——柏拉图的阿卡德米学园、亚里士多德的学园及它们的模仿者，后来对中世纪的大学产生了巨大的影响，因为由于缺乏政治和宗教的控制而得到鼓励的自由的沉思，对后来的学者团体有着巨大的吸引力。"①

即使我们对高等教育的考察不用直接追溯至古埃及、古印度、古希腊和古罗马，但至少也应该从中世纪大学谈起，因为现代大学的雏形源自中世纪大学。然而，要清楚地理解和解读中世纪大学，又不能不论及对中世纪大学产生过重大影响的古希腊学园、罗马修辞学校以及拜占庭与阿拉伯的高等教育。也许我们可以无视或不理会这段高等教育历史，但谁又能真正割断它们与中世纪大学乃至今天高等教育之间的血缘关系呢？况且，中世纪欧洲虽是现代大学的发祥地，但中世纪大学绝不是一个独立的发端，也不是从一片文化沙漠中浮现出来的奇迹。中世纪大学的产生与兴起，不仅与古希腊、古罗马的高等教育机构直接关联，而且与拜占庭的高等教育也有莫大的关系。一如有的教育史家所言："拜占庭帝国对中古欧洲和西亚各国产生过强大影响，特别是其文化成为连续古典希腊罗马时代到意大利文艺复兴时代的近代欧洲文化的桥梁"②，而"君士坦丁堡大学可视为中世纪大学之始"③。除此之外，阿拉伯的高等教育也是世界高等教育史上比较重要的篇章之一，它对中世纪大学也产生过深远影响。对此，叙利亚学者托太哈客观地指出："阿拉伯的各大学，多至数百，盛极一时，曾为欧洲各大学的模范。因为阿拉伯的各大学创办人创办各大学后若干年，

---

① ［美］伯顿·克拉克：《高等教育新论——多学科的研究》，浙江教育出版社 2001 年版，第 27—28 页。
② 陈志强：《拜占庭学研究》，人民出版社 2001 年版，第 1 页。
③ 同上书，第 216 页。

高等教育选择论

欧洲才办大学；而欧洲中古时代各大学内的种种习惯，又大都与阿拉伯各大学的习惯相仿佛，谁能说这是偶然相符呢？"①可见，如果我们编一部西方高等教育的"家谱"的话，那么中世纪大学无疑就是古代东方高等教育的"旁系"后代和古代欧洲高等教育的"直系"后代。

从高等教育发展的轨迹看，既然现代高等教育起源于中世纪大学，而中世纪大学又与古希腊、古罗马、拜占庭和阿拉伯乃至古代东方国家的高等教育有着千丝万缕的联系，那么给高等教育一个比较宽泛的历史空间不仅是可取的，也是极其必要的。如同研究系统与环境之间的关系，有时需要尽可能细化甚至取消它们之间的界线，对高等教育的边界问题也同样需要采取一种比较宽容的态度。因为若不如此，就很有可能随时把高等教育的一些最重要的参与者、利益相关者以及机构排除在高等教育系统之外，从而影响高等教育选择研究的理论品格和实践价值。再者，如此确定高等教育的概念范围，既不宽泛无边，又不作茧自缚。基于这样的理解和考虑，我们主要将高等教育当成培养高层次专门人才的复杂系统来对待和处理，它的时空边界可以根据研究的需要适当伸缩。同时，我们认为作为一个高于初等教育或中等教育的教育层次，高等教育具有"高"、"博"和"专"的品性，单纯用"高"与"专"或"高"与"博"来概括，恐怕都不够全面和深刻。"不高"不足以称为高等教育，"不博"则犹如身陷"象牙塔"无法创新，但仅有"高"和"博"也不够，还必须做到"专"，否则基础打得再好也只是基础而已，"博"的存在也就失去了意义。将高等教育的本质特征概括为"高"、"博"和"专"具有特

---

① [叙] 托太哈：《回教教育史》，商务印书馆1941年版，第148页。

殊的理论意义，它至少可以有效地消除高等教育学术性与职业性、综合性与专业性、基础性与应用性等"两难问题"或"两难现象"之间无谓的纷争，避免人们在两者之间片面地作出"非此即彼"或"非对即错"的选择。

三、高等教育选择的本质解读

明确了选择的"哲学释义"、社会选择的"基本特征"以及高等教育的"取值范围"，那么就可以逻辑地将高等教育选择界定为：在既定的时空条件下，高等教育主体根据一定的需要和价值判断，保留或建立与高等教育客体间的某种或某些特定关系，同时摒弃或消除彼此之间可能建立的其他种关系的行为过程。

作为一种复杂的行为过程，高等教育选择着眼的不是高等教育选择主客体之间的"实体属性"，而是主客体之间的"关系属性"。不同的高等教育主客体具有不同的性质和特征，但这并不影响高等教育选择本质上作为一种关系范畴而呈现。也就是说，无论高等教育选择主客体的性质如何，也不管它们随着时空的改变而发生怎样的变化，高等教育选择都表现为一种主客体之间肯定或否定、保留或排除、挑选或摒弃、创建或消除、适应或制约的特殊关系。作为社会选择的一种特殊的具体的表现形式，高等教育选择带有鲜明的目的性和价值取向性，是一种以事实判断为基础的价值判断，它的实现通常要经由认知、判断、取舍和行动等环节。从这个意义上说，高等教育选择的实现过程是高等教育主体需要外化的过程。不同类型的选择所展现的过程一般不太一样，政策或制度框架下的高等教育选择，通常既包括计划、方案、决策的制订，也包括计划、方案、决策的实施和完成。当然，如果是思想或理念框架下的高等教育选择，那么整个选择的思维路径和运行轨迹恐怕就不是这样。与其他社会选择一样，高等教育选择过程包括选择主体、选择客体和选择环境三大基本要素，各要素在高等教育选择系统中具有不同的地位和角色。

(一) 高等教育选择主体

作为高等教育选择的实施者，高等教育选择主体存在"个体主体和群体主体"[①]之分，对应的选择为个体选择和集体选择（即由个体组成的不同类型群体选择的统称）。不过，无论是以个体形式还是以群体形式存在和呈现的高等教育选择，在根本上都是以人的个体为基础的选择，因为"群体、团体、国家，都不能思考，只能在比喻的意义上选择"[②]，个体才具有最根本意义上的思维能力和选择能力。公共选择理论也认为，无论是在私人活动还是在集体活动中，抑或在经济市场还是政治市场中，个人都是最终的决策者、选择者和行动者，集体活动本质上是个人通过集体实现目的的个人活动。

布坎南曾指出："个人是社会秩序的基本组成单位，政府只是个人相互作用的制度复合体，个人通过复合体作出集体决策，去实现他们相互期望的集体目标。只有个人才作出选择和行动，集体本身既不选择也不行动。社会选择仅仅是个人作出的选择和采取的行动的结果。"[③] 照此逻辑，研究和考

[①] 选择学认为："选择的主体主要表现为主体的个体和由个体组成的不同类型的群体，如家庭、家族、村落、种族、集体、民族、阶级、政党、国家以及各种政治、经济、文化等团体。"（参见周书俊《选择论》，中央编译出版社2006年版，第141页。)

[②] ［英］安东尼·德·雅赛：《重申自由主义：选择·契约·协议》，中国社会科学出版社1997年版，第76页。

[③] 方福前：《当代西方公共选择理论及其三个学派》，《教学与研究》1997年第10期。

第四章 高等教育选择的本质与特征

察集体选择时,理论上似乎应先研究和考察每一个个体的选择。当然,具体的实践领域不可能也无须如此。尽管每一个个体的选择对集体选择有着这样或那样的影响,但集体选择往往表现为一种以占主导地位的个体或少数人组成的领导集体为主的选择,即占主导地位的个体或少数人的选择往往决定了或规定了集体选择的特性。也就是说,在探讨集体选择时,我们要研究个体对集体的影响作用,但更要研究决定选择的主导力量。因此,我们不以个体选择为研究对象,主要探讨以群体为主体的高等教育选择,即学校、政府、社会以及教师群体、学生群体和管理者群体等为主体的高等教育选择。

(二) 高等教育选择客体

作为高等教育选择的对象,高等教育选择的客体是一个比较宽泛的概念,可以是诸如实验仪器、图书资料、学科、专业、课程等具体的客观事物(物化的存在),也可以是诸如高等教育思想、大学理念等抽象的思想观念(非物化的存在)。由于不同的选择客体具有不同的特征和性质,因而与高等教育选择主体发生相互作用时所表现出来的"外部特征"存在一定的差异。比如说,假如客体是高等教育思想、大学理念等抽象的思想观念,那么高等教育进行选择时容易看到对象的关系属性;但如果客体是实验仪器、图书资料等具体的客观事物,或像学科、专业、课程等具有组织形态的系统,那么高等教育主体进行选择时往往看到的是客体的实体属性或外部特征,而容易忽视其背后隐藏的关系属性,致使高等教育选择也表现出相对明显的实体选择特性。事实上,无论选择客体具有什么样的特征和性质,也不管高等教育主体关注的是"实体"还是"关系",但它在本质上都集中表征为一种主客体之间的特殊关系，这正是选择的"质的规定性"。

值得注意的是，作为一个概念范畴，高等教育选择所揭示的虽是高等教育"主客体"之间的特殊关系。但作为一个由选择主体、选择客体和选择环境构成的行为系统，高等教育主体进行选择时的着眼点主要是"客体与客体"之间的复杂关系。比如，大学物理实验里量杯的购买，就不是随意的"拼盘"，我们除了关注量杯的功能，还必须充分考虑不同类型和规格的量杯之间的结构关系，通常都要保证每种类型和规格的量杯都具有，否则就是不合理的、不科学的选择。此外，高等教育选择客体是多与一的辩证统一，即与选择主体相对的抽象的选择客体是所有对象的统一，但具体的选择客体则是多元的，否则就不能构成真正意义上的选择客体。如果选择对象是唯一的，那么主体就没有选择的自由，只能被动地接受这唯一的对象，这样的选择不是真正意义上的选择，本质上是主体被选择，或者说是客体对主体的选择。因此，高等教育选择客体必须具有一定的数量，要有一定的选择空间，或者说选择域要达到一定的标准。在大学普遍推行学分制的今天，如果大学所提供的课程的选择域太小或选择项不够，学生选课的自由度太小或甚至没有选课的自由，就不能称其为学分制，当然也无法实现真正意义上的学分制。

高等教育选择主体或客体角色地位的确立，不是由主体或客体哪一方面单独决定的，而是由主客体彼此双方的选择共同决定的。高等教育选择发生之前，既不存在所谓的高等教育选择主体，也不存在所谓的高等教育客体，高等教育选择的主体和客体都处于一种混沌未分状态。只有当高等教育主客体的一方选择了对方，同时也为对方所选择时，彼此的地位和性质才能实现和确定下来，因为"无对象的主体和无主体的客体同样是不存在的"①。比如，师生关系是在相互作用中共存的，只有教师和学生共同选择了对方，师生关系才算真正建立，教师和学生谁是主体、谁是客体的地位和角色才能确定。

世界万物都具有主客二重性，即既具有主体性的一面，又具有客体性的一面。高等教育选择主体和选择客体的角色和地位，不是绝对的和注定的，假如一方只能作选择主体，而另一方只能作选择客体，那么高等教育主客体之间的关系就处于一种异化状态，真正的主体和客体都不会确立。在我们的研究中，虽然将选择主体规定为具有自觉能动性的人或有人参与的高等教育系统，但这并不意味着人就不能作为选择客体而存在，人同样具有主客二重性。不然的话，我们就无法真正理解教学过程的双边性、师生主客体角色的相对性等问题，就会很容易把高等教育选择看成是一种简单的单向选择，把高等教育过程异化为一种教育者对受教育者的单向度的程序性塑造行为，即"教育目的事先被预设，教育过程中各种可能性为一种可严格预期的运作模式所替代，教育行为被严格控制，教育结果相应地成为教育计划的附属品"②。另外，值得注意的是，即使高等教育选择客体表现为物性的客观事物，它的"能动性"也是存在的，只不过这种"能动性"主要表现为客体对主体选择的限制，迫使高等教育主体不断调整选择的目的、方式和手段，进而达到合乎目的与合乎规律的统一。

（三）高等教育选择环境

高等教育选择总是在一定的环境中发生。环境之于选择具

---

① 周书俊：《选择论》，中央编译出版社 2006 年版，第 189 页。
② 唐德海、李枭鹰：《复杂性视野中的教育选择》，《高等教育研究》2006 年第 10 期。

高等教育选择论

有双重作用，它既为主体选择提供相应的空间，同时也对主体选择进行种种限制。在不同的环境下，主体的选择往往不尽一致。在高等教育领域，我们经常发现：同样是在市场经济国家，美国、德国等实行的是高等教育分权制，法国、意大利等实行的是高等教育集权制，而英国、日本等实行的是高等教育自治制。之所以存在这样或那样的差异，各国的国情不同，高等教育选择环境不同。事实上，任何国家的高等教育选择都应该充分考虑本国的政治、经济和文化背景，立足于本国高等教育的特殊性，否则"南辕北辙"的问题就难以避免。邬大光教授曾类似地指出："任何国家的高等教育理论创新，都是在自己特定的制度环境和文化、教育传统的基础上完成的，即使是在相同的政治和经济制度的环境内，由于高等教育的传统不同，地域不同，实现高等教育的方式也有极大的区别，否则我们就无法理解同样是在西方市场经济国家，为什么在英国就缺乏私立高等教育的传统，而在美国私立高等教育则十分发达。"[①] 换个角度看也是如此。高等教育理论是为高等教育实践而存在的，倘若某一高等教育理论根本不考虑它诞生、生存和发展的环境条件，根本不关注和直面高等教育实践中的真问题，那么无论我们对它多么钟爱，也无论它以何种看似科学和严谨的逻辑、术语、方法和概念体系作为支撑，都属于诠释性的和概念性的高等教育理论，都将是一种贫血的高等教育理论，对鲜活的高等教育实践都将是苍白无力的，且难以引领高等教育实践走出困境和突出重围。亦即说，如果高等教育理论的创新与选择不立足于高等教育实践，尤其是本国的高等教育

---

① 邬大光：《高等教育理论创新与本土化》，《中国高等教育》2006年第9期。

第四章　高等教育选择的本质与特征

实践，企图超越现实的环境条件，那么生成的理论也往往是乌托邦的和非科学的。

中国的高等教育改革实践具有典型的"中国特征"，因而高等教育理论创新理应也必须立足于中国的高等教育实践，直面中国高等教育实践中的特殊问题。否则，高等教育理论将因游离于高等教育实践之外，其价值和作用而大打折扣。从学理上讲，每一个国家的高等教育改革实践都有其独有的制度性根基和教育传统，中国也不例外。中国绝不可直接照搬或简单移植世界其他国家的高等教育理论，而应从中国高等教育的特殊问题出发，创新高等教育理论。以私立高等教育制度选择为例，在相当长的历史时期内，我国始终把私立高等教育排斥在教育体系之外，不承认私立高等教育的合法性，国家政策体系也很难为私立高等教育提供一个与公立高等教育共同发展的制度空间①。早期的私立高等教育基本上是以捐资办学的形式出现的，然而市场经济的发展为私立高等教育市场化和产业化运作提供了条件，今天无论是在国外还是在中国，私立高等教育已普遍以投资办学的形式出现，私立大学在性质上业已发生变化，尤其在西方国家以投资为主的私立大学正逐步演变成营利

---

① 举办民办高等教育是一种复杂的社会实践活动，既要规范民办高校的办学行为，也要规范政府的行政行为，还要协调好政府、学校和市场之间的各种关系。这就需要用立法来推动民办高等教育改革与发展、用立法来巩固民办高等教育改革业已取得的成果，用立法来指导民办高等教育改革的发展方向，用立法来确立民办高等教育法律关系主体的权利和义务关系。为了促进民办教育的发展，维护民办学校及受教育者的合法权益，近二十多年来，中共中央、国务院、有关部委制定了一系列相关的政策与法规。就民办高等教育而言，1981 年至今出台的与民办高等教育有关的政策法规达 40 多个，这些政策法规反映了我国民办高等教育的规范，逐步实现了由以政策为主体到以法规为主体的转变，展现了一幅从零散政策法规到专门立法的发展图景。(参见李枭鹰《中国民办高等教育政策法规发展历程及意义》，《教育发展研究》2007 年第 12B 期。)

性大学，而那些非营利性大学在性质上与公立大学越来越接近，同样可以获得政府的财政资助。我国虽没有对私立大学进行营利性大学与非营利性大学的区分，但投资办学已成为私立高等教育的主要办学形式，这种从捐资办学到投资办学的转变再次使私立大学的合法性遭到质疑。[①] 从私立高等教育的地位看，外国尤其是美国的私立大学，拥有国家最优质的教育资源，是整个高等教育的龙头，统领着整个精英教育，占领着科学研究和学术发展的制高点。而我国恰恰相反，公立大学垄断着国家的优质教育资源，是整个高等教育的主体，统领着整个精英教育，私立大学在过去相当长的时期内仅仅是整个国家高等教育体系的"补充"部分。2002年，《中华人民共和国民办教育促进法》颁布之后，这种"补充性地位"在法律上虽已改变，但我国民办高等教育的发展处境依然并不乐观。私立高等教育制度性根基与传统的不同，决定着主体不同的价值选择，同时也决定了无论在理论上还是在实践上，我们都难以简单模仿西方国家的私立高等教育模式，只能从本国的高等教育实际出发，创建或革新私立高等教育理论和制度。又如世界一流大学的创建问题，西方国家的世界一流大学主要通过竞争自主产生，而我国的"211工程"或"985工程"项目建设基本上是国家和政府主导下的教育行为。因此，当我们向高等教育发达国家寻求创建世界一流大学的理论依据时，发现这些在西方国家业已证明正确的理论，在中国创建世界一流大学的实践中似乎难以找到适用和生存的空间。其中的根本原因在于，中国高等教育的制度根基和文化传统与西方国家不同，西方的高

---

① 邬大光：《我国民办教育的特殊性与基本特征》，《教育研究》2007年第1期。

等教育理论一到中国其合法性基础便发生了根本性变化，理论的普适性和实践的有效性自然也就发生相应的变化。

每一个国家的高等教育都有自身的特殊性，而这恰恰是一个国家高等教育理论创新与选择的逻辑起点。从本质上看，高等教育理论创新是高等教育理论与高等教育实践双向适应与选择的结果，选择的动力既有来自外部的社会力量，也有来自高等教育自身变革需要的刺激。与过去相比，今天的高等教育已不再是社会发展的被动适应者，业已成为社会发展的引领者，能否立足于本国实际，解决本国高等教育实践中的特殊问题，适应并超越社会发展的现实需要，为高等教育实践乃至社会发展需要提供一个富有前瞻性的理论体系和制度性框架，不仅是高等教育理论创新与选择的立足点，也是高等教育理论创新与选择的基本目标。

第二节　高等教育选择的基本特征

特征是人或事物特点的征象、标志。对于同一事物，考察的视角不同，所关注和突显的特性会有所不同。比如，对于高等教育，"心理学家可能把它看作是人们经历个性发展的场所；社会学家可能把它看作是维持地位或否定地位的主要机构；政治学家可能把它看作是积蓄政治力量的场所；经济学家则可能把它看作是人力资本的开发机构"[①]。又如，对于作为一种共同学术模式的大学，有人把它看作是一所学者行会，有人把它

---

① ［美］伯顿·R.克拉克：《高等教育系统：学术组织的跨国研究》，杭州大学出版社 1994 年版，第 12 页。

看作是一个探究场所，有人把它看作是一个知识动力站，有人把它看作是一个智慧中心，有人把它看作是一个社会机构，有人把它看作是一座象牙塔，有人把它看作是一个瞭望塔，有人把它看作是一座智力城，有人把它看作是一个历史存在。可见，事物的基本特征乃至本质特征，往往因考察主体或事物所对概念的所属专业领域不同而大相径庭。对于高等教育选择基本特征的描绘，自然也存在类似的情况。从选择学和教育学相融合的视角看，高等教育选择主要表现为一种关系选择和集体选择，而高等教育选择的实现过程则表现为一个合乎规律与合乎目的相统一的过程。

一、高等教育选择本质上是一种关系选择

作为一个远离平衡的开放系统，高等教育系统不仅与外部环境系统有着密切的关联，系统内部诸要素也不是孤立的单子，相反，它们在相互作用和相互关联中共生共存。也就是说，高等教育系统不仅是一种实体组织，更是一种关系的集合体。在高等教育领域，无论是选择主体还是选择客体都不是彼此孤立的，而是在特定的选择环境之中相互关联，彼此在复杂的关系互动中并存共生。因此，作为一种复杂的行为过程，高等教育选择所着眼的往往不是高等教育选择主体或客体的实体属性，而是高等教育选择主体或客体的关系属性。

大学的学科设置或选择就是最为明显的例子。从当今的大学来看，每一所学校的学科设置都几乎有自己相对独特的章法，都是按照一定的逻辑关系构建起来的，绝非一种简单的"大杂烩"或随意"拼盘"，不同学科按照一定的结构关系有机地组合在一起。结构决定功能，学科结构关系不同往往影响甚至决定学科系统的功能。同时，"某一学科发生变化会直接

第四章　高等教育选择的本质与特征

或间接影响到其他学科，进而引起整个大学系统发生某种程度的反应或变化"①。因此，假如一所大学在设置学科时，根本不考虑或不注意不同学科之间的结构关系，只是随心所欲的或只是按照"美学"的原则选择学科，势必会因结构不合理而影响大学学科系统的整体功能。从现实的情况看，不同大学往往具有不同的特性与功能，原因之一就在于不同大学具有不同的学科组分结构和时空结构。从这个意义上说，每一所大学都可以也应该通过改变学科设置，调整不同学科之间的比例关系，优化学科结构，以达到提升大学系统功能的目的，取得"整体功能大于各部分功能之和"的功效。质言之，大学不同学科之间存在的生态关系，反映了大学学科设置或学科选择不应只关注学科的实体属性，还应该充分考虑不同学科之间的关系属性。事实上，除大学的学科设置之外，在大学其他层面的选择，如大学的定位、专业设置、课程设置、教学质量评价指标体系的构建等方面，又何尝不应如此。

我们认为，无论是宏观领域还是微观领域的高等教育选择，无论选择主客体的性质如何，也不管选择的主客体会随着时空条件的改变而发生怎样的变化，高等教育选择着眼的主要是主体或客体之间的关系属性，而非彼此之间的实体属性。从这个意义上可以说，高等教育选择主要表征为一种"关系选择"，而非一种"实体选择"。然而，在现实的高等教育实践中，人们往往不能认识到或忽视了选择的关系属性，在大学的学科设置、专业设置、课程设置、图书资料室以及实验室的建设等方面，不同程度地存在各种随意组合或"拼盘"现象，不

---

① 李枭鹰：《多样化与异质化——生态视域中的学科规划思维》，《学位与研究生教育》2006年第7期。

同的客体之间缺乏一种有机的联系，整体结构与功能都不够优化。以学科专业图书资料的建设为例，许多高校都存在图书资料不能围绕学科专业的人才培养来构建的问题，基础学科、核心学科、专业学科以及相关学科的图书资料不成体系，彼此孤立或"单子"式地存在，相互之间缺乏有机联系，同类图书资料重复与不同类图书资料残缺不全双重并存。

二、高等教育选择主要表征为一种非经济的集体选择

在经济和服务市场上，消费者通常可以通过简单的货币支出直接获得自己相对满意的物品或服务，突出地表现为一种经济的个人选择。高等教育领域的选择则与此截然不同，各主体的需要在绝大多数情况下不能以简单的货币投入直接获得满足。根本原因在于，作为一种"准公共物品"[1]，高等教育是一种稀缺性资源，不同的选择主体有着各自不同的需求或价值取向，选择时彼此必须遵循某种"规则"或"契约"（也许有

---

[1] 物品有私人物品、公共物品和准公共物品之分。(1) 私人物品具有竞争性、排他性和可分性，即它只能为其拥有者所独有，也能够禁止潜在的消费者得到它，还能够区分为不同的生产和消费单位来出售和消费。这类物品的集体需求就是每一个人需求的水平加总。私人物品产生的行为动力来自于单个的"经济人"对自利的追求。(2) 公共物品具有非竞争性、非排他性、共用性（共同受益性或公益性）和生产与消费的不可分性，即一个人不能减少另一个人对这一物品的同时消费，也不能阻止潜在的使用者，还不能对其分割出售。公共物品的集体需求不同于个人需求的水平加总，而是个人需求的垂直加总。公共物品作为公共利益的载体是社会向所有成员提供的，在不同程度上体现着公共价值，而不管该成员是否有能力支付此种公共物品。(3) 准公共物品或称混合物品，是指处于公共物品和私人物品中间的物品或服务，兼有私人物品和公共物品的性质。这类物品可以由个别消费者占有，因此具有竞争性；但又具有外部性，即这类物品的消费会产生外部效应，而其他消费者无法拒绝或排除这种效应，因此具有公共性。(参见席恒《公与私：公共事业运行机制研究》，商务印书馆2003年版，第12—16页。)

第四章 高等教育选择的本质与特征

人会问:在社会分化为不同的利益主体——个人或群体的情况下,利益相互冲突的不同主体能否遵守某种"规则"和"契约"?答案自然是肯定的),这就意味着各主体不能随心所欲地选择,必须考虑其他主体的利益和需要,受到其他主体利益和需要的制约和牵制,因此任何高等教育选择主体或利益相关者的需求只能有一部分获得满足。事实上,在高等教育领域,无论是单个的个体行为,还是单个的群体行为,抑或是单个的集体组织的行为,在本质上都带有一定的私人性,他们行动的目的首先是追求私人利益,满足私人需要,实现自身的最大利益,但个体、群体和集体组织都存在于复杂的关系网络之中,因而在追求私利时难免要和他人或其他组织发生联系与利益冲突,最终只能满足部分需要和实现自身的部分利益。也就是说,高等教育选择不可能像经济市场和服务市场的选择那样,以一种经济的个人选择而展开,倒有点类似于政治市场的选择,必须以一种非经济的集体选择形式进行,并承担集体行动的后果。相比而言,个体选择却"只能选择那些他能够'承受'其成本的选择方案"[1]。

当然,集体选择与个人选择虽然存在较大的区别,但彼此之间并非毫无瓜葛,相反,它们是密切关联的。集体是由个体构成的,集体作为主体只不过是个体扩大了的主体,集体选择在本质上也只不过是扩大了的个人选择,即"集体选择也一定是个人选择的结果,尽管是间接的个人选择"[2],因为"任何社会行为和社会现象,都是由单个的个人行为和单个的群体行

---

[1] [英]安东尼·德·雅赛:《重申自由主义:选择·契约·协议》,中国社会科学出版社1997年版,第77页。
[2] 同上。

为构成的"①。不过,"社会并不是个人相加的简单总和,而是由个人的结合而形成的体系,而这个体系则是一种具有自身属性的独特的实在。"② 同样,集体并非个体的简单相加,集体选择也绝非个人选择的简单加和,而是一种独立于个体之上的选择,是多个不同主体的公共选择。同时,由于个人理性与集体理性之间总会存在这样或那样的矛盾与冲突③,集体选择通常难以满足所有个体的需要,也常常不能满足个体的全部需要,因此与个体选择自然也有着这样或那样的矛盾与冲突。关于这个问题,布坎南的观点是值得借鉴的,他认为"在自由市场的经济状况下,个人或代表个人的厂商甚至集团,即使在他们拥有产权的前提下,其活动也是有限的,也只能局限于'自己的圈子'内,因为个人的活动不可能把社会上所有其他人的活动都纳入'自己的圈子'内,这是无法穷尽的"④。事实上,"自从人类结社、组成群体与社会生活以来,公与私(Public & Private)的矛盾一直伴随着人类生活。"⑤ 不过,我们必须牢记,如果一种制度不能满足个人理性的话,它就有可能实行不下去,因而"解决个人理性与集体理性之间冲突的办法不是否认个人理性,而是设计一种机制,在满足个人理性的前提下达到集体理性"⑥。当然,我们也必须承认,没有一种理想的机

---

① 席恒:《公与私:公共事业运行机制研究》,商务印书馆2003年版,第1页。
② [法] E. 迪尔凯姆:《社会学方法的准则》,商务印书馆1995年版,第119页。
③ 法国学者 E. 迪尔凯姆认为:"集体意识的状态与个人意识的状态有质的不同,有其独自的表象。集体的心态并不等于个人的心态,它有其固有的规律。"(参见 [法] E. 迪尔凯姆《社会学方法的准则》,商务印书馆1995年版,第20页。
④ 翟岩:《从经济人范式到公共选择理论》,《学习与探索》2004年第6期。
⑤ 席恒:《公与私:公共事业运行机制研究》,商务印书馆2003年版,第1页。
⑥ 翟晓梅:《论选择理论》,《自然辩证法研究》1997年第7期。

第四章 高等教育选择的本质与特征

制能够将所有的个人偏好综合为社会选择，即使是一个非常理性的政治民主社会，其价值选择也不可能同时关照和满足所有社会成员的不同利益和需要。

事实已反复证明，集体选择的目标不可能是个体目标的简单相加，不可能包容所有个体的全部目标。因此，集体代替个体进行选择的前提，要么是个体目标服从集体目标，要么是个体将选择的部分自由让渡给集体，正所谓"为创设单个利益主体无力或不愿、但又关乎自身利益能否实现的共有条件，各利益主体会调节自身的需求结构，以'让渡'部分私人利益为代价，换取各利益主体间的有限度地协调一致，共同创设公用条件，从而保证自身利益的有效实现"①。不同利益主体通过部分利益的"让渡"以及需求结构的调整，异质性的利益逐渐转变成同质性的利益，最终成为所谓的集体利益。因此，集体的利益从来都不是全体的利益，就算在集体内部利益也不是平均分配，因为"受益者和贡献者显然不必是同一个人，任何人都不必为他所得到的东西付出确切的代价，甚至不必付出大约的代价"②。这种情形集中表征为：集体内部经常会产生一个特殊的团体，它将集体异化为小团体性质的小集体，进而把集体当成追求小团体或少数个人利益的工具，最终使集体选择虚无化以及公共利益私有化。因此，集体选择必须坚持一定的原则和秩序，必须在正义而公平的制度下进行，否则难免陷入强制或专制。高等教育制度选择或政策选择是比较典型的集体选择，因而既是一种体现正义和公平的选择，同时也是一种极容

---

① 席恒：《公与私：公共事业运行机制研究》，商务印书馆2003年版，第6页。
② ［英］安东尼·德·雅赛：《重申自由主义：选择·契约·协议》，中国社会科学出版社1997年版，第78页。

· 233 ·

易陷入强制或专制的选择。

三、高等教育选择的实现过程是合乎目的与合乎规律的辩证统一

一般选择学认为，任何一种选择无论运用什么方法和手段，也不管采取什么途径，总是力求并达到一定目的。主体目的经常影响和作用于主体的选择行为，无论这种目的能否实现，它依然规定着选择的目的。正所谓"无论历史的结局如何，人们总是通过每一个人追求他自己的、自觉预期的目的来创造他们的历史，而这许多按不同方向活动的愿望及其对外部世界的各种各样作用的合力，就是历史"[①]。主体选择总希望达到一定的目的，否则主体的选择就毫无意义，也无任何价值可言。可以说，追求价值和满足需要是所有社会选择的根本动因，也是社会选择的特性和目标。

选择的目的性是由主体的需求引起的，也是由主体的需要决定的；需要本身预示着主体通过一定的手段和途径获得满足，因而它本身也就蕴涵着一定的目的性。正如萨特所言："从有了动机和动力时起，也就说有了对事物和世界结构的评价时起，就已经有了目的的地位，因此就已经有了选择。"[②] 与所有其他社会选择一样，高等教育选择起因于选择主体的需要，带有明确的目的性。主体需要的广泛性和复杂性决定了高等教育选择的多样性、层次性和递进性，即当高等教育主体通过选择获得了一定的需求并得到满足后，便会产生新的需求，而新的需求得到满足后，又会有更新的需求在等待着主体去选

[①] 《马克思恩格斯选集》第4卷，人民出版社1995年版，第248页。
[②] [法]让－保罗·萨特：《存在与虚无》，安徽文艺出版社1998年版，第589页。

第四章 高等教育选择的本质与特征

择。但主体需要的这种不断更新并不是在原来基础上的简单重复，而是一个螺旋式上升的过程，是一个选择需要的优势递进过程。以高等教育理论选择为例，假如理论 A 所包含的彼此独立的基本概念、基本关系、基本假设比 B 理论少，而且从理论 A 可以推出理论 B，那么理论 A 就优越于理论 B，进而成为主体选择所需要的优势理论。这正是科学界所认同的："如果一个假说经受住了经验检验，同可替代的诸假说比较，它之所以被接受了，只是因为它能以少胜多，即同其他假说相比，它所做的假定更少而能解释的现象更多。"[①] 选择需要的优势递进"普遍地存在于一切选择过程，是选择活动所必须遵循的一条基本规律"[②]，自然也是高等教育选择所必须遵循的法则。高等教育选择主体的目的，通常带有一定的隐蔽性，往往只能在选择的结果中才能得到体现，但它在选择伊始就规定着或引导着选择的行为过程。

高等教育主体目的的实现是一个复杂的行为过程，因而合目的性的实现需要借助一定的平台和基础。逻辑地看，高等教育选择的合目的性只能在符合顺序性、因果性、规律性的基础上进行，只能在对高等教育时空条件进行反思的背景下展开。第一，时间的一维性或过去、现在和将来的连续性，构成高等教育选择的顺序性。高等教育选择是面向未来并以未来作为选择目的的，总是沿着回忆过去、立足现在和展望未来的顺序展开，总是以过去和现在为依据加以选择；高等教育主体永远不能改变历史事实，只能在未来的选择中借鉴和利用高等教育历

[①] ［美］欧文·拉兹洛：《人类的内在限度：对当今价值、文化和政治的异端的反思》，社会科学文献出版社2004年版，第9页。
[②] 张卓民、宋曙：《一般选择学》，辽宁人民出版社1990年版，第169页。

史的经验和教训。第二,世界是普遍联系的,不同事物之间存在这样或那样的因果联系,高等教育内部诸要素之间以及高等教育与外部环境系统之间存在不同性质的因果联系,这种联系的客观存在构成高等教育合目的性的基础。不过,合顺序性、合因果性在根本上可以统一于合规律性,因而高等教育选择的合目的性最终必须或只能在符合规律性的基础上方可获得,即高等教育主体"既按外在客观事物的尺度,又按内在需要的尺度进行选择"①。

高等教育选择的合目的性与合规律性在理论上是内在统一的,"主体选择的规律性间接地隐含了主体选择的合目的性"②。也就是说,真正的高等教育选择的实现过程既是一个高等教育规律的实现过程,也是一个高等教育主体目的的实现过程。当然,在现实的高等教育选择实践中,合目的性与合规律性未必总能达成一致,相反彼此之间经常存在这样或那样的矛盾和冲突,多数情况下表现为高等教育选择主体的目的对高等教育规律的偏离。高等教育的运行发展有着相对稳定的逻辑轨道,遵循高等教育的内外部关系规律。教育的外部关系规律所揭示的是教育的社会属性,教育的内部关系规律所揭示的是教育之所以是教育的本质属性。教育的社会属性和教育的本质属性是两个有着密切联系的不同范畴,而教育外部规律与教育的内部规律则是教育诸规律中最基本的、辩证统一的两条规律,"教育外部规律制约着教育的内部规律的作用,教育的外部规律只能通过内部规律来实现"③。高等教育选择既要遵循

---

① 李连科:《价值哲学引论》,商务印书馆1999年版,第143页。
② 周书俊:《选择论》,中央编译出版社2006年版,第168页。
③ 潘懋元主编:《新编高等教育学》,北京师范大学出版社1996年版,第14页。

第四章 高等教育选择的本质与特征

教育的内部关系规律，也要遵循教育的外部关系规律，将二者割裂开来或从中作"非此即彼"的抉择，都是违背高等教育发展逻辑的行为，因为高等教育或大学的合理性在于"完善学术和解决社会问题"[①]。但令人遗憾的是，当下的许多高等教育选择并没有遵循此"健康法则"，过分关注教育的外部关系规律，相对忽视教育的内部关系规律，有时甚至以违背教育的内部关系规律或者说不惜牺牲教育的内在逻辑为代价，普遍存在"摸着石头过河"的非理性选择，存在大量的非理性经济行为。比较含蓄的表现是，强调高等教育的外在功能多于强调高等教育的内在功能，强调服务经济社会多于强调创造和传递新知识。比较直接的表现是，一些大学为了从外部世界获取尽可能多的经费支持，以牺牲自身的内在逻辑为代价，竟然毫无理性地迎合经济社会的发展需要，有的甚至甘愿充当某些经济组织的附庸和奴婢，以致学术自由和大学自治受到严重冲击和震荡，高等教育的根基开始动摇。

高等教育选择之所以要遵循高等教育内外部关系规律，是由高等教育或者说教育的本质决定的。教育本质是教育史上讨论最多的问题，也是教育界论争最为激烈的本位性问题之一。在过去相当长的时期内，人们要么从教育的社会功能出发讨论教育的本质问题，要么立足于教育的个体功能来探讨教育的本质问题。今天，人们已逐渐突破这种局限和束缚，开始从教育、社会、人的三角互动关系来探讨教育的本质问题，已经认识到"教育的产生是由社会发展和人的发展的需要决定的，同

---

① [美] 约翰·S. 布鲁贝克：《高等教育哲学》，浙江教育出版社2002年版，第104页。

时又是为社会要求与个体心理水平间的矛盾所规定的"[1] 实质。教育这种促使个体社会化的本质规定性,决定了高等教育选择必须遵循教育发展的内外部关系规律,即既要促进人的全面发展,也要主动适应社会的发展需要。同时,这种规定性也决定了高等教育目的的超然性:教育既不能单纯像科学那样从"真与假"的角度把握世界,也不能单纯像艺术那样从"美与丑"的角度去感受世界,更不能完全像道德那样从"善与恶"的区分中领悟世界,而必须同时从"真、善、美"与"假、恶、丑"的甄别中去理解世界。高等教育选择是为高等教育的持续发展服务的,是为人的全面和谐发展服务的,高等教育选择自然也不能只追求单纯的真、善、美,必须追求真、善、美的和谐统一,保持一定的超然性。质言之,高等教育选择的最高目标,集中表现为实现人的价值和促进社会发展,而不是追求功利、获取效益、实现个人意志。

第三节 高等教育"两难现象"与"两难选择"

高等教育是人为的存在,在能为和允许为的时空条件下,人为在某种程度上决定着高等教育的运行状态和存在状态。从本质上看,高等教育的人为主要表征为高等教育主体不间断地进行选择,而高等教育的实际运行状态正是高等教育持续选择的结果。今天,人们已普遍认识到:在历史的限度内,有什么样的高等教育选择,就会有什么样的高等教育。现在的问题是,人们虽然能够普遍认识到选择对于发展高等教育的意义和

---

[1] 瞿葆奎:《教育与社会发展》,人民教育出版社1989年版,第60页。

第四章　高等教育选择的本质与特征

价值，但遇到复杂的高等教育选择尤其是高等教育"两难现象"和"两难问题"时，却常常习惯于按照价值两分的理路作简单的"非此即彼"的处理，而最终往往只得到违背高等教育内在逻辑或外在逻辑的结果。如果不如此，那我们究竟又应该如何应对，恰切的分析与选择理路何在，这些无疑都是高等教育研究者和行动者不可回避的话题。

一、高等教育"两难现象"

社会领域存在大量的"两难现象"，而"两难现象"通常又以"两难问题"的形式而呈现。之所以称其为"两难"，难就难在存在两种可能的选择，但无论你选择哪一种，都有利有弊、有得有失，让人们处于进退维谷的尴尬困境，难以在其面前作出"非此即彼"的抉择。正因为这样，"两难问题"被视为所有社会问题中最难解决的问题，而能否有效地解决此类问题则常常被看成是判定一个人解决问题能力高低的重要标志。

与经济、政治、文化等其他社会领域一样，高等教育领域也存在大量的"两难现象"和"两难问题"。如果我们将探求的目光从宏观领域到微观领域扫描一遍，就不难发现高等教育领域存在诸多"似矛盾"或"似冲突"问题，而这些彼此矛盾或冲突的问题最终几乎都可以归为两大范畴之间的矛盾与冲突。作为一种客观事实，高等教育"两难现象"与"两难问题"的存在具有普遍性。比如，从高等教育与社会和人的关系看，存在社会需要与个人需要或社会本位与个人本位的冲突与协调问题。从高等教育与外部环境的关系看，存在封闭与开放、自发秩序与社会干预等的冲突与协调问题。从时空维度看，存在传统与现代化、国际化与本土化等的冲突与协调问题。从思想层面看，存在传统教育思想与现代教育思想、经典大学理念与现代大学理念等的冲突与协调问题。从人才培养看，存在科学教育与人文教育、专业教育与普通教育、学术性与职业性等的冲突与协调问题。从管理层面看，存在中央与地方、集权与分权、内部适应与外部控制、学术自由与政府控制、学术权力与行政权力、弹性管理与刚性管理等的冲突与协调。从研究方法看，存在思辨研究与实证研究、定性研究与定量研究等的冲突与协调问题。从发展战略看，存在均衡发展与非均衡发展、数量增加与质量提高等的冲突与协调。诚然，我们还可以从其他维度和层面，枚举很多的例子。王伟廉教授仅围绕高等教育思想问题就提出了五对彼此交错、相互渗透的矛盾：社会导向与学术导向的矛盾、个人需要与社会需要的矛盾、一致性与多样性的矛盾、现代化与传统的矛盾、依附性与独立性的矛盾[①]。长期以来，人们对这些现象与问题的研究和讨论，多以"单体"现象或"单个"问题为考察对象，很少将所有这些具有两难性的现象与问题当作一个"整体"或"群体"来考察，因而获得的结论针对性很强，但普适性不够，理论研究的品格没有得到很好体现。

高等教育领域存在的"两难现象"或"两难问题"相当复杂：有些问题比较容易达成共识，而有些问题则很难达成甚至不可能达成共识；有些反映了长期存在于高等教育发展和改革中的矛盾，有些则反映了当前高等教育实践中必须面对和处理的矛盾。由于高等教育及其外部社会环境相当复杂，这些两难问题在一定的时空条件下也许以这种方式处理为好，而在另一时空条件下则可能以那种方式处理为佳。因此，我们研究高等教育领域中的两难问题，目的不应在于寻求从根本上彻底解

---

① 王伟廉主编：《高等教育学》，福建教育出版社2001年版，第71—88页。

第四章 高等教育选择的本质与特征

决它们的方法或路径,而应在于寻求清楚地认识它们,把握它们的一般规律和特点,并寻求在特定的时空条件下达到最佳或最合适的选择。众所周知,公平与效率在根本上是统一的、一致的。但在现实生活中,效率和公平也有不一致的时候,有时为了提高效率会影响公平,有时为了维护公平可能会牺牲效率。高等教育效率的提高常常会引起高等教育的不公平,过于追求公平又往往会造成教育领域的效率损失。在两者发生矛盾的时候,就有一个优先抉择的过程。对此,不同的主体有不同的态度:一是主张效率优先、兼顾公平;二是主张公平优先、兼顾效率;三是主张公平与效率并重、互相兼顾。我们认为,公平与效率究竟以谁为先,是一个难以抉择的问题,但现实又不允许我们不做选择。那么,究竟是公平优先、兼顾效率,还是效率优先、兼顾公平,抑或是公平与效率并重、互相兼顾?对此,恐怕难以简单定论,最明智的做法就是根据实际情况及其所面临的主要问题,权衡利弊而定。换句话说,要看你面临的主要矛盾是什么,如果你面临的主要矛盾是效率问题,那可以考虑"效率优先、兼顾公平";如果你面临的主要矛盾是公平问题,那么可以考虑"公平优先、兼顾效率"。但有一点是明确的,任何为实现公平而置效率于不顾,或为追求效率而置公平于不顾的做法都是不理智的,也是不足取的。又如,作为人的不同存在方式,科学世界与人文世界无疑各有其合法性,因而"无论是以科学世界消解人文世界,抑或以人文世界消解科学世界,均与存在的多重向度相悖"[①]。近代以来,科学与人文的分离曾引起了二重知识、二重文化、二重领域的疏离和对峙,这种疏离和对峙不仅导致了文化的冲突,而且也引发了

---

① 杨国荣:《科学的形上之维》,上海人民出版社1999年版,第310页。

存在的分裂。在经历了漫长的分离和紧张之后，今天科学与人文开始扬弃存在的分裂，恢复存在的多重相关向度，逐步走向整合与统一。

二、高等教育"两难选择"

认识世界是一回事，改造世界则是另一回事。正如恩格斯所言："仅仅知道大麦植株和微积分属于否定的否定，既不能把大麦种好，也不能进行微分和积分，正如仅仅知道靠弦的长短粗细来定音的规律还不能演奏提琴一样。"[①] 同样的道理，仅仅认识到高等教育中存在大量的"两难现象"或"两难问题"是远远不够的，还必须懂得如何解决这些问题，懂得如何抉择。面对高等教育"两难现象"或"两难问题"，若想作出最佳或最合适的选择，就必须从根本上认识和把握它们，学会在特定的时空条件下分析各种选择之优劣。众所周知，作为两种可能的存在，"两难现象"或"两难问题"往往具有"利弊交错"或"得失渗透"或"内在统一"的特性。比如说，人文教育与科学教育表面上似乎属于两种完全不同的教育，但从本质上看，它们二者是内在统一的，属于教育的一体两面，彼此之间的划分完全是人为的结果，因而假如将它们当成两种不同类型的教育来处理，分出主次或轻重，势必破坏教育本身的逻辑。在历史的长河中，人文教育与科学教育虽然作为两种教育而对立地发展着，但彼此都无法取代对方，而总是表现为互为消长的不同发展形式，正是源于人文教育与科学教育的内在统一性。诸如此类的问题很多，我们一般很难从中作出"非此即彼"的选择，通常只能采取妥协或折中的办法，力求做到二

---

① 恩格斯：《反杜林论》，人民出版社1971年版，第140页。

第四章 高等教育选择的本质与特征

者兼顾,即"既要这样也要那样",采取"一种两者都是"①的选择,我们可以称之为"第三种选择"。如对待现代西方哲学和教育哲学,既要从它的哲学基础出发把握其思想实质,又要从它的科学实验出发批判吸收其有用的东西,即"既不要'棒煞',也不要'骂煞';既不要'拜倒',也不要'骂倒'"②。

"第三种选择"直接反映高等教育选择具有两难性。从表象看,这种两难性是由高等教育问题的两难性直接引发的,但事实上它的背后隐藏着更深层次的原因。第一,作为远离平衡的开放系统,高等教育与其说是一个实体组织,倒不如说它是一个关系的集合体,因为它只能在复杂的关系中维系和发展。高等教育的主体与主体、主体与客体以及客体与客体交织在一起,相互之间存在无法割舍的复杂关系,彼此必须也只能在关系中共生共存。这种关系的复杂性或者说高等教育系统的复杂性,从根上赋予了高等教育选择以复杂性和两难性。第二,高等教育选择的两难性与高等教育选择主体的复杂性密切相关。今日之高等教育较之于古代高等教育,利益相关者或选择主体大大增加,某一主体在进行选择时往往需要考虑其他选择主体的利益,协调好不同主体之间的关系。然而,不同主体之间常常存在不同程度的利益需求,因而不同主体在进行选择时就必须考虑和平衡彼此的利益。第三,高等教育选择客体之间的复杂关系直接决定着高等教育选择的两难性。尤其是当高等教育不同的选择客体之间存在互补性时,高等教育选择主体就难以

---

① [美]约翰·S.布鲁贝克:《高等教育哲学》,浙江教育出版社2002年版,第105页。

② 黄济:《教育哲学通论》,山西教育出版社2002年版,第283页。

高等教育选择论

从中作出"非此即彼"的抉择，唯一的办法就是让多元客体并存，构建多元化、多向度的主客体关系。第四，以制度或理念等形式存在的不同客体之间虽然存在不同的立场和价值取向，甚至存在着冲突和分歧，但它们往往都有被选择的合法理由，或者说都有自己存在的合理内核，如果我们贸然加以取舍，也难免将精华和糟粕、小孩和脏水一起剔除和泼掉。换言之，高等教育诸多选择并非简单的"非对即错"的关系，相反更近似于一条呈连续值分布的曲线，笼统地肯定或否定一切都是非理性的。就大学制度而言，无论传统大学制度还是现代大学制度，其形成与延续都有它内在的合理性，如放弃学术自由或根本不顾社会发展的需要，恐怕都不是建立现代大学制度的明智选择。正所谓"新模式的建立往往并没有废除旧模式。它更像是一个嫁接，在已有的东西中增加新的内容，而不是替代或使已有的东西废止。混合比崭新更为常见"①。

高等教育"两难现象"和"两难问题"的存在，既反映了高等教育的复杂性，也反映了高等教育选择的两难性。对于此类两难问题，我们必须正视，不能也无法回避，但也没有必要强行从中作出完全保留或完全摒弃的取舍。对于"两难现象"和"两难问题"的认识和处理，我们不能仅仅停留在表面，更不能只看到它们之间的矛盾和冲突的表象，忽视或无视它们之间内在的本质联系。如果执意从中做"非此即彼"或"非对即错"的抉择和判断，会很容易偏于一隅而走向极端。我们认为，高等教育的发展虽然需要统一和互补的力量，但更需要彼此矛盾与对立的力量。犹如生态系统里的互动回归作用

---

① ［美］海因兹-戴特·迈尔：《高等教育制度变迁中的制度创立者、机遇和预见》，《北京大学教育评论》2006年第1期。

第四章 高等教育选择的本质与特征

一样,其中大量的各类生物在特定的气候地理环境里互相争斗以求自保,互相猎食以求生存。同理,高等教育就像"所有的历史漩涡一样,是靠相反潮流的汇聚涌撞才产生并得以维持的"[①]。没有多种二元对立要素之间的辩证耦合和功能互补,高等教育不会有今天的绚丽多彩。但长期以来,人们似乎没有很好地认识到这一点,总是希望消除和规避所有的矛盾与冲突,力求在"两难现象"或"两难问题"之间分出彼此、评出优劣,强行作"断臂式"的抉择,即在原本可以而且应该共存的多元中筛选出一元。比如,现代西方哲学和教育哲学在形而上学思维的指导下,经常是坚持一端互不相让,如哲学思想上的科学主义与人本主义、研究方法上的"实证"与"思辨"的论争,教育理论中的形式教育与实质教育、心理学上的行为主义与认知主义的对立等,就是最好的例证。又如,在高等教育全球化的影响下,我国的高等教育理论研究存在两种近乎完全相反的倾向,要么对西方高等教育理论完全依附,理论视线被一系列西方现代的教育价值理想所遮蔽;要么对西方高等教育理论彻底排斥,希冀立足于本国的高等教育实践而形成本土化的高等教育理论。事实上,中国的高等教育理论既不完全在西方的教育理论框架里,也不完全在中国本身的高等教育实践当中,而是在中外高等教育理论与实践的交融之中。再如,当传统教育理念与现代教育理念发生冲突时,人们经常表现出两种完全不同的态度,即要么对传统教育理念无比眷恋,无法走出传统教育理念的思维框架;要么对传统教育理念施以毫无理性的全盘否定,对本土传统文化完全遗忘,而对现代教育理念

[①] [法]埃德加·莫兰:《反思欧洲》,生活·读书·新知三联书店2005年版,第23页。

则狂热崇拜。众所周知,现代教育理念与传统教育理念、现代高等教育理论与传统高等教育理论并非先天排斥和水火不容,彼此之间没必要也不可能相互替代,它们虽然产生的时空背景不同,但却完全可以共生共存于统一的高等教育理论体系之中,共同构成高等教育理论选择的"可能性空间"。在我们看来,那种将高等教育对象某一方面的特征加以片面夸大的做法,是一种极端式的非理性行为,最终只能导致绝对化的结果,违背高等教育发展的客观规律。

三、高等教育"平衡选择观"

"两难现象"和"两难问题",不仅是高等教育界考察最多和论争最为激烈的对象,也是所有高等教育问题中最难处理的范畴,但我们又必须正视而不能消极回避它。历史与逻辑地看,武断地完全保留或摒弃一方均非上策,恰切的选择是对它们采取一种"折中"或"平衡"的态度,因为如果我们采取价值两分的理路对待它们,最终往往只能得到违背高等教育内在逻辑或外在逻辑的结果。当然,这种"折中"或"平衡"并非简单的"调和",而是用辩证唯物主义的观点和方法对其做实事求是的分析,批判其片面性,挖掘其正确的因素,以求得科学的解决问题的路径和举措。事实上,从两种极端对立的思想夹缝中走出一条新路来,在人类历史上也不是罕见的事情,在未来同样也可以做到,我们理应有这样的认识和信心。比如说,哲学上的科学主义与人本主义之争,完全可以启发我们在教育上找出智力因素与非智力因素结合的路径;教师中心和儿童中心之间的论争,可以启发我们去建立一种既重视教师主导作用、又不忽视学生主体地位的师生关系。

也许会有人认为,"折中"或"平衡"是一种简单的处理

第四章 高等教育选择的本质与特征

问题的"中庸"态度，不是一种真正意义上的选择。对于简单的现象或问题，这种论点是有道理的。但是，对于复杂的现象或问题，这种论断难免有些武断和不理智。在我们看来，"折中"或"平衡"是一种基于事物正反两个方面客观分析基础之上的处理问题的思维方式，对于处理复杂现象与问题具有特殊的方法论意义。比如，作为人类社会永恒的理念，公平与效率是包括高等教育改革在内的一切社会改革的价值追求。然而，公平与效率之间的关系相当复杂，理论上的统一性与实践中的矛盾性经常交织在一起。也就是说，公平与效率在理论上是内在统一的，但二者在现实中存在这样或那样的矛盾，很难做到二者都兼顾，经常需要根据主要矛盾权衡利弊，在彼此之间作出"以谁为先"的抉择。改革开放以来，我国针对过去经济发展中长期存在的平均主义、生产力水平较低和经济落后的基本国情，提出并落实了"效率优先、兼顾公平"的改革与发展战略，取得了卓越的成绩。不久以后，高等教育领域也回应性地提出了"效率优先、兼顾公平"的发展策略，如设置重点大学，启动"211工程"、"985工程"、"国家示范性高职院校建设计划"等。但有人认为，"效率优先、兼顾公平"将效率置于高等教育发展的首位目标而将教育公平纳入次要的"兼顾"的范围，事实上将教育效率当成了教育发展的全部目标，忽视了高等教育全面发展的重要性。[①] 我们认为，在经济与社会转型时期，对包括高等教育在内的社会改革与发展问题，采取"效率优先、兼顾公平"策略是值得倡导的，但"优先"必须有个"度"，否则当旧的问题刚解决，新的问题也就可能

---

① 彭泽平：《高等教育中公平与效率关系的思考》，《江苏高教》2003年第5期。

随之而产生。潘懋元教授强调，"优先"应当适度：首先要"兼顾"而不是不顾，效率优先要兼顾公平而不是制造不公平；其次，要根据进程及时调整政策。政策的调整，不仅是为了避免矛盾激化，更是为了寻求更高层次的公平。[①] 在高等教育政策上，采取非均衡发展战略，坚持"效率优先、兼顾公平"，设置重点大学和重点学科，可以帮助国家尽快创建高水平的研究型大学以提高国家的科技创新能力，但最终还是考虑是否有利于整个国家高等教育质量的提高，是否有利于建设人力资源强国和高等教育强国。然而，高等教育领域的改革与发展，是不是永远都坚持"效率优先、兼顾公平"呢？回答当然是否定的。我们的观点是，当社会发展到一定阶段，生产力有了相当水平的时候，就应该坚持"公平优先、兼顾效率"或者说"公平与效率并重、互相兼顾"。因为人类社会的终极目的是追求公平，公平的价值高于效率的价值。如果一味地追求效率而不讲公平或者忽视公平，那么追求效率就失去了其最终的意义。当前，我国生产力已有相当水平，高等教育要更多地考虑公平，为建设和谐社会和全面推进建设小康社会奠定基础。

　　如同众多的高等教育"两难现象"和"两难问题"一样，学术自由与社会干预也是当前高等教育领域论争比较激烈的一对范畴，究竟如何处理它们之间的关系，一直困扰着人们。从现有的研究成果来看，既有坚持学术自由反对社会干预的观点，也有提倡学术自由与社会干预适度的观点，不同观点的持有者为维护自己的论点至今还在论争。原因究竟何在？有学者认为，学术自由与社会干预是大学发展面临的一个无法消解的

[①] 潘懋元：《高等教育：历史、现实与未来》，人民教育出版社2004年版，第259页。

第四章 高等教育选择的本质与特征

悖论:"一方面,学术的发展、大学的繁荣有赖于学术自由的维持与大学独立性的建构,而学术自由与大学的独立性则意味着对社会干预的否定与遏制;另一方面,大学的发展离不开社会干预,又希望社会干预为学术自由的实现提供政治、法制、物质、文化等全方位、多角度的保障。为了确保大学享有免受社会干预的学术自由,却又寄希望于社会干预为学术自由的实现提供保障,实在是一个难以克服的矛盾。"[①] 伯顿·克拉克教授也类似地指出:"就大学为了追求和传播知识需要自由而言,当种种控制力量软弱分散时,大学知识之花就开得绚丽多姿;就大学需要资源维持办学,并因此依靠富裕、强大的教会、国家或市场支持而言,当种种控制力量强大时,大学在物质上就显得繁荣昌盛,但是这种力量可能——也的确常常——以各种有害于教学和研究自由的方式实行控制。因此便出现了这种奇怪现象:当大学最自由时却最缺乏资源,当它拥有最多资源时则最不自由。"[②] 大学为什么会面临这样的悖论?根本原因就在于,学术自由与社会干预都是大学无法舍弃的,也是无法截然分开的。假如我们将学术自由视为大学的内在逻辑的话,那么就可以将社会干预视为大学的外在逻辑。大学的内在逻辑与外在逻辑是有机统一的,轻易保留或摒弃学术自由与社会干预的任何一方,都会损害大学的发展逻辑,都难免造成"断臂"之痛。时至今日,人们对这个问题的认识已逐步走向理性和成熟,绝大多数人能够实事求是地分析二者之间的辩证关系。我们认为,学术自由和社会干预都有其存在的合法性,

---

① 周光礼:《学术自由与社会干预——大学学术自由的制度分析》,华中科技大学出版社2003年版,第69页。

② [美]伯顿·克拉克:《高等教育新论——多学科的研究》,浙江教育出版社2001年版,第26页。

高等教育选择论

大学与政府之间理应保持一种"若即若离"的状态，因为大学之于社会或政府"既是自主的又是依赖的"[①]。这正是系统科学所揭示的：复杂系统运行在一对矛盾统一的作用力之中，一方面它必须具有一定的稳定性和封闭性，即使系统的一部分已经瓦解或死亡，但它依然要能够保持自己的运动形态；另一方面，它还必须适当地开放自己，从外部环境不断汲取物质、能量和信息，同时随时间不断地变化自己，以适应其环境的变化。不过，我们也必须承认，无论是要大学与社会紧密相连，还是要大学与社会维持一定的距离，抑或要求二者之间保持某种平衡都是困难的，不过也不要为这样的争论而感叹。

高等教育是一种复杂的社会系统，"两难现象"或"两难问题"的普遍存在，仅仅是高等教育复杂性的标志之一。那么，究竟如何才能走出复杂的高等教育"迷宫"呢？这不仅是高等教育创新的实践期盼，更是高等教育创新的理论诉求。从当下的情况看，高等教育理论贫血引发的矛盾更为突出。从一般意义上说，高等教育理论创新理应能够解释复杂的高等教育现象与问题，引领高等教育改革实践走出困境和突出重围，即当实践遇到困境与迷惘而实践本身不能解决时，理论必须先于实践而前行，为实践走出困境和迷惘而提供新的视野、路径与方法。否则，高等教育理论就不存在成立的最充分理由，所谓的创新恐怕也只能是单纯的教育陈述语言的创新。然而，站在历史的长河看，几乎没有一种高等教育理论流派可以解释高等教育领域中的所有问题，甚至是大多数问题都不能。或者说，没有一种教育理论曾经是或有可能是完备的。无论是进步主义

---

① [法]埃德加·莫兰：《复杂思想：自觉的科学》，北京大学出版社2001年版，第236页。

第四章　高等教育选择的本质与特征

与改造主义，还是要素主义与永恒主义，抑或存在主义、西方马克思主义，无一不是在以个性化的修辞方式和话语结构来求得理论张力的延伸。正因为如此，我们没有必要也"不应该要求教师去精通任何正规的教育理论系统"[①]。

　　回过头去看，各种个性化的教育理论流派或教育哲学流派的诞生与呈现，虽然让世人获得了新颖的"美学"体验，丰富了教育哲学或教育理论的园地，但终究没有引领高等教育实践走出困境和突出重围。也就是说，任何个性化的教育理论流派或教育哲学流派，似乎都未能获得预期的那种理论张力与问题解释力，而且常常很快被新的个性化的教育理论或教育哲学流派所代替，即不同的哲学流派在历史上呈现出一种此消彼长的关系，它们的价值依赖于时代的特别需要，因而不存在一种普遍适用的教育哲学。正因为如此，布鲁贝克教授深感有必要把高等教育哲学当作一个整体来处理，即"既要重视各种哲学流派，又要重视论述高等教育哲学有限的几个方面的无限的论文"[②]。为此，布鲁贝克"试图建立一个参照框架，并且试图像音乐家在一个主题上作出变奏曲那样对各种哲学流派，甚至对一些不可调和的哲学流派作出处理"[③]。基于这样的认识和思考，在《高等教育哲学》一书中，布鲁贝克对诸如认识论与政治论、专业教育与普通教育等之类的"两难问题"并未作明确的选择性回答，只是将与问题相关的各种论点呈现给读者，让大家自己去分析、判断和抉择。纵观《高等教育哲学》整部

---

　　① ［美］埃伦·康德利夫·拉格曼：《一门捉摸不定的科学：困扰不断的教育研究的历史》，教育科学出版社2006年版，第5页。
　　② ［美］约翰·S.布鲁贝克：《高等教育哲学》，浙江教育出版社2002年版，第9页。
　　③ 同上。

论著，布鲁贝克教授从头至尾都未在各种两难问题或各种理论流派之间作过彻底保留或完全摒弃的选择，而是保持着一种高度的"宽容"态度。我们猜想，他之所以要如此对待和处理各种教育理论流派，保持一种"折中"或"平衡"的教育价值观和教育选择观，绝非为了标新立异，也不是为了显示高等教育研究的理论品格，而是高等教育的复杂性以及高等教育的本质使然。

第五章　高等教育选择主体构成及其关系

选择是主体的选择，没有选择主体就不存在选择，因为主体存在或自我存在是一切选择的逻辑起点。作为选择的一种具体或特殊形式，高等教育选择无疑也是主体的选择，只不过其选择主体是高等教育主体或高等教育的利益相关者而已。

在现实的高等教育实践中，并非所有的高等教育利益相关者都能获得应有的高等教育选择权。这难免让我们如此追问：究竟谁有权或哪些人理应成为高等教育的选择主体？不同高等教育选择主体之间"应然"关系为何？客观地说，这两个问题均不容易回答。主要原因在于，高等教育是动态的和发展的，高等教育的选择主体也是动态的和发展的，它们随着高等教育的演化而不断地发生变化，即在不同时空背景和社会历史条件下，高等教育的选择主体有着不同的存在方式和结构形态。与古代高等教育相比，现代高等教育的选择主体已变得多元而多样，而且各主体间的关系也变得更加复杂，人们唯有对其进行动态的、多维度、多层面的解剖，方可获得比较清晰而完整的认识。

第一节 高等教育选择主体的历史变迁

高等教育的发展过程是一个利益相关者不断变化的过程，集中表现为利益相关者类型的增多及其数量的扩大。因此，若想破译高等教育选择主体之构成这一"达·芬奇密码"，就非常有必要沿着高等教育的发展轨迹，去寻找高等教育选择主体演化发展的脉络、机制与规律。

为了避免发生用某一历史片段代替整个历史画面的事情，不至于陷入"盲人摸象"、"以偏赅全"的窘境，需要也应该对高等教育选择主体的历史变迁进行"全景式"的考察。当然，如此处理的动机和目的，不是出于对高等教育历史的眷念和崇拜，也不是为了从历史中去发现今天高等教育所面临的危机，更不是要去追究高等教育历史的责任，而是要在历史中找寻对当今高等教育有预警和借鉴意义的东西。更确切地说，我们从历史的视角研究高等教育选择主体的变迁，意在叩问高等教育选择主体间关系变迁的历史与现实，思考高等教育选择主体间关系构建的理念与实践。为了不让论述陷入繁琐、重复和混乱，我们以大学控制权的转移与变化为主线，按时空转换顺序展开高等教育选择主体的嬗变图景。

一、中世纪欧洲：大学基本上都是教会的侍女和附庸

公元476年西罗马帝国灭亡至文艺复兴运动前，是一个被后人诟病的"黑暗时代"，史学上称之为"中世纪"。由于其反动的农奴制、教会的蒙昧主义、禁欲主义、科学文化发展的

第五章　高等教育选择主体构成及其关系

滞后以及封建专制主义，15世纪的一些人文主义者将"中世纪"视为文明被"割断"的历史。不用言说，史学家早已订正了这种观点，认为长达千年的"中世纪"的本质事实是："一个新民族，即北欧日耳曼民族占领了以前的罗马帝国，定居后吸纳和消化帝国文化以及希腊人的哲学和艺术，把基督教当作自己的宗教，并且自称'日耳曼神圣罗马帝国'。它承上启下，就历史发展的意义而言，并没有历史'割断'之意。它最大的意义是建立起名副其实的'封建制度'。"① 我们也认为，欧洲中世纪是非常重要的，它从自身生发出近代欧洲资本主义，这是中国历史所没有的。可以说，没有欧洲中世纪，就不可能孕育出欧洲近代的资本主义。但值得注意的是，"中世纪的欧洲并不是一个政治的整体，也不是一个有自我意识的帝国，而是一片割裂的和封闭的土地"②，是一个令欧洲人有"家园之感"的文化概念；中世纪的欧洲是一个思想共同体构成的独特整体，"它既不是古代的，也不是东方或拜占庭的，也不是阿拉伯的，它成为以后欧洲'身份认同'的基石"③。中世纪的教育如同中世纪一样，也具有特殊的历史意义，特别是中世纪大学被誉为当时社会"最美丽的花朵"，与大教堂、议会一道被人们视为中世纪最有价值的遗产。恩格斯对中世纪大学有过高度而客观的评价，认为中世纪"因为有了大学，所以一般教育，即使还很坏，却普及多了"④。

---

① 陈民乐、周弘：《欧洲文明的进程》，生活·读书·新知三联书店2003年版，第39页。
② 同上书，第40页。
③ [法]米歇尔·布莱、埃夫西缪斯·尼古拉依迪斯：《科学的欧洲：科学地域的建构》，中国人民大学出版社2007年版，第30页。
④ 恩格斯：《自然辩证法》，人民出版社1955年版，第158页。

高等教育选择论

中世纪大学是"随着城市的兴起而诞生的"[①]。当时的城市类似于今天货物运载的"转车台",不仅是物质贸易的中心和枢纽,也是精神贸易的市场与通衢,还是知识分子活跃和生活的舞台。最初的中世纪大学实行"师生自治",外部力量相对干预较少,如巴黎大学是教师型大学(大学的管理由教师行会负责),博洛尼亚大学是学生型大学(大学主要由学生来管理)。但到中世纪后期,大学逐渐成为教会和政府争夺的焦点,师生自治的大学管理模式遭受冲击,教会和政府开始插手大学的发展与管理。不过,教会与政府之间关系比较微妙,教皇与国王为了争取对大学的统治,互相施惠又彼此制约,使得大学、教会和政府出现"鼎足式"的格局。所谓的"意大利有教皇,日耳曼有帝国,法兰西有大学",正是这种格局最精妙的描绘。不难看出,中世纪后期大学的地位已经非同一般,大学作为一股力量偏向政府或教会的任何一方,都足以让政府和教会中的任意一方失去或获得竞争中的主动权和相对优势地位。正因为如此,为了在激烈的争权夺利斗争中获取胜利,使力量平衡的天平偏向自己,以教皇为代表的教会势力和以国王为代表的世俗政权都想拉拢大学,使其成为自己的"同盟军",增加获胜的"砝码"。从这个意义上说,无视或忽视大学、教会和政府之间的复杂关系,单凭中世纪大学没有真正进入经济社会的中心,或因为它没有现代大学一样确立多样化的高等教

---

① 中世纪大学与城市兴起的密切关系,可以从中世纪大学"城市性"的命名或称谓中反映出来。如巴黎大学、博洛尼亚大学、萨莱诺大学、牛津大学、剑桥大学、蒙彼利埃大学、帕多瓦大学、维也纳大学、布拉格大学、莱比锡大学、科英布拉大学、萨拉曼卡大学、克拉科夫大学、卢万大学等,都是"城市+大学"式的命名。这种大学命名的传统,不仅在今天依然保留着,而且还获得了世界性的推广。——笔者注

第五章 高等教育选择主体构成及其关系

育功能体系,就完全否定大学的特殊地位和当时社会力量干预大学的客观性,是不符合历史事实的。

不管怎么说,中世纪"大学基本上都是教会的侍女和附庸"①,具有显著的宗教性。纽曼笔下所描绘的"教堂的钟声和骑士的马蹄声谱成了中世纪教育的主旋律",无疑是中世纪大学深受宗教影响最真实和最生动的写照。为了拥有对大学的控制权,国王与教会经常发生冲突,尽管"所有的武装力量都在国王这方面,然而教会还是胜利的。教会获得胜利,部分的是因为它几乎享有教育的独占权,部分的是因为国王们彼此经常互相作战;但是除了极少数的例外,主要的却是因为统治者和人民都深深地相信教会掌握着升天堂的钥匙的权力。教会可以决定一个国王是否应该永恒地升天堂还是下地狱;教会可以解除臣民们效忠的责任,从而就可以鼓动反叛。此外,教会还代表着足以代替无政府状态的秩序,因而就获得了新兴的商人阶级的支持"②。一句话,人们坚信一切权力总归是出自上帝,即上帝把神圣事物的权力交给了教皇,把俗世事情的权力交给了皇帝或国王。教皇和国王最后通过相互妥协,彼此都拥有了一定的大学控制权。当然,权力的平衡状态最终会被打破,随着时间的推移,大学的控制权慢慢由教会或教皇转移至政府或国王手中,因为"只要一种宗教和一个帝国政府结合在一片,政治的动机就会大大改变宗教的原始面貌"③。

中世纪大学具有鲜明的国际性。当时的教会接受来自任何地区或任何种族的成员,各成员之间彼此赤诚相待,不拘泥于

---

① [美]约翰·S. 布鲁贝克:《高等教育哲学》,浙江教育出版社2002年版,第138页。
② [英]罗素:《西方哲学史》,商务印书馆2005年版,第16—17页。
③ 同上书,第26页。

地区和民族利益,并使用一种超越地区和民族障碍进行交谈的共同语言——"拉丁语"①,具有共同的神学观。大学几乎完全"按照教会的独特生活方式去活动,特别重视教会的世界性质和国际性质"②。在这些方面,巴黎大学最为突出,在当时它不属于任何一个具体的民族,而是属于整个基督教世界。13世纪早期,巴黎大学授予的学位在欧洲所有"国家"均属有效。当然,中世纪大学具有浓厚的宗教性和显著的国际性是很自然的事,因为当时尚无"民族国家"的概念,而整个欧洲又属于基督教的一统天下,属于"普世"世界国家时期,神圣罗马帝国只不过是"大大小小的诸侯封地的拼合体,皇帝几乎像中国春秋战国时期的周天子"③。借用史学家们的话说:中世纪有"民族"而无"国家"。作为教会的庇荫对象,大学以教会的教义为教学的基本原则,以教会的"通用语言"——拉丁语为教学语言,是十分自然的。

  中世纪大学是相对独立的自治机构,具有较大的自主权。但我们谁也不能忽视和否认这样的事实:中世纪大学的"自主权是经过不断的斗争,由教皇、国王、诸侯及城市当局授予的,包括内部自治权、独立审判权、免除赋税及兵役权、学位授予权及到各地任教权、自由讲演、罢教及迁校权,等等"④。

---

  ① 拉丁文成为知识的和传统的语言以及宗教语言,虽然它没有真正成为神圣的语言,但被提升为跨民族的语言,不仅能使操各种本土语言的人相互交流,更重要的是能从同一语言和表达的领域来"思考"他们所关心的问题。(参见[法]米歇尔·布莱、埃夫西缪斯·尼古拉依迪斯《科学的欧洲:科学地域的建构》,中国人民大学出版社2007年版,第30页。)
  ② [德]弗·鲍尔生:《德国教育史》,人民教育出版社1986年版,第18页。
  ③ 陈民乐、周弘:《欧洲文明的进程》,生活·读书·新知三联书店2003年版,第109页。
  ④ 贺国庆、王保星、朱文富等:《外国高等教育史》,人民教育出版社2003年版,第56页。

第五章 高等教育选择主体构成及其关系

比如,巴黎大学的自主权是在1229年学生与警察发生流血冲突后获得的,牛津大学是在1214年被革出教门的"无地王"。大学的斗争之所以奏效,之所以能在反对教会势力和反对国王势力的斗争中屡屡取得胜利,关键在于拥有罢课和迁校的"武器"。众所周知,中世纪大学在开办时没有真正的地产,大学和知识群体均极富有流动性,"早期的大学因此能够以停办或迁址到其他城市作为交涉手段,而使地方当局作出某些让步"①。况且,"世俗势力和教会势力从大学成员的存在中得到许多好处,他们是一批不容忽视的经济上的主顾,并为培训顾问与官员们提供无与伦比的教育场所,还是造成赫赫声望的基础,因此罢课和分离出去的强硬方法不会不奏效。"② 由于大学对教会、国家和城邦具有很大的"魅力"和"威胁","对教会、对国家、对城邦来说,它都可能会是特洛伊木马"③,因而大学获得的学术自由和自治权常常是短暂的。无论是教会还是世俗统治者,都惧怕大学在其主管教区或管辖区域内的挑战,因此常常"过河拆桥",背弃曾经有过的"同盟之谊",对大学进行多方面的干预,企图完全控制大学。到中世纪后期,一些大学经常被迫放弃它们的自治权力,经常被取消已经获得的各种特权。比如,"法王1437年下令取消巴黎大学免税的特权,1445年又免去巴黎大学的司法特权,1449年又取消巴黎大学师生的罢课权"。④ 当然,用今天的眼光看,对教会、

---

① [美]戴维·林德伯格:《西方科学的起源》,中国对外翻译出版公司2001年版,第215页。

② [法]雅克·勒戈夫:《中世纪的知识分子》,商务印书馆2002年版,第63页。

③ 同上书,第66页。

④ 贺国庆、王保星、朱文富等:《外国高等教育史》,人民教育出版社2003年版,第65页。

高等教育选择论

国家和城邦而言，大学并非一经潜入便后患无穷的"特洛伊木马"，而是出色的"战神"，因为它太重要，所以大家都想牢牢地掌控它，使之成为自身的有用工具。

总之，作为一个相对独立的"王国"，中世纪大学拥有的学术自由和自治权是非常有限的，而且常常是临时性的，时刻面临着失去的可能和危险。原因很简单，在神学凌驾于其他所有学科之上的时代，神学所宣扬的任何内容是不可置疑的，人们必须无条件地完全接受它。大学的学者们虽然可以从不同的研究角度，对神学的某些内容进行讨论和争辩，但神学的绝对统治地位给了学术自由以极大的限制，即大学拥有的学术自由是宗教教义允许框架下的自由。大学的自治权也是相对大学内部的组织和结构而言的，学校的选择权和决定权局限在教学内容、学生的入学条件和招生标准以及教师的权利和职责等方面。就此而言，拉什戴尔的评论无疑是客观的："在那个年代，宗教神学势力在社会中占据绝对统治地位是不可避免的。这种神学专政，对于大学里世俗的神学研究者来说，确实是一种不可冒犯和难以抗拒的巨大力量。因此，在对某些神学问题进行探讨和研究时，这些神学研究者不得不巧妙地利用这种有限的学术自由，对自己的见解和主张有所保留，以免遭到宗教势力的迫害。"[①] 这种影响经由整个"黑暗时代"传承给后代，即使到自然科学已经兴起的17世纪至18世纪，大学的学者们利用有限的学术自由所探索和发展的知识，也常常是一种纯理论或逻辑性的知识，提出任何问题或辩论任何既成意见都是以不直接干预教会或国家政府事务为前提的。

---

① ［加］许美德：《中国大学1895—1995：一个文化冲突的世纪》，教育科学出版社2000年版，第20—21页。

第五章　高等教育选择主体构成及其关系

二、文艺复兴到宗教改革：大学控制权从教会向世俗政府转移

文艺复兴是 14 世纪末到 17 世纪初在欧洲发生的思想文化运动，虽然"只限于社会上的少数英才——学者、文人和艺术家的活动，但是它所宣扬的思想不啻于是向长期以来在基督教神学笼罩下陷于沉闷窒息的西欧社会送来的一股清晰的气息，令人的精神为之一爽，并且把绝大部分有文化教养的人士从中世纪的昏睡中唤醒过来"①。直观地看，文艺复兴是欧洲文化界人士复兴希腊、罗马古典文化的运动。这些文化人士认为，古希腊和罗马是欧洲历史上的"黄金时代"，那时的欧洲文化是繁荣而完美的，但到中世纪却衰落甚至淹没了，以至于中世纪的欧洲几乎成了"文化沙漠"，因而他们怀着一种复古的情愫去挖掘古希腊和罗马的文化遗产，希冀恢复古典文化艺术，使之"再生"和"复兴"。当然，在今天看来，文艺复兴并非对古典文化"亦步亦趋"的简单复制，而是一种欧洲新兴资产阶级反封建斗争在意识形态上的反映，即文艺复兴的"目的并非简单地'复兴'古典文化，而是为了摆脱中世纪神学的束缚，建立资产阶级新文化"②。

随着文艺复兴运动的兴起，各国大学在人文主义思想的冲击下开始发生"轻度"变化，主要表现为"新建"的高等教育机构或大学课程引入了人文主义的"新知识"。比如，在文艺复兴的发祥地意大利，人文主义取得最大进展的主要是那些新建的大

---

① 吴于廑、齐世荣：《世界史》（近代史编上卷），高等教育出版社 2004 年版，第 19—20 页。

② 贺国庆、王保星、朱文富等：《外国高等教育史》，人民教育出版社 2003 年版，第 73 页。

学，如帕维亚大学、费拉拉大学、比萨大学和罗马大学。法国与意大利虽近在咫尺，但人文主义在巴黎大学"长期遭到敌视"[1]，学者们不屑在课程方面做任何重大的改变。若要打破坚冰，只有另辟蹊径。1530年，国王弗兰西斯一世在巴黎建立法兰西学院，主要进行人文主义研究。此外，法国许多地方自治政府，如波尔多、里昂、奥尔良、兰斯和蒙彼利埃等都建立了自己的高等教育机构，它们欢迎人文主义教学。人文主义思潮对欧洲低地国家、德国、英格兰等大学也有不同程度的影响。但值得注意的是，文艺复兴并没有引起传统大学发生根本性的变革，欧洲大学的传统系科组织仍然与中世纪大学一样，学术管理体系也没有什么变化。但文艺复兴运动对高等教育的影响是深刻的，它扫荡了中世纪教育思想的阴霾，开启了近代高等教育之先河。

与文艺复兴相比，"宗教改革运动对独揽文化和教育大权的教会的全面攻击导致了整个教育制度的巨大动荡，这种动荡对教育机构特别是大学的打击是毁灭性的，一直与天主教关系密切的旧大学像天主教一样受到唾弃"[2]。宗教改革运动时期，欧洲各国除了改造原有的老大学，还纷纷在各地方建立新大学，逐步形成了以地方世俗政府的"智力权威"取代天主教"教会权威"的态势，大学的控制权逐渐从教会转入政府。政府要求"所有的大学活动分子服从于政府监督，并使大学社团的所有成员都与官方的'政党路线'相一致"[3]。大学教授和政府官员一样被要求进行效忠宣誓，不仅要宣誓效忠国王或国

---

[1] 巴黎大学也不是铁板一块，如意大利人安德烈利尼曾成功地在巴黎大学开办了古典诗歌讲座。——笔者注

[2] 贺国庆、王保星、朱文富等：《外国高等教育史》，人民教育出版社2003年版，第129页。

[3] 同上书，第87页。

第五章 高等教育选择主体构成及其关系

家,还要效忠政府承认的教义。学生也处于更为严格的限制之下,常常被禁止进入到对立教派举办的大学学习。[①] 在这种控制和干预下,欧洲许多大学从"国际性大学"转变为"国内大学",大学慢慢丧失了它们一贯具有的国际性,变成了地区性的中心,"为它们坐落在其版图内的国家服务"[②]。同时,激烈的宗教论争使大学的学术自由遭受严重破坏,政治干预和宗教迫害事件屡见不鲜。

文艺复兴和宗教改革对大学发展的影响是昭然的,冲击了中世纪大学占垄断地位的经院主义课程,新的学科知识被正式纳入大学课程,为自然科学和实验方法进入大学开辟了道路和打下了"前站"。同时,还加速了大学的世俗化进程,大学由国际性大学转变为国内或地区性大学,最终成为世俗政权的工具。不过,政府对大学的控制和高压,宗教教派之间无休止的论争和宗教迫害,也极大地损害了大学"学术自由"的风气。[③] 但这种高压和迫害又孕育出新的学术自由种子,这颗种子不久在宗教改革运动的策源地德国长成"参天大树",并作

[①] 在英国,亨利八世与教皇决裂后,那些支持教皇的人在国王眼里就是"叛国者",并于1553年规定所有大学学位的申请者都必须赞成英国国教的宗教教规。16世纪70年代,伊丽莎白女王政府向牛津和剑桥两所大学颁布严格的新章程,试图事无巨细地控制学院的生活,管理范围涉及讲座的时间、学位、辩论甚至学生的着装。在西班牙,1559年国王腓力二世规定除博洛尼亚、那不勒斯、罗马和科英布拉大学外,禁止西班牙人到国外学习。在法国,1570年政府禁止弗朗什孔泰居民到除罗马城和罗马大学之外的任何本国和不顺从本国的国家中的大学或公私立学校研究、教学、学习或居住。(参见贺国庆、王保星、朱文富等《外国高等教育史》,人民教育出版社2003年版,第87—89页。)

[②] C.W.克劳利编:《新编剑桥世界近代史》(第九卷),中国社会科学出版社1992年版,第579页。

[③] 贺国庆、王保星、朱文富等:《外国高等教育史》,人民教育出版社2003年版,第93页。

为一种经典的大学理念和大学制度被世界各国大学效法甚至直接复制。

三、民族国家兴起至"二战"结束：大学逐渐演变成国家政府的工具

文艺复兴和宗教改革运动之后，世俗王权的势力逐渐扩大，国家世俗政权与大学之间的关系日趋"亲密"，逐步趋向于互利互惠，即大学与世俗政权相互联合共同反对教会势力，同时也从世俗政权那里获得支持。但是，此时的大学还并没有完全摆脱教会或宗教的影响，17世纪、18世纪欧洲的高等教育界和科学界还不大敢公然对抗教义，科学与宗教发生冲突时，绝大多数学者往往采取种种圆滑的策略设法同正统的教义保持和解。毕竟历史的潮流不可阻挡，教育和科学不得已而向宗教妥协的尴尬局面，随着民族国家的兴起而逐渐得以改观。19世纪中叶，以英国博物学家达尔文的进化论为标志的近代科学，从理论上升起了反对宗教教义的大旗，世界各国的大学一呼百应，纷纷向宗教发起挑战直至限制或取消宗教的存在。

"民族国家"扎根于共同的文化、语言和习俗，在进入现代国家形成期之前一直随着时间的推移在演变。作为一种相对晚近的"制度有机体"，民族国家萌芽或出现于欧洲中世纪末期而成型于近代[1]。罗马帝国衰亡以后，西欧大陆发生了巨大的"裂变"，一个个带有民族性质的国家逐步建立。当然，最能体现"民族国家"性质或存在的理应首推战争。反观历史，

---

[1] 有的学者将它起源的日期确定为不早于18世纪的美国和法国大革命，但也有人认为它的根源可以上溯到12世纪、13世纪的英格兰。（参见［美］杰里米·里夫金《欧洲梦：21世纪人类发展的新梦想》，重庆出版社2006年版，第150页。）

第五章　高等教育选择主体构成及其关系

近代欧洲文明的进程史无疑就是一部充满血与泪的"战争史"①，即近代欧洲可以说是在战争的铁砧上打出来的。当然，这幅"战争图"上还需绘上英国革命和法国革命，以及那些不像战争和革命那样爆发性的，但历史进程更长和影响更加深远的商业革命和产业革命。正是这类政治性的、物质性的革命，深层地把欧洲社会推向了一个新的时代，"教皇的无上权威淡化了；无论是波旁王朝，还是哈布斯堡王朝，或是罗曼诺夫王朝，都转而以'国家'的名义去进行活动了；活跃在世界舞台上的角色，逐渐地不复是昔日的王公贵族，而是新生的工商资产阶级或资本化的新贵族了。'国家'不复是教权的、王朝的'产业'，而是'许多人依据法律组织起来的联合体'。"② 此时，王室尽管依然存在，但其总体趋势是愈来愈成为"虚君"。到18世纪末，真正意义上的"民族国家"如英国、法国等已在欧洲陆续出现。在这种时空背景和社会历史条件下，大学与国家政府之间的关系开始悄悄变化，大学自治权和学术自由的含义和侧重点也开始发生质和量的变化，呈现出新的性质和特点。当历史的车轮驶入19世纪，欧洲不再单单是众多"民族"的欧洲，而已成为众多"国家"的欧洲，国家体制如机

---

① 1618—1648年的"三十年战争"，1652年第一次英荷战争，1683年土耳其围困维也纳，1689年英荷反法联盟战争，1699年哈布斯堡王朝从土耳其手中夺回匈牙利，1700—1720年俄、瑞（典）大北方战争，1701—1714年西班牙王位继承战争，1733—1738年波兰王位继承战争，1740—1748年奥地利王位继承战争，1756—1763年英法。七年战争。1772年波兰第一次被瓜分，1778—1779年巴伐利亚王位继承战争，1783年北美独立战争结束后英国承认美国独立，同年俄国兼并克里米亚，1791年俄国从土耳其获得黑海大平原，1792年法兰西共和国成立，革命战争开始，后转为19世纪的拿破仑战争。(参见陈民乐、周弘《欧洲文明的进程》，生活·读书·新知三联书店2003年版，第120页。)

② 陈民乐、周弘：《欧洲文明的进程》，生活·读书·新知三联书店2003年版，第121页。

构、制度、法规、军队、警察等逐步得到完备。特别是经过拿破仑战争之后，欧洲各国的民族主义更加强化，没有像法国、英国、俄国等那样建成统一主权国家的日耳曼各民族和意大利尤甚。

民族国家取代昔日的教权、家族、宗教教派而成为欧洲政治的行为单位，意味着一种新的大学时代已经到来。在这样一个时代，各民族国家在自己的领土上享有的权利是教皇或皇帝都无力加以干涉的。在这样一个时代，谁都不能否定已具国家形态的民族，哪一个不急于巩固和健全自己的国家机器，哪一个又不想加强对国家日益重要的大学的控制和干预。事实上，历史的本来面目也确实如此：随着民族国家的不断崛起，在大多数国家，大学原有的各种特权开始受到民族国家政权的限制和干预，开始受到国家利益及其意识形态的左右。大学也逐渐作为一种振兴国家的工具而被纳入国家政治的视野和势力范围，大学产生之初的一些基本特征逐渐消失，最为明显的就是大学特权的普遍减少、大学国际性的逐渐丧失以及"民族语言教学的实行"[1]。1808年拿破仑改革的巴黎大学，1809年洪堡创建的柏林大学，可视为大学"国家化"和"民族化"的典型代表，它们开启了"大学国家主义"[2]的新时代。

随着社会的快速发展，各民族国家"日益意识到教育对于国家发展起着关键性作用这一事实，纷纷设立和强化自己的公

---

[1] 从18世纪末期开始，使用民族语言教学成为欧洲部分大学的发展趋势。如亚当·斯密开始在牛津大学尝试使用英语教授经济学，德国的莱布尼茨也尝试用德语教授部分课程。

[2] 凯维克（Marek Kwiek）认为，洪堡模式标志着大学现代特征开始凸现，即一个大学国家主义时代的到来。（参见阎光才《全球化：一种意识形态》，《北京大学教育评论》2003年第3期。）

立学校体制"①，大学日益世俗化和国家化，国家也逐渐成为大学的庇护者，大学与政府之间的关系开始发生变化，政府主动干预大学的教学与科研，以便大学能够满足国家发展的需要，尤其是政治和经济发展的需要，大学也越来越多地生活在一个对它们抱有企图的民族国家的世界里，管理和经费逐步处于国家的框架之下。可以说，在民族国家的框架内，任何国家的高等学校尤其是公立高校不可能摆脱政治和意识形态的影响，不可能超越国家政府的干预和控制。面对这种情况，有学者指出："随着现代化国家的发展，特别是福利国家的建立，国家对经济和社会的干预达到了前所未有的规模、行政权力几乎渗透到经济和社会生活的一切领域；与此同时，经济力量对政治和社会的影响力也获得了空前的发展，社会领域的自主性面临严重挑战。作为一种'反动'，来自社会领域的对'殖民化'的反抗也随之逐渐发展起来。"②

四、"二战"结束到全球化时代：大学由政府的附属机构逐渐转变为政府的服务机构

"二战"以后，一些西方国家先后也开始朝着"福利国家"③的道路前进。尽管都是福利国家，与英国、德国和法国等欧洲国家崇尚大政府、什么都由政府提供的模式不同，美国

---

① [美] S.E. 佛罗斯特：《西方教育的历史和哲学基础》，华夏出版社1987年版，第405页。

② 康晓光：《权力的转移——转型时期中国权力格局的变迁》，浙江人民出版社1999年版，第12页。

③ 历史上第一个大规模推行福利政策的国家，首推为在"铁血宰相"俾斯麦领导下的德意志帝国。他于19世纪80年代初期首先采行一个综合性的社会安全制度，提供个人意外、疾病以及老年保险。20世纪30年代，英国开始推行1908年的《养老金法》和1921年的《国家保险法》。——笔者注

主要依赖非营利组织来创造福利国家,"政策制定者利用税制和直接补助金,作为提供服务的方法。美国已经借由非营利组织创建了一个福利国家,绝大部分这些非营利组织是在1950年后陆续创立的。目前,全美大概有300万个这类组织,雇用了900多万员工,或是将近7%的劳动人口"[1]。在西方福利国家的体制下,教育属于福利(免费的公共物品)的范畴,其范围从初等教育一直延伸到高等教育阶段。用柯尼希博士的话说:"现代福利国家不仅仅是提供保障和补偿服务的国家。它还多方面地促进公民及其自治组织的物质与非物质的福利。其中首先是广泛地、不断增加地参与从幼儿园到大学的教育事业。"[2] 目前,西方国家的高等教育福利制度正面临着各种危机和挑战,大政府包办高等教育的思维框架正在发生不同程度的改变。另外,"二战"以后,人类进入了第三次科技革命时期,科技进步对经济增长的贡献率从20世纪中叶的40%,上升到70年代的60%和80年代的70%—80%。在这种情况下,国家间的竞争实际上也就是高等教育与人才的竞争。因此,每个国家都希望高等教育能在国家繁荣复兴过程中发挥重要作用,希望大学成为经济建设和社会发展的"动力站"和"智力城"。一些西方国家日益相信,"通过放松管制和建立一种类似于市场的机制,就能够使高等教育更有效率,并能为国民经济注入更多的活力"[3]。因此,国家严格控制高等教

---

[1] [美]尼古拉斯·亨利:《公共行政与公共事务》,中国人民大学出版社2002年版,第144页。

[2] [德]柯尼希:《重塑政府在国家经济和福利国家中的作用》,《中国行政管理》1996年第7期。

[3] [英]玛丽·亨克尔、布瑞达·里特:《国家、高等教育与市场》,教育科学出版社2005年版,第3页。

第五章 高等教育选择主体构成及其关系

育的思维框架也在发生改变,大学作为国家政府附属机构而存在的关系也逐渐发生改变,大学日益成为国家政府的服务机构。

当西方国家以福利的名义推行免费公立高等教育时,社会主义国家也开始对原有的大学进行国有化改造,并迅速建立起了全新的公立大学体系,对民众实行免费的高等教育。社会主义有着相当确切的含义和纲领,"所有社会主义的共同目标是实现'生产资料、分配和交换'的国有化,从而使得一切经济活动能够服从以某种社会公正为目标的国家综合计划……社会主义意味着生产资料的公有制和'以效益而不是以利润为目的来使用'生产资料"[①]。在这种思想的指引下,社会主义国家对大学进行了国有化改造。而在这种改造中,无论是院系的重新调整还是专业的重新划分,无论是科研方向还是教学内容,无论是招生规模还是毕业分配,高度"计划化"成为社会主义国家大学的共同特征。在社会主义制度框架下,教育包括高等教育"被认为是能够保证提高民众政治忠诚度和形成有凝聚力的民族文化的一种强有力的工具"[②],具有浓厚的意识形态化和政治化色彩。列宁曾指出:"与过去的那些谎言不同,我们不能不公开提出问题,公开承认教育不能不联系政治。""无产阶级文化协会的一切组织,必须无条件地把自己看作教育人民委员会部机关系统中的辅助机构,并且在苏维埃政权(特别是教育人民委员部)和俄国共产党的总的领导下,把自己的任务当作无产阶级专

[①] [英]弗雷德里希·奥古斯特·哈耶克:《自由宪章》,中国社会科学出版社1998年版,第396页。

[②] [英]安迪·格林:《教育与国家形成:英、法、美教育体制起源之比较》,教育科学出版社2004年版,第90—91页。

政任务的一部分来完成。"① 正因为如此，社会主义国家曾经几乎将所有的私立大学取缔，政府不但是大学的举办者和管理者，而且也要求人们必须进入公立大学，并接受统一的、齐整化的教育。我国在新中国成立后到改革开放前，高等教育也基本属于这种情况。简言之，在传统的社会主义国家里，大学自治和学术自由在真正意义上是比较有限的，大学基本上受计划的控制并按计划培养各级各类专门人才，直接服务于国家的政治和经济建设。

用今天的眼光看，社会主义国家高等教育高度"计划化"的初衷是好的，在某种程度上适应了当时国家建设和社会发展的需要，但具体的过程和最终的结果均值得商榷，长期成效也值得我们反思。哈耶克对高度"计划化"对大学乃至科学所造成的消极影响进行过尖锐地、无情地批判，认为对科学的任何外部指导，在其有效性方面是绝对有害的，"说计划化将不会影响那些未曾计划化的行为，这简直就是一种欺骗"②。有些国家可能对科学或大学的干预和控制稍轻一些，但这也证明不了其行为的正当性，正如砍断一根手指可能比砍掉整条手臂痛得轻，但其行为都是错误的。当然，哈耶克的观点并不一定全对，也值得我们反思，但他主张减少政府对大学的干预是相当有道理的。近20年来，随着社会主义市场经济体制的建立，"大学自治"和"学术自由"的经典大学理念逐步在我国大学得到体现，高等教育主体或利益相关者的选择权日益得到释放和彰显，政府、社会、学校、

---

① 秦惠民：《走入教育法制的深处：论教育权的演变》，中国人民公安大学出版社1998年版，第82页。
② [英]迈克尔·博兰尼：《自由的逻辑》，吉林人民出版社2002年版，第83—84页。

教师和学生等高等教育主体之间的关系呈现出新的态势和特征，尤其是政府、社会和大学彼此相互服务的新型关系逐渐建立。

第二节 高等教育选择主体间关系的构建

"社会是由多重交叠和交错的社会空间的权力网络构成的"①，教育在某种程度上也可以看成是由多重交叠和交错的主体权力构成的系统。从历史的视角看，不同时期、不同国家的高等教育系统有着不同的主体权力结构，即构成权力主体的数量、类型和比例关系都不一样，表现出鲜明的地域性、文化性、动态性和发展性。一般而言，不同的主体权力构型对于高等教育的改革与发展具有不同的意义，大学与政府、大学与市场、教师与学生等之间关系的变化，深刻地影响着高等教育及其管理的类型和走向。因此，揭示高等教育选择主体间关系的"实然"状态，找出并构建高等教育选择主体间的"应然"关系，无疑是高等教育选择研究的理性诉求。

一、高等教育选择主体间的"实然"关系

高等教育选择主体是高等教育选择的实施者和发出者，包括政府（管理类主体）、社会或市场（需求类主体）、学校（供给类主体）、教师和学生（执行类主体）等高等教育利益

---

① ［英］迈克尔·曼：《社会权力的来源》（第一卷），上海人民出版社2002年版，第1页。

高等教育选择论

相关者。① 当然，这种划分不是严格的和绝对的，各类主体常常交织在一起，如政府既是管理类主体也是需求类主体，学生既是执行类主体也是需求类主体。各类高等教育主体不仅是影响高等教育的人或团体，也是被高等教育所影响的人或团体。因此，政府、社会、学校、教师和学生等都应享有属于自己应有的选择权，但情况似乎并非如此。历史与现实的资料均显示，高等教育利益相关者与高等教育选择主体经常并非一致，无论在数量还是在类型和范围上都存在明显的差异，集中表现为并非所有的高等教育利益相关者都具有高等教育选择权，即在不同的时空背景和社会历史条件下，总有某些高等教育利益相关者的选择权被这样或那样地遮蔽和扼杀，高等教育选择权始终表现为一部分高等教育利益相关者的选择权或某些高等教育主体的特权。就像大家能够直接感觉到的，同属于一所大学的某一学科专业的教师群体，其中一些教师控制着该学科专业的运行过程与发展走向，而另一些教师则只能被动地依从。

从世界范围看，高等教育主体选择权被遮蔽或被扼杀是一种普遍现象，只不过在不同的国家或地区其表现形式和严重程度不同而已。某些高等教育主体的选择权之所以被遮蔽或扼杀，原因在于部分主体的选择权得到放大，产生了主体选择权的"非法越界"，不同高等教育主体间本应具有的平等合作或

---

① 唐永泽教授认为，高等学校的教育运行的主体，主要有五个方面和层次：（1）政府——高等学校的主要举办者（即高等学校的主要的投资者），也是高等学校的行政领导和管理者；（2）社会（指各企事业单位及个人）——高等学校培养的人才和创造的科技、文化成果的使用者；（3）学校（相对于政府、社会而言，它是管理者、教师和学生的集合体；相对于教师、学生而言，它是学校授权管理学校事务的管理层）——高等学校的办学者；（4）教师——教育教学活动的施教主体；（5）学生——教育教学活动的学习主体。（参见唐永泽《我国高等教育主体间关系的变化趋势》，《江苏高教》2002 年第 5 期。）

第五章　高等教育选择主体构成及其关系

公平竞争的关系被破坏，逐步被一种单向的控制或依附关系所取代。之所以会出现此种"非法越界"，个中原因多而复杂，除了与本土的经济、政治、文化等因素有关以外，恐怕与不同国家或地区所持的教育哲学观及其推行的教育管理体制密切有关。

（一）不同教育哲学视野中的师生关系

作为教育与哲学的"合金"或"化合物"，教育哲学以一定的哲学观为指导，来回答教育理论与实践中的根本问题。也就是说，教育哲学是以哲学为基础的，有什么样的哲学观就有什么样的教育哲学观。事实也的确如此，历史上呈现的各种教育哲学流派之争，在根源上也往往表现为各种不同的哲学流派之争。正因为存在这样的逻辑关系，教育哲学研究者经常从哲学上去寻找教育思想的源头。追溯历史，哲学流派之争古今皆有，古希腊有唯物主义与唯心主义之争，中世纪有"唯名论和唯实论"[①]之争，文艺复兴时期有宗教神学与人文主义哲学之争，继而有反映早期资产阶级思想的经验论和唯理论之争，近现代有科学主义和人本主义两大思潮之争。

作为哲学流派之争的特殊形式，历史上的教育哲学流派，

---

① 唯实论也称实在论，是欧洲中世纪经院哲学中的一个派别，与唯名论相对立。它认为"共相"（即一般）先于个别事物而存在，是独立于个别事物的客观"实在"。"共相"是个别事物的本质，个别事物是由它派生出来的个别情形、偶然现象，因而是不真实存在。唯实论把"共相"看作是独立存在于事物之外的精神实体，是第一性的东西，这是一种客观唯心主义的观点，是为基督教条的无上权威提供理论根据。唯名论是欧洲中世纪的另一个哲学派别，与唯实论相对立。它认为没有离开个别事物的"共相"，"共相"不是先于个别事物而存在，仅仅是人们用来表示个别事物的名称或概念；认为个别事物是真实的存在，是第一性的，先于一切的东西，因而唯名论具有唯物主义的倾向。但它不了解一般存在于个别之中，因而否认一般的客观性，则又含有唯心主义的因素，不能达到唯物主义的彻底性。（参见黄济《教育哲学通论》，山西教育出版社2002年版，第187—188页。）

高等教育选择论

如现代教育（主要指以杜威为代表的实用主义教育思想）与传统教育（主要是指西方近代以来以赫尔巴特为代表的教育思想）之争也长期存在，至今依然是一个悬而未决的问题，究竟孰优孰劣还难以定论。不同教育哲学之间的论争，不但从纵深推进了教育理论的发展与成熟，而且丰富了教育哲学的园地。现代西方教育哲学如今已流派林立，它们从体系到内容，从观点到方法，可谓众说纷纭，各有自己的主张。不过，从教育思想的根源看，现代西方教育哲学流派"主要是'现代教育'和'传统教育'两种教育思想的不同表现形式，进步主义教育和要素主义教育可以作为主要代表；又因为与现代的科学主义和人本主义两大思潮有关，存在主义与分析哲学又可以作为主要代表"[1]。当然，如果我们将目光投得更远、更广一些的话，也可以将教育思想或教育家划归为"自由主义或保守主义"[2]两大流派。诚然，无论是"现代教育与传统教育"的划分，还是"自由主义与保守主义"的归类，无疑都有简化和肢解教育哲学之嫌，因为仅仅用这两张"小网"撒向丰富的教育哲学史，难免也必然存在漏网之鱼。历史地看，西方教育史的演变和发展就经历了"宗教教育与人文主义教育、形式教育与实质教育、文法教育与实科教育、传统教育与现代教育的论战"[3]。正因为如此，假如我们重新将教育思想或教育家归属到"形式

---

[1] 黄济：《教育哲学通论》，山西教育出版社2002年版，第199页。

[2] 保守主义的历史源远流长，它肇始于柏拉图和亚里士多德，经罗马时期、早期基督教时期，并在文艺复兴时期达到顶峰。而自由主义的诞生相对较晚，文艺复兴之后，早期自由主义者诸如法国的卢梭开始登场，至美国的杜威达到鼎盛，其后保守与自由在相互斗争中逐步走向融合。（参见杜普伊斯、高尔顿《历史视野中的西方教育哲学》，北京师范大学出版社2006年版。）

[3] 邬大光：《西方教育史的四次大论战及其影响》，《厦门大学学报》（哲学社会科学版）1989年第5期。

第五章　高等教育选择主体构成及其关系

教育或实质教育"、"科学主义或人本主义"门下时，将会发现又是一种新的景象。明知如此，我们依旧对教育思想或教育家做如此划归，不是为了让他们"认祖归宗"，完全是为了便于分析和阐述问题。

不同的教育哲学流派持有不同的教育主体关系观，即对不同的教育主体应该处于什么样的地位、扮演何种角色、享有多大程度的选择权等问题持有不同的观点和看法。比如，"传统教育"主张"教师中心"，突出教师的权威与控制权；而"现代教育"则主张"学生中心"，强调学生的主动性与自我选择。又如，在保守主义看来，人的本质先天有邪恶倾向，学校应该制定严格的规章制度来规范学生的行为，帮助学生成为守纪律的人，"如果学校任凭学生按其自然倾向行事，那么学生在学校里就会学不到什么知识，甚至一无所获，不可能为进入成人社会做好准备，也不可能遵守社会规范"[①]。因此，教师和学校有充分的理由扮演家长的角色和承担家长的责任，学校纪律对学生具有神圣不可侵犯的权威，学生和家长都不能对学校要求学生服从校纪校规的权力有所质疑，即任何人都不能否认或拒斥学校拥有执行所有自己认为重要的纪律的权力，任何人也不能质疑学校拥有使用自己认为是最佳的任何手段来规范学生的权利；学校教给学生的第一条规则就是秩序，必须教会学生服从通常的标准，要阻止与学校功能相冲突的所有事情发生。显而易见，在保守主义的思维框架下，学生与教师的地位是极其不平等的，学生不具有同老师和学校平等对话的权力，学生和家长必须服从教师和学校的权威，必须理解、敬畏和遵

[①] 杜普伊斯、高尔顿：《历史视野中的西方教育哲学》，北京师范大学出版社2006年版，第22页。

高等教育选择论

从上帝的戒律或国家乃至人类的基本规范。与保守主义相对，自由主义则认为"教师不是脱离课堂的、高于学生的绝对权威，而是小组的一分子或一部分"[①]。教师的相对成熟和经验赋予了他们某种"主导"教育过程诸如控制课堂的"权利"，但教师不具有"控制"整个教育过程的"特权"，不具有源自某种权威（国家或神）的权威。众所周知，"主导"不等于"控制"，"权利"也不等于"特权"，彼此是意义相差甚远的术语。比如，公民享有的权利一般受法律保护并赋有一定的义务和责任，而特权可以是垄断的和专横的。"当一些人被允许做另一些人不能做的事，或不要求一些人做另一些人必须做的事的时候，就有特权存在。"[②] 诸如社会上层阶级垄断精英教育，教师全权决定课程设计，名牌大学之门只对考试成绩优异者开放等，都是特权最为典型的表现。

思想是行为的先导。在不同的教育哲学流派的支配下，不同国家、地区以及学校建立有截然不同的高等教育选择主体间关系，尤其是教师与学生的关系最为典型和突出。在"传统教育"的支配下，容易将教育看成是可操作的技术性塑造行为，整个教育过程的设计是程序化的和机械的，教师完全处于一种主动的控制地位，而学生则是地道的被控制对象，只是作为一种被加工的"产品"而存在。"现代教育"则抛弃了"传统教育"的师生观，学生的主体地位或中心地位获得彰显，教育教学过程成为一种教师与学生互动的双边活动过程，学生不再是单纯的被控制者，相反拥有相当多的自主选择权。从世界范围

[①] 杜普伊斯、高尔顿：《历史视野中的西方教育哲学》，北京师范大学出版社2006年版，第23页。

[②] ［美］约翰·S.布鲁贝克：《高等教育哲学》，浙江教育出版社2002年版，第67—68页。

第五章　高等教育选择主体构成及其关系

看，欧洲大陆国家受传统教育思想的影响较大，而美国则是现代教育思想的集散地和实践者。

（二）不同教育管理体制下的政府与大学关系

高等教育管理体制主要是指高等教育管理机构的设置、隶属关系、管理权限和管理内容以及与之相适应的各种制度、法令、法规、规定等。作为国家政体的一个重要组成部分，高等教育管理体制主要受国家政治制度、国家政体形式和生产资料所有制形式的制约。因此，不同国家由于政治制度、政体形式和生产资料所有制形式不同，其高等教育管理体制也往往具有不同的个性特征。目前，世界各国的高等教育管理体制大致有三种基本类型："中央集权制、地方分权制和自治体制。"① 法国、俄罗斯等属于典型的中央集权制，美国、德国等属于地方分权制，日本、英国等则介于中央集权制和地方分权制之间的自治体制。

法国实行的是中央集权制，国家政府机构和教授行会相结合是其传统的高等教育权力分配模式，即国家政府控制着高等教育的较高层次，所有或几乎所有的大学和学院都置于中央政府的一个或几个部门的管辖之下；教授行会权力控制着高等教育的较低层次，各讲座教授集体控制着学校内部的管理、财政预算以及使用拨款。不管高等学校内部的权力如何分配，高等教育的控制权主要集中在中央政府，高高在上的教育部经常将统一的标准推行于整个高等教育。今天，法国传统的权力垂直分配方式已有所改变，中观层面的院校行政权力在逐渐加强，学校领导对教授的依赖性在日益减弱。但不管怎么说，法国中

---

① 潘懋元、王伟廉主编：《高等教育学》，福建教育出版社1995年版，第79页。

高等教育选择论

央教育行政机关仍享有较广泛的教育权，包括学科设置、资源分配、教师的聘用以及制定教育科目、各科时数、教学大纲、教法指引等课程标准的权力，"大学是一个超越其自身的国家学术部门，而不是一个独立存在的实体"①。这正如克里斯廷·墨斯林所言："法国大学具有软弱的管理能力……这种软弱性在某种程度上被中央行政管理强化了，因为这种管理'否定'了法国'大学'的存在。"② 目前，包括法国在内的欧洲大陆国家的大学面临着两个方面的改革：一是加强中层管理（强化系主任领导、强化院校负责人和院校长办公室的权力、强化地区性行政管理）；二是削弱讲座教授和中央部门官僚的权力。③

美国实行的是地方分权制，联邦政府对高等学校没有直接的管辖权，直接由州政府对高等学校实施直接管理。学校内部综合了教授控制、院校董事管理与行政控制等形式，但教授控制力量较小，院校董事和行政人员的影响较大。与美国的政治体制相适应，高等教育管辖权主要集中在州一级，但负责公共教育责任的各州教育行政机构常常影响不大。从垂直维度看，国家政府层次的权力最弱，中间的院校行政和董事管理权力最强，教授在最底层的院系具有一定但不是绝对或独占的控制权。尽管美国政府层次的权力最弱，也从来没有出台过一部全国性的教育基本法，但一些著名法案如1862年的赠地法案、1944年的军人权益法案、1958年的国防教育法案和1965年的

---

① ［英］玛丽·亨克尔、布瑞达·里特：《国家、高等教育与市场》，教育科学出版社2005年版，第8页。
② 同上书，第37—38页。
③ ［加］约翰·范德格拉夫：《学术权力：七国高等教育管理体制比较》，浙江教育出版社2001年版，第199页。

第五章　高等教育选择主体构成及其关系

高等教育法案等,对高等教育发展起到了"教育基本法"的作用。尽管如此,美国的高等学校一般不受州教育部和州立法机构的直接控制,而是受院校行政和董事会的管理,是作为自主行动的机构而存在的,"无论是州立大学还是私立大学,大学相对于政府的自治在原则上得到尊重"①。正因为如此,美国政府没有像关心湖泊和鱼类的生态那样关心大学的生态,美国政府认为大学不需要国家和政府的支持就已经存在,而且会在没有国家和政府支持的情况下继续存在。相反,社会中介机构在整个国家高等教育的发展过程中发挥着各种特殊的作用。

英国实行的是自治体制,高校不受教育科学部或地方教育机关的控制,但必须遵守皇室宪章的规定。每所高校都是一个自治团体,有自己的行政组织,但其管理受立法议会及法庭所制定的行政规章法所制约。更通俗地说,高校是自我控制的自治机构,自己聘任教师、招收学生和设置课程,教授行会的权威十分强大(牛津大学和剑桥大学尤为突出),但董事会和院校行政的权力也较大。大学虽由国家颁发特许状,但却不受国家支配,是自我管理的机构,所享有的不受国家控制的自主权要比欧洲大陆国家的大学广泛得多。这不仅得益于英国大学拨款委员会建立的传统,同时也得益于"大学在财政资源上几乎完全独立于中央政府"②。质言之,英国政府部门对大学很少享有权力,中央部门的控制在很大程度上处于屈尊地位,最强的权力由处于底部的教授行会控制,"每一个教员群体都掌握自己领域的权力,这些群体之间以及所有大学行政人员、董事

---

① [美]爱德华·希尔斯:《学术的秩序:当代大学论文集》,商务印书馆2007年版,第220页。

② 同上书,第222页。

和教员组织之间，形成了复杂的默契网络"①。不过，我们也必须看到，"尽管由不同政见的两个政党组成的英国政府继续在口头上支持学术自由和大学自治，但自从20世纪80年代中期以来，它们的行动与口头上的许诺背道而驰——而此时欧洲的总体趋势却与之相反。不可否认，英国大学确实仍远比欧洲大陆大学享有更多的自治权。但是，教育与就业部（DFEE）和各拨款团体似乎越来越希望对高等教育进行规划与控制"②。这似乎具有很强的讽刺意味，一个致力于强化市场哲学的政府竟然采取行动限制大学自治，加强中央指挥和控制。事实上，这并不奇怪，因为从本质上看，自生秩序与社会干预对大学而言都不可或缺。

日本实行的也是自治体制，作为一个"后发外生型"国家，其高等教育权力结构是参照欧洲和美国的模式而构建起来，但"最大的类似是与欧洲"③。比如，旧式的帝国大学如同德国大学一样，讲座教授在学部和大学内形成强大的学院式控制；又如同法国一样，高等教育上层结构的权力集中在国家教育部手中；但庞大的私立高等教育完全不同于欧洲，却与美国的私立高等教育有着较大的类似，设有院校董事管理制度，院校行政的力量相对较强。由于私立高校必须单独地为生存而斗争，董事和院校行政人员不得不卷入学校自下而上的各种事务。同时也由于中央教育部的权力强大，国立大学的社会声望

---

① ［美］伯顿·克拉克：《高等教育系统：学术组织的跨国研究》，杭州大学出版社1994年版，第140页。
② ［英］玛丽·亨利尔、布瑞达·里特：《国家、高等教育与市场》，教育科学出版社2005年版，第156页。
③ ［美］伯顿·R.克拉克：《高等教育系统：学术组织的跨国研究》，杭州大学出版社1994年版，第142页。

巨大，私立高校难以摆脱政府的压力和影响，最终注定要接近政府并与之和解。不难看出，日本的高等教育系统及其权力结构模式比较复杂，全国性的协调工作基本上由文部省负责，而讲座制又赋予高级教授强有力的权力基础，尤其是东京大学和京都大学的学者具有全国性的影响，享有不少特许的自主权和选择权。

通过上述几个国家的比较不难发现：不同国家由于其高等教育管理体制不同，政府与大学之间的关系具有不同的表现形式和特征。从一般意义上讲，高等教育中央集权制国家，高等学校受政府控制和管理严格，享有较少的办学自主权和选择权；高等教育地方分权制国家，中央政府对高等学校没有直接的管辖权，只是通过立法和拨款对高等学校实行间接控制，主要由地方政府对高等学校的管理、教学、财政等施加直接影响，高等学校享有较多的办学自主权和选择权；而高等教育实行自治体制的国家，高等教育权力分配模式比较复杂，不同国家的情况难以简单概说和归类，具有多样化特征。当然，从管理体制的视角分析政府与大学之间的关系比较直接、相对容易，但也不免有点简单。事实上，国家或政府与大学之间的互动关系是有民族基础的，我们不仅要从管理体制的视角看待这种互动关系，也要用文化的眼光看待这种互动关系，还要从社会关系结构来看待这种互动关系。

二、高等教育选择主体间的"应然"关系

正如前文所述，所有的高等教育利益相关者理论上都应是高等教育的选择主体，都应享有属于自身的高等教育选择权。但事实并非如此，许多高等教育利益相关者的选择权被不同程度地遮蔽和扼杀，存在不同程度的主体性和选择权缺失。这种

高等教育选择论

主体性和选择权的缺失经常通过不同主体之间的矛盾和冲突表现出来，当下大学与政府、教师与学生之间的矛盾与冲突最为突出。因此，如何处理不同高等教育主体间的关系，找出矛盾与冲突的化解之道，是高等教育选择研究不可回避的话题。

（一）大学与政府之间的关系选择

大学与政府的矛盾与冲突，一方面表现为政府对大学的"越界"控制和"非法"干涉，损害到大学的自治与学术自由；另一方面表现为大学不能适应或满足政府的需要，未能很好地履行自己的职责。用历史的眼光看，大学自治和学术自由是大学最为悠久的传统之一，无论其经费来自私人捐赠还是国家拨款，也不管其创建基于教皇训令或皇家特许状，还是国家与政府的立法条文，大学都有理由管理自己的事情。大学失去了自治和学术自由，无异于失去了精华和灵魂，对大学横加束缚和干涉有可能葬送大学的未来，因为"大学，与所有类型的研究机构不同，它原则上（当然实际上不完全）是真理、人的本质、人类、人的形态的历史等等问题应该独立、无条件被提出的地方，即应该无条件反抗和提出不同意见的地方"[①]。对此，布鲁姆曾深刻地指出："大学是容纳探索和思想开放的地方，它鼓励人们不是功利性地而是为了理性而利用理性，它提供一种气氛使哲学怀疑不致被道德风尚和占上风的势力吓倒，它保存伟大的行动、伟大的人物和伟大的思想，以使对潮流的挑战和质疑能够得到滋养。"[②] 正因为大学是这样一种机构，自治和学术自由就如同大学的"根"，一个希望可以继续采摘

[①] 杜小真、张宁：《德里达中国讲演集》，中央编译出版社2003年版，第61页。

[②] [美] 布鲁姆：《走向封闭的美国精神》，中国社会科学出版社1994年版，第268页。

第五章　高等教育选择主体构成及其关系

"果实"的政府，就应该想方设法不让这个"根"枯萎和断掉。政府或社会对大学干预过多或控制过严，极有可能会迫使大学放弃作为学问机构的特性，变成远离学术领域的经济或政治利益的工具，最终走向市场中心或政治舞台。正因为大学是这样一种机构，大学要促进人类社会的进步，它就必须实现教学自由和学习自由。决不能取消学术自由，因为这是大学不断创新的源泉，也是人类社会不断进步的源泉。没有学术自由，大学就失去了它的基本精神，从而也就不再是一所大学。因此，大学与政府应该坚持"上帝的归上帝，恺撒的归恺撒"的原则，明确彼此的权利与责任界线，坚决杜绝任意的"非法越界"。

现在的问题是，国家和政府经常通过立法或政策打开大学自治和学术自由的"铁门"，过多地干预和控制大学的办学行为，甚至有时还为大学的改革与发展定调，企图让所有的大学标准化和整齐划一化。特别是在经费日益依靠国家、政府或社会的今天，大学正在或已经日甚一日地卷入政治和经济舞台，权力中心"正从大学内部转到大学外部，从学术界转到公共领域，从大学历史上的特权和豁免权地位转到承担义务和责任的地位"[①]。当然，我们必须看到和承认，"大学现在不是、过去也从来不是自我支持的机构"[②]，从来没有从自己的服务中获得过足以维持自身运转的报偿。亦即说，虽然大学内在地具有自治的倾向，但它过去和现在都不是也都不可能完全自治。大学不能失去自治，但完全自治就难免资源枯竭，就会如同饥饿

[①] [美]约翰·S.布鲁贝克：《高等教育哲学》，浙江教育出版社2002年版，第33页。

[②] [美]爱德华·希尔斯：《学术的秩序：当代大学论文集》，商务印书馆2007年版，第216页。

的鹅一样，不可能产下"金蛋"。这似乎是一个悖论，但大学运行发展的复杂性决定了自治和社会干预不可或缺。

事实上，即使在一个自由社会，任何组织机构都不可享有完全的自治和自由，除非它拥有极其丰富的资源，而且这些资源不被也不能够被别人所控制，大学显然不是这样的机构。从这个意义上说，政府通过法规和政策适当地规范和引导大学的办学行为是必要的，因为法规和政策之于大学，犹如羊圈的"篱笆"之于羊群，虽是一种束缚，但同时也是一种保护。比如，大学对国家强制性权力的有效利用，不仅能够限制或破坏自治权，也可能捍卫自治权。当然，如果政府对大学干预过多和过重，以致控制压倒了理性、规范限制了理智自由，那么真正意义上的大学就不存在了。特别是碰到政治问题时，意识形态不能破坏学术探究的"价值中立"。我们同意德国社会学家马克斯·韦伯的观点，讲台不是先知和煽动家应待的地方，"就教师而言，党派政治同样不属于课堂，如果教师是从科学研究的角度对待政治，那它就更不属于课堂。因为对实际政治问题所持的意见，同对政治结构和党派地位的科学分析完全是两码事。如果是在公众集会上讲论民主，他无须隐瞒自己的态度；在这种场合，立场鲜明甚至是一个难以推卸的责任"[①]。而如果在课堂上也像在公众集会上那样将其他人的政治态度争取过来，那未免有点荒唐。"如果要在课堂里讨论民主，就应当考虑民主的不同形态，分析它们的运行方式，以及为每一种形态的生活条件确定具体的结果。然后还要将它们同那些非民主的政治制度加以比较，并努力使听讲人能够找到依据他个人

---

① [德]马克斯·韦伯：《学术与政治》，生活·读书·新知三联书店2005年版，第36—37页。

第五章　高等教育选择主体构成及其关系

的最高理想确定自己立场的出发点。"① 当然，要做到这样的确不容易，不过学术研究必须忠于真理，坚持求真、求实和求善。

总之，政府可以通过立法和制定政策，引导和规范大学的办学行为，但绝对不可非理智地侵犯大学的自治和学术自由，必须让学校拥有最后的选择权和决定权。同时，大学的自治和学术自由是不可讨价还价的，更是不能出卖的，因为如果我们今天可以出卖学校的自治和自由，那么我们明天就有可能出卖整个学校。显然，大学自治与政府干预是一个"两者都要"的问题，在彼此之间求得某种平衡，恐怕是双方都可以接受的选择，因为"完善高深学术和解决社会问题"② 是大学合法存在的最根本理由。既然如此，那么尊重大学的传统，理解大学的现在，设法在政府与大学之间达成某种约定，维持"两种学问"（即完善高深学术和解决社会问题）之间的平衡，理应成为一条处理政府与大学之间的关系必须坚持的"健康法则"。

（二）教师与学生之间的关系选择

教师和学生是教育过程的两个基本组成要素，是教育最直接的利益相关者和当事人，自然是教育的选择主体。但长期以来，无论在基础教育领域还是高等教育领域，人们容易看到作为教育要素而存在的教师和学生，却难以把握在复杂的互动关系中共存的教师和学生。因此，每当论及教师和学生的关系时，总难免发生争论不休的事情。时至今日，"教师中心"与"学生中心"之间的论争，仍然是一个悬而未决的问题。从争

---

① [德] 马克斯·韦伯：《学术与政治》，生活·读书·新知三联书店 2005 年版，第 37 页。
② [美] 约翰·S. 布鲁贝克：《高等教育哲学》，浙江教育出版社 2002 年版，第 104 页。

论的过程与结果看，论争双方都无法说服对方。之所以出现此种情形，关键恐怕在于教师和学生是一个"关系共同体"，而教育或教学过程则是一个教师和学生双边互动的活动过程，任何的控制与被控制都不能使教育或教学获得最佳的效果。

传统教育思想的推崇者认为，既然高等学校或大学是探究高深学问的场所，教师又是高深学问的占有者，那么让教师在本学科专业领域具有发言权、选择权和决定权，就具有充分的理由。也就是说，教师对复杂的高深学问最为了解，所以也最有资格或权力决定开设什么样的课程，以及这些课程的教学进度与方法选择，也最有资格判定哪些学生完成课程学习并达到了标准。另外，作为学科专家，教师有选择研究项目的自由，得出自己研究结论的自由，同时还应是学术自由的公证人和职称晋升的裁决者。而学生是高深学问的初学者，因为他们还不够成熟，所以只能听从教师的安排，也不能充分享有学术自由。概言之，传统教育思想支配下的大学管理，对学生（顾客）提出的要求不敏感，大学教育不是学生、雇主说了算，而是学校和老师说了算，忽视学生的选择权，忽视学生个性与社会需求多样化，追求整齐划一的服务。当然，在现代教育思想追随者的眼里，教师与学生的关系自然是另外一番景象。他们抛弃了传统教育思想的师生观，认为大学生业已成年，教师应该坚持师生平等，真正把学生当成高等教育的当事人和选择主体，而不是把学生的家长当成高等教育的当事人和选择主体，也不是把自己放在学生家长的位置上，专横式地拥有近乎奢侈的权威；认为学生是高等教育的"消费者"和高等院校的"顾客"，他们有理由在教师聘任与晋升、课程组织与实施以及评价、学习时空选择等方面享有发言权，即享有"选择学什么（选修课程）的自由，决定什么时间学习和怎样学的自由，以

第五章　高等教育选择主体构成及其关系

及形成自己思想的自由"[①]。无疑，如果把学生当成"机器"来对待，其后果一定会使学生成为一个没有任何个人特征、毫无独立意志地服从漫无边际的工具化需要的人。学生应该有权参与课程开发、确立课程的范围、教学质量与课程体系的评估，以及选择自己的学习时间和空间等。

我们认为，如果两种事物相互平等是任何时代都无法更改的事实，那么世上的任何权威都没有理由扼杀这种平等。教师和学生自古以来就是两个相互定义的概念范畴，彼此在关系中产生与共存，同时也在相互作用的过程中规定对方的地位和角色。传统教育或现代教育视野中的师生观都有其合理性，他们分别看到了教师和学生的主体地位，但也由于彼此都缺乏一种关系思维和整体思维，因而也难免都有点片面和狭隘。事实上，教师与学生都是大学的当事人，具有同等的地位，应该分别享有"教学自由"和"学习自由"。无论是教师对学生"学习自由"的扼杀，还是学生对教师"教学自由"的破坏，都会打破大学内部权力生态的平衡。洪堡认为，在探索科学真理的过程中，自由与独立性是不可或缺的。为了实现大学的目标，必须给教师和学生最大限度的自由，让他们去教和学其希望的知识，因为"自由是必要的条件，没有自由，即使是最富有感情的事情也不可能产生这种有益的作用。不是人自己选择的东西，人在其中只会处于受限制和被领导的地位，这种东西并不能内化为他的本质，它对他来说依旧永远是陌生的，他并不是真正用人性的力量，而是用机械的技巧来做这种事情"[②]。

[①] ［美］约翰·S. 布鲁贝克：《高等教育哲学》，浙江教育出版社2002年版，第58页。

[②] ［德］洪堡：《论国家的作用》，中国社会科学出版社1998年版，第43页。

高等教育选择论

　　历史业已表明，如果人的自由被扼杀，理性的过程受到挫折，就有被非理性的过程取代的危险。教师的权力过度膨胀，或学生的选择权遭受遏制，都有可能酿成"暴乱"①。教师可以广泛地控制"学术"活动，但绝不能控制整个"教育"过程，因为"教学自由"是教师的特权，而"学习自由"则是学生的特权。即便在课堂上，教师也应该保持警惕，不以或明或暗的方式将任何态度强加于学生。那种让学生保持沉默，无视学生学习自由以及扼杀学生主体选择权的专横跋扈，只能让教育失去其本真的意义。过去，有人担心给学生一定的自由空间，容易使教育的运作处于一盘散沙的"混沌"状态。结果当然不是这样，也不会如此。我们有充分的理由相信，学生的主动参与会使教育成为一种充满活力的"结构体"，因为"混沌就是生命和创造力的源泉，并且生命和创造力并不按事先设计，而是通过导致自然输出的瞬间自组织过程造就的"②。与学年制相比，当下高等学校推行的学分制给了学生更多的学习自由和选择空间，但这似乎并没有造成教育质量的下降，相反增强了学生自主学习的能力和创新的能力。此外，大学学分制的实施不仅彰显了学生的选择权，同时也体现了教师的选择权。因为学分制的课程设置通常是某种必修课与选修课的组合，即包含部分固定不变的课程和部分灵活变化的课程，它们分别凸显的正是教师和学生的课程选择权。

---

　　① 1968年3月至5月，法国"五月风暴"爆发前，法国高等教育主要存在两大问题：一是教育民主化的主张在战后一直未能广泛地贯彻实施，教育不平等现象仍很严重；二是法国的大学生和社会各界对高等教育现行管理体制的不满情绪日益高涨。(参见贺国庆、王保星、朱文富等《外国高等教育史》，人民教育出版社2003年版，第569—570页。)

　　② ［英］拉尔夫·D. 斯泰西：《组织中的复杂性与创造性》，四川人民出版社2000年版，第11页。

（三） 中国高等教育主体间关系的转型与选择

与国家的政治体制相同，我国的高等教育管理体制是中央集权制。过去，在计划经济条件下，国家政府包办并统一管理高等教育，高等教育主体间的关系可以说处于一种"异化"状态。第一，高等学校基本上是政府机构的附属部分。高等教育的举办者、管理者和办学者都是国家政府，学校几乎没有办学自主权。这种状况直到 1985 年《中共中央关于教育体制改革的决定》的发布才有所改变，但真正的改观是 1998 年《中华人民共和国高等教育法》的颁布。《高等教育法》第十一条规定："高等学校应当面向社会，依法自主办学，实行民主管理。"同时，高校开始拥有招生权、学科和专业设置与调整权、教学权、科研与社会服务权、开展对外科技文化交流与合作权、人事权、财产的管理使用权等七项自主权。高校的举办者、办学者和管理者的权利也开始明晰，举办者拥有高等教育管理权，办学者拥有高等教育经营权，管理者拥有高等教育决策权。第二，高等学校办学与社会（市场）发展需要脱节较大。高等学校是传统意义上的教学科研单位，表现为单纯的福利机构和消费场所，其生存和发展直接依赖于国家政府，即高校的投资直接来自政府，以无偿拨款的方式进行。高校培养的人才和科技文化成果由国家政府包办使用，而不是采取市场运作的双向选择的方式。第三，学校与教师、学生近乎一种行政或准行政关系。教师为学校所有，极少流动；学生享有准公职人员待遇并受到相应的制约，学业费用和医疗费用全部由国家承担，毕业后实行计划分配；学生对课程、学习年限、专业发展方向、毕业就业等没有自主选择权。第四，教师与学生之间是一种依附关系。教师处于上级领导的地位，学生依附于教师，教师在某种程度上掌握教育的全过程。第五，学校与学校、教师与教师、学生与学生之间是一种单纯的合作关系。因为国家包办高等教育,学校不是自主办学的主体,所以各学校之间不存在真正意义上的竞争,仅存在着相互合作和相互支持的关系。同理,教师与教师之间、学生与学生之间也基本上是一种单纯的合作关系。①

目前,我国已逐步建立社会主义市场经济体制,高等教育主体间的关系也发生了较大变化,呈现出令人欣慰的新走向和新态势:高校从政府机构的附属部分转变为在政府宏观管理和调控下面向社会依法自主办学的实体;高校从脱离社会办学逐步转变为既自主又依赖于社会;学校、教师和学生三者由行政或准行政关系转变合同关系;学生与教师由依附关系逐步转变为平等关系;学校与学校、教师与教师、学生与学生由单纯的合作关系逐步转变为既合作又竞争的关系。简言之,政府、社会、学校、教师和学生等高等教育主体的权利得到调整,尤其是学校和学生的选择权和自主权获得较大的释放,和谐的高等教育主体关系逐步建立,整个高等教育体系实现了从旧的多样性统一形式到新的多样性统一形式的巨大转变,高等教育的结构与功能日益优化和增强。当然,政府、社会、学校、教师和学生等高等教育主体之间,依然还存在一些不和谐的地方。比如,在许多大学的内部,以管理者群体为代表的行政权力经常挤压以教师群体为代表的学术权力的现象依然严重,学校整个权力生态不是处于最优化状态。事实上,无论教师还是管理者,他们都是大学的当事人,彼此的地位是平等的,相互之间应该建立一种友好的合

---

① 唐永泽:《我国高等教育主体间关系的变化趋势》,《江苏高教》2002年第5期。

作关系，那种以行政权力挤压学术权力或以学术权力控制行政权力的行为，无疑都没有从教师与管理者的依存关系出发思考和处理问题。平等合作的意义是显见的，它不仅能取对方之长而补己之短，而且在合作中一方的成功会激发出另一方潜在的力量，学术权力与行政权力的平等合作与对话无疑也遵循此"健康法则"。

第三节 高等教育主体选择权的生态架构

高等教育选择主体间关系的构建问题，实际上是一个不同类型的高等教育选择主体应该拥有怎样的选择权，或者说高等教育选择权如何分配与平衡的问题。长期以来，人们围绕这个命题争论不休，但至今都未获得令所有人信服的结论。之所以如此，原因恐怕在于参与论争的不同主体过多地从自己或其他单一主体的立场去考虑问题。当下人们已基本形成共识，科学研究若想获得真理性的结论，既不能卑躬于权威与舆论，也不能屈膝于政治制度和意识形态，还不能一味地迎合经济的发展需要，只能坚持价值中立和忠诚于真理。对此，法国著名社会学家迪尔凯姆曾中肯地指出："对于社会科学家来说，无论是在确定自己的研究对象时，还是在进行论证的过程中，都必须绝对禁止使用科学之外的和不是为科学所需要而制造的概念。"[①] 言下之意是，人们的政治态度、宗教信仰、道德观念等往往会影响它们对研究对象作出客观、理性的观察和分析。因此，若想透视高等教育选择主体间的"应然"关系，首先要

---

① [法] E. 迪尔凯姆：《社会学方法的准则》，商务印书馆1995年版，第51页。

带上"放大镜",同时又必须设法使自己的眼睛"色盲化",因为"偏见比无知离真理更远"(翟墨语)。这就要求我们在充分考虑到所有高等教育利益相关者合法权利的基础上,从不同主体相互依赖、彼此共存的关系中去洞察和构建它们之间的生态关系。

一、多元主体治理的高等教育系统

高等教育选择主体间关系的构建,涉及许多理论命题与教育实践改革,不管对哪一个国家而言,都存在着治理权力或选择权如何分配与平衡的难题。在不同的国家,高等教育系统内部的决定权或选择权在各级分配上不同。从上而下纵向来看,"这些级别包括国家、院校、学院和系、学术人员(不同级别和专业地位的教师在权力分配上也有很大差别)、学生和各种不同的外部资金持有人。这些不同的权力分别表现为:国家、学术专业和市场"。[①]

不同的高等教育治理权力或选择权分配方式有着不同的意义,因为它决定着哪些高等教育利益集团或利益相关者的地位和角色能够得到彰显和确认,决定着哪些高等教育主体的选择权获得释放,因而直接影响着高等教育系统的活动方式与变革类型。比如说,国家权力过大往往会加大政府教育行政人员的选择权,学校官僚化会加大学校行政人员的选择权,而学术权力过大会使个别教授的选择不受约束。可见,高等教育主体选择的个性化与选择权的拥有状况密切相关,选择权集中于谁,谁的个性就会得到张扬和强化。同时,某高等教育主体选择权

---

① [英]玛丽·亨克尔、布瑞达·里特:《国家、高等教育与市场》,教育科学出版社2005年版,第220页。

第五章 高等教育选择主体构成及其关系

的个性也会因其他主体选择权的扩大而受到损害或弱化。比如，政府权力的扩大往往会降低市场或学术权威的力量，而市场和学术权威力量的增强同样也会使政府权力受到一定的限制。

高等教育是由多元主体权力交错重叠而构成的复杂系统，不同力量往往因主体的目的不同而有着不同的运动方向。因此，构建高等教育选择主体间的关系，必然要碰到如何化解不同主体力量之间的矛盾和冲突的问题，也必然要面临高等教育治理权力如何分配和平衡的问题。从国际比较来看，高等教育治理权力的分配与平衡主要表现为国家权力、市场力量和学术权威三股力量的博弈，不同国家在不同的历史时期有不同的权力表现形式和权力结构形态。历史地看，在高等教育治理中，国家权力、市场力量和学术权威三者并非同时产生，是一个从学术权威到国家权力再到市场力量的连续体，即"从最初的教师行会演进到学术寡头，18世纪国家权力介入高等教育产生国家控制，至20世纪市场力量快速发展并成为影响高等教育治理的重要力量"[1]，自此高等教育的治理结构变得更加复杂。

在西方国家，特别是高等教育进入大众化阶段后，高等教

---

[1] 回顾高等教育史可知：中世纪大学产生以前，欧洲就已经有了成熟的学者群体。大学产生之后，他们一直是高等教育王国里的主导力量。18世纪末至19世纪初，虽然国家取代教会而成为影响大学发展的重要因素，但为了维持长期以来学者王国里形成的学术传统，欧洲一些国家如德国通过立法、英国通过建立中介机构、法国通过将教育行政独立于公共行政等措施来缓解国家对大学的直接干预，力求在二者之间保持平衡。20世纪后期，市场力量虽然对学术权力产生了巨大冲击，但传统的力量还是显示出了它的巨大惯性，大学的评价系统仍然继续控制在学者群体的手里，新的质量语言也被学者们纳入了自己的学科文化，而不是完全按照企业或市场的质量概念来度量高等教育行为。——笔者注

育的各种变化不仅彻底动摇了高等教育作为一个自治系统的传统理念，同时也迫使政府不断发展新的管理形式，即对不同类型的学校施加不同程度的控制，普遍性的规则和中央政府的计划逐渐让位于新的管理形式，诸如契约、自我管理、更加广泛的评估制度以及准市场化的竞争等。从全球范围看，减少控制正被许多政府用来作为促进学校自我管制的新手段，许多"国家不仅在自己的机构里引入了市场的因素，也不同程度地在不同环境中将大学推入不同的市场关系模式，因此，即便高等教育整体仍由国家建构或控制，但高等教育未来的舞台将高度地多元化"[①]。

二、高等教育治理权力的"三角架构"

美国著名学者伯顿·克拉克教授，从20世纪60年代开始，组织小组研究了英、美、法、联邦德国、意大利、瑞典、日本、加拿大、波兰、南斯拉夫、墨西哥和泰国等10多个国家的高等教育，然后花5年时间写成了教育名著《高等教育系统：学术组织的跨国研究》。此书认为，高等教育的发展存在着国家、市场和学术三个体系，而高等教育的运作正是通过它们的协调互动而达成的。只不过在不同的时期、不同的国家，政府、市场和学术三者之间彼此互动的方式不同而已。他曾精辟地指出："随着学术权威有无限权力或潜在活动，我们这个从国家权力到市场的连续体可以重新改为国家、市场和学术权威呈三角形的协调模式。三角形的每个角代表一种模式的极端和另两种模式的最低限度，三角形内部的各个位置代表三种不

---

① ［英］玛丽·亨克尔、布瑞达·里特：《国家、高等教育与市场》，教育科学出版社2005年版，第6页。

第五章　高等教育选择主体构成及其关系

同成分不同程度的结合。"① 同时，克拉克教授从政府、市场和学术三者的互动消长关系出发，建构了一个国家、市场和学术权威三角力量的协调模式（见"三角协调图"②）。该协调模式的建构具有特殊的意义，它所界定的高等教育中存在的综合社会力量，不仅可以用来描述各个相互竞争的利益集团的主张，也可以用来表述高等教育中不同的价值体系和观点。

从"三角协调图"不难看出，不同国家在三角架构内所处的位置不同，有着不同的协调模式，具有不同特性的定位。比如，美国以市场力量为主导，意大利是学术权威至上的代表，而苏联（前苏联）则位于图中国家权力的顶端。中国的情况与前苏联比较类似，新中国的高等教育自诞生之日起，在国家、市场与学术权力三种力量或因素中，国家一直是影响高等教育发展的决定性力量，市场和学术力量相对乏力，在某种程度上甚至可以说从来没有出现过真正有影响的学术力量，市场力量在绝大部分时间内处于遮蔽状态，直到今天依然是式微的。诚然，我们必须看到，自我国高等教育进入大众化阶段后，国家与市场之间的界限和关系已悄然发生变化，不管人们愿意与否，市场力量在日益凸显已是不争的事实。

克拉克教授提出的"三角架构"于20世纪90年代广为世界各国的研究者们所参考研究、运用和推广，从不同国家高等教育发展的比较，到一个国家的高等教育乃至某一类别大学或单一学科发展的变迁分析，经常可以碰到研究者们在直接或间接地运用。经过不断地应用与修正，原本静态的三角架构逐步

---

① ［美］伯顿·R.克拉克：《高等教育系统：学术组织的跨国研究》，杭州大学出版社1994年版，第159页。

② 同上。

引入了动态的特质，赋予了新的内涵。我们认为，高等教育治理中的关键因素是多元的，而且各种因素之间的影响也是双向的，"三角架构"无疑优于简单的国家控制模式，也优于国家与市场二元控制和协调的模式，它有助于我们对不同国家的高等教育发展情况作比较分析。但是，国家、高等教育以及彼此之间的关系都不是静止不变的，国家、市场和学术三者之间的关系也不是静态的，即"学术的结构会改变，市场的内涵也随着时代而调整，两者的内涵既非恒久不变，其与国家的关系自然亦非恒久不变"[①]。这些调整或改变牵涉高等教育结构和功能的调整与转型，而国家与高等教育自身的变化则是这些调整或改变的强大动力。另外，不同国家由于其高等教育发展各异，学术与市场的定义与内涵也往往不同，我们可以通过分析国家、市场和学术三者之间关系的动态演进，找出一个国家高等教育发展的个性特质。

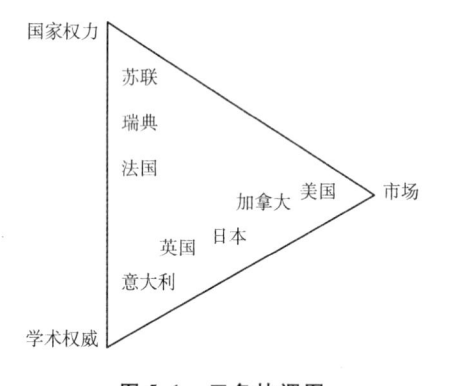

图 5.1　三角协调图

---

① 王瑞琦：《百年来中国现代高等教育》，高等教育出版社 2007 年版，第 22 页。

第五章 高等教育选择主体构成及其关系

当然,也并非所有的人都认同国家、市场和学术三者之间是一种"三角形式"的互动关系。例如,"自由主义假定每个人的本性是大体相同的,几乎没有或根本没有天生的差异,其基本点是利己的打算与合理的计算,如果我们让事物走自己的路,不加干预,我们就可以期望秩序与和谐从利益的冲突与分歧中自发地涌现出来"。[①] 因此,自由主义者认为国家与市场是完全对立的,市场意味着逾越国家的力量,强调按市场规则运作系属私有自由范围。政府应该扮演仲裁人而非参与者的角色,强大的政府参与会毁灭因市场自由而取得的繁荣和人类渴望的自由。新自由主义者延续自由主义的二元分类,立论于国家与市场对立,"中央调控被认为是官僚主义的、没有效率的"[②],"抵消国际贸易规则,解除政府管制、减少劳动保险和福利保险被视为刺激经济增长和最终确保全体社会成员财富最大化的最佳政策"[③]。对应到高等教育领域,新自由主义者主张减少国家或政府干预,高扬市场导向,认为政府调控的目的是高等教育系统更能迎合社会需要,不利于高等教育系统向多样化演进,从而减少了选择的空间和自由。新自由主义经济学家弗里德曼认为,"政府的权力过大会危害人民的自由"[④]。美国布兰迪斯大法官也警示人们:"当政府的目标对我们有利时,我们更应该提高警觉来维护自由。生为自由人,自应随时警觉,以抗拒心怀叵测的统

---

① 于海:《西方社会思想史》,复旦大学出版社 2003 年版,第 173 页。
② [英]玛丽·亨克尔、布瑞达·里特:《国家、高等教育与市场》,教育科学出版社 2005 年版,第 29 页。
③ 同上书,第 67—68 页。
④ [美]米尔斯·弗里德曼夫妇:《选择的自由》,台北长河出版社 1981 年版,第 15 页。

治者危害其自由。"[1] 当然，并非所有的自由主义者都提议取消政府对社会生活的一切干预。自由主义者边沁就相信，"在增进最大多数人的最大利益这个目标上，政府不仅可以有所作为，而且必须有所作为，因为这是衡量政府之合法性正当性的最终依据"。[2] 如同克拉克教授的理论要受到自由主义者的反对一样，新自由主义者自然也难免要遭受挑战，批评者认为市场与国家并不是两个分立、自我定位的制度，而是在市民社会之下较为宽广的相互纠结。[3]

我们认为，国家或政府作为高等教育的主要投资者，无论是从政治的角度或是经济的角度，还是从道德的角度讲，都有理由通过自己的权力来指导国家高等教育系统的发展，毕竟高等教育是一种准公共物品，但这种指导应该是宏观调控式的，不损害大学的自治和学术自由。当然，今天的大学正在变成开放的智力系统，同整个社会之间的"相互作用"在日益加强，因此大学应有一种责任感，深刻了解社会对高等教育有哪些方面的需要，而不是仅仅强调自治，更不能像鸵鸟一样把头埋在沙子里，要知道"相互作用"与"相互隔离"具有天壤之别。

三、高等教育治理权力的"生态构型"

从世界高等教育治理结构的变迁看，国家、市场、学术三大体系是客观存在的，只不过市场、学术的内涵因国家和时代不同而表现各异罢了。过去，很多国家不将市场看作高等教育

---

[1] [美] 米尔斯·弗里德曼夫妇：《选择的自由》，台北长河出版社1981年版，第3页。
[2] 于海：《西方社会思想史》，复旦大学出版社2003年版，第173页。
[3] 王瑞琦：《百年来中国现代高等教育》，高等教育出版社2007年版，第19页。

第五章 高等教育选择主体构成及其关系

发展的协调力量,即便有也是将它看成产生不稳定和不确定性的根源,但事实上谁也没有摆脱市场力量的影响,国家控制只是在有限的时空范围内发挥作用。因为当一个组织系统变得更加庞大和复杂时,管理层级必然要增加,此时如果权力依旧集中于顶层的话,就会变得难于管理,通常的做法是根据需要将权力逐级下放,或干脆将部分权力交给市场。在高等教育治理中,国家、市场和学术各自扮演着不同的角色,承担着特定的使命。比如,国外有学者认为,政府在高等教育中可以扮演仲裁者、推动者、代理消费者等不同角色:"首先,政府可以是一个'在供给与需求这两个互斥力量之间调停的仲裁者,以此来保证公平的竞争。或者,政府也可以把自己看做是这场比赛的推动者,它提供设备,建立规则,以此来达到超越市场的某种目的'。再者,政府可以'支持消费者,或者在极端的情况下,它可以作为唯一的代理消费者对高等教育服务实行独家垄断'。"[①] 很显然,这是一种典型的经济学观点。不过,我们认为国家更应该像一个"道德团体",通过法律和政策来规范社会行为,而不是一个以营利为目的的"经济实体"。而市场的使命通常是促进竞争,增强高等教育的活力。从本质上看,促进竞争既是一种调控工具,又是一项政策目标。促进竞争的政策是多元的,可以是精神激励,可以是经济激励,可以是中介组织机构的质量评估,还可以把家长和学生当成一种市场力量来理解。

国家、市场和学术各有各的运行逻辑,发生作用的领域和产生影响的范围也不尽相同,但它们都不是孤立的变量,而是相互作用的关系共同体,彼此共存于整个社会"场域"之中。

---

① [英]玛丽·亨克尔、布瑞达·里特:《国家、高等教育与市场》,教育科学出版社2005年版,第22页。

高等教育选择论

这就意味着，我们必须坚持对话体原则，即"在一个个体之内，有两种或更多的不同逻辑以多重的方式（互补的方式，竞争和对抗的方式）联系在一起，而不同逻辑的对抗性并不消失于整体性里"①。任何国家的高等教育治理权力体系都不是国家、市场和学术的简单"合成体"，而是三者以对话体的方式共存。国家、市场和学术三者之间不只是互补的，而且还是三种不同特定逻辑之间的竞争和对抗。正因为如此，我们在国家、市场、学术三者关系的理解上，还必须具有环形思维和循环逻辑，即把它们的繁衍和再繁衍的过程想象为那种不间断的彼此环环相扣，每时每刻都还是另一个时刻转化来的过程。客观地说，克拉克教授非常明了这一点，他所构建的"三角协调图"蕴涵着权力生态的特质。现在的疑问是，国家、市场和学术三种力量之间的强弱对比处于何种状态为最佳？从几何学或力学的角度看，当这三种力量相等时，它们所构成的三角形的重心、内心和垂心合一，此时的三角形最为稳定。但是，不同的国家有着不同的国情，国家、市场和学术三种力量构成的三角形可以有不同的类型，只要它们彼此的组合是和谐的，根基于本国的文化土壤和高等教育实践，有利于促进本国的高等教育发展即可。事实上，当今高等教育最为发达的美国，国家、市场和学术三种力量也不是均等的，而是一个以市场力量主导的高等教育的国家。

正因为国家、市场和学术的权力是一种生态关系，所以将高等教育治理的权力完全交与它们当中的任何一方，都是违背"对话体原则"的非理性行为，都会破坏高等教育主体的"权

---

① ［法］埃德加·莫兰：《反思欧洲》，生活·读书·新知三联书店2005年版，第16页。

第五章 高等教育选择主体构成及其关系

力生态"。历史与经验反复证明,集权在造就强大的同时,也在塑造弱小。比如,"从某种角度看,苏联给人一种无限强大的感觉。但我们也发现,从另外的角度来看,苏联又是无限的虚弱。苏联是一个庞大的帝国,单倾向自治甚至独立的离心力在这个国家的各地发酵。苏联是一个超级发达的军事强国,但它不发达的经济,在官僚体制的践踏之下,无力满足城市人口的需要。苏联国家的强大力量来源于它一党统治的独裁体制,但另一方面,对于专制主义来说,任何异己的力量,所有民主体制下稀松平常的多元对立都是极其危险的,这又成为专制体制的薄弱之处。因此两个相反的命题都是成立的,一方面苏联对欧洲形成最大的危险,另一方面它的经济又使自己成为一个虚弱的巨人"。[1] 更何况,国家控制高等教育的能力和范围都是有限的,即便是高等教育规模小而重视计划的瑞典,它的高等教育系统也会离开中央管理而去加强区域和地方高等教育的适应性。事实上,世界各国都在调整和改革本国的高等教育管理体制结构,表现出中央集权制国家分权化和分权制国家集权化的趋势。从制度安排看,无论在教育领域还是在经济领域,政府力量、市场力量和学术力量的优势都不是绝对的:"强制性的制度安排在一定程度上限制了人们的积极性和创造性,也存在着'政府失灵'的风险,但作为人类群体生活或组织化生活的集体选择是非常必要的。自愿性的制度安排通过市场机制来调节社会的经济活动有很大的自主性,但也存在着'市场失灵'的缺陷。"[2]

---

[1] [法]埃德加·莫兰:《反思欧洲》,生活·读书·新知三联书店 2005 年版,第 20 页。

[2] 席恒:《公与私:公共事业运行机制研究》,商务印书馆 2003 年版,第 21 页。

高等教育选择论

　　从科学知识发展的理路看,"物理、化学、气象学、哲学、人类学、社会学、经济学等学科的结构,并非任何人精心计划的结果。就同树木很自然地往上成长一样,各学科结构的形成,是因为学者发现那样比较方便。它并没有固定下来,而是随不同发展需要的发展而变化"[1]。仅凭此而论,似乎应该将权力尽数交给学术权威或学校,但问题并非如此简单。因为目前的大学或高等教育承载的责任很多,探究高深学问已不是其唯一目的,它必须在"完善高深学术和解决社会问题"之间求得某种平衡。这正如布鲁贝克教授所说:"高等教育越卷入社会的事务中就越有必要用政治观点来看待它。就像战争意义太重大,不能完全交给将军们决定一样,高等教育也相当重要,不能完全留给教授们决定。"[2] 当然,完全把权力交给市场也不妥,因为如此处理的不稳定性和不确定性太大,还有将学术研究推向市场和经济舞台的潜在危险,这些都不是人的理性所愿意面对和接受的。

　　总之,国家、市场和学术是作为一个整体而存在的生态系统,彼此都有各自的权利和责任,因此必须将它们置于互动关系中去思考和处理,任何强调或弱化某类主体权利和责任的做法,无疑都是缺乏关系思维和整体性思维的表现。按照埃德加·莫兰的逻辑,如果将高等教育治理权和选择权完全交给国家、市场和学术的任何一方,都有可能造成"虚弱的高等教育巨人"。因为无论是国家控制还是市场调节,抑或是学术协调,都难免有失灵和关照不到的时候。原理很简单,"无限有力"

---

　　[1] [美]米尔斯·弗里德曼夫妇:《选择的自由》,台北长河出版社1981年版,第37页。
　　[2] [美]约翰·S.布鲁贝克:《高等教育哲学》,浙江教育出版社2002年版,第32页。

第五章　高等教育选择主体构成及其关系

与"无限无力"是伴生的，某主体在某方面的"无限有力"必然会造成该主体在其他方面的"无限无力"。如果高等教育治理权力过于集中，一旦权力顶层出现分裂，就难免使整个高等教育系统的运行陷入混乱，发生连锁性崩溃或解体。事实证明，没有一个社会或组织系统能够完全以命令原则来经营，一个社会或组织系统也不可能完全靠着自愿的协同合作来推动，都或多或少地有些命令和自愿协作的成分，并且以各种不同的"组合方式"呈现出来。高等教育系统的治理也是如此，也应该如此。因此，我们主张不但要把国家、市场和学术看成是"关系共同体"，而且要将它们看成是"利益共同体"和"命运共同体"，并以此为基准构建它们之间的关系。

第六章　高等教育选择的复杂性思维

"什么是选择"、"谁来选择"和"如何选择",是人们习惯性叩问的三个密切关联的问题,而"如何选择"又是这三者当中人们叩问最多和最受关注的问题。那么,究竟如何选择?从理论上讲,我们可以从方法论、思维原则和操作技术三个层面来解答它。相比较而言,方法论比较抽象,距离选择实践较远,即从方法论到实践操作需要经过许多中介环节的转化;操作技术针对性强,适用于具体的选择,但缺乏普适性;思维原则介于方法论与操作技术之间,可以也容易通过中介环节的转化而指导选择实践。

高等教育选择比较复杂,其对象或客体包罗万象,且彼此具有各自的特征和品性,从操作技术层面探讨具体的高等教育选择方式方法,难免挂一漏万,最终还有可能抓不住问题的关键。而从方法论层面思考高等教育选择的理路问题,原本并无什么不可,但毕竟方法论还必须转化为思维原则,才能引领和指导高等教育选择实践。更何况,思维原则本身也具有一定的方法论意义或方法论性质。因此,从思维原则层面探究如何选择的问题,既比较切合实际需要,也容易让人理解和接受。事实上,若要真正走出高等教育选择的"迷宫",必须加强或着力于选择思维或选择方法的训练,而不是仅仅局限于或着眼于具体的选择技巧或选

第六章　高等教育选择的复杂性思维

择技术的掌握，当然也不能只停留于方法论的探索。

　　鉴于高等教育选择的复杂性和特殊性，我们必须从"简单思维"（如线性思维、还原论思维、实体思维和静态思维等）的樊篱中走出来，学会用"复杂性思维"（如非线性思维、整体思维、关系思维和过程思维等）[①]审视复杂的高等教育，实现高等教育选择乃至高等教育探究方式的突破与革新。从本质上看，非线性思维、整体思维、关系思维和过程思维是一个有机整体，共同构成高等教育选择的思维体系，彼此应该密切配合使用，以发挥其组合功能。在这里，我们之所以要对它们分别详加论述，并非有意"割裂"它们，而是为了更透彻地分析问题。事实上，在具体的高等教育选择实践中，是很难将非线性思维、整体思维、关系思维和过程思维完全分开运用的，甚至是不可能的。因为它们虽然具有各自的特点，但彼此却包含着对方的思想和精神，可谓"你中有我，我中有你"。比如，无论是非线性思维，还是整体思维，抑或过程思维，都犹如关系思维一样，无一不蕴涵着深刻的关系思想。也正因为如此，我们在阐述某一思维方式时，经常也要必须借助于其他的几种思维方式来解说和论证。

第一节　高等教育选择的非线性思维

一、用非线性思维审视复杂系统

（一）世界的非线性本质

非线性与线性相对，二者是数学中用来描述不同类型函数

[①] 彭新武博士认为，以非线性思维、整体思维、关系思维和过程思维为主要特征的考察事物运动变化的方式，可以称之为复杂性探究方式或者说复杂性思维。（参见彭新武《复杂性思维与社会发展》，中国人民大学出版社 2003 年版，第 35 页。）

关系的概念和专门术语。从系统的数学模型看，线性模型是一次的，非线性模型是非一次的。从几何图形或函数图像看，线性是指直线性，非线性则指非直线性或曲线性。从函数关系看，"线性就是一次函数关系，变量与因变量之间的关系遵循一次函数关系。而二次以上的关系均为非线性关系"。①

现实世界中充斥着线性系统和非线性系统，但这两者之间有着本质的区别，各自具有截然不同的属性、特征和运行逻辑。在线性系统中，两个变量之间是一种正比例关系，存在一个比例常数。这一比例常数的存在，意味着两个变量之间的相互作用，在时空上是均匀的和对称的，在性质上是同一的和等价的，具有可加性和可分性。与线性系统所具有的同一性、等价性、均衡性和对称性相反，差异性、多样性、非均衡性和非对称性是非线性相互作用或非线性关系的总体特征。② 从本质上看，线性只是非线性的极限形态，线性相互作用和规则简单的秩序是一种特例，并非普遍意义上的定则。

在线性和非线性世界里，事物具有完全不同的意义和景象。"在线性世界里，一切都是平庸简单的，太阳底下没有新东西，不会产生任何奇异独特的事物。因为一切直线都是同构的，彼此只有表面的差别，经过简单的平移、旋转即可重合为一。而在非线性世界里，太阳下面新东西层出不穷，非线性事物有无穷多种不同类型，不可能经过变换使所有非线性事物重合为一。"③ 另外，非线性系统与环境之间的互动比较复杂，

---

① 吴彤：《多维融贯——系统分析与哲学思维方法》，云南人民出版社2005年版，第3页。

② 彭新武：《复杂性思维与社会发展》，中国人民大学出版社2003年版，第35页。

③ 苗东升：《系统科学大学讲稿》，中国人民大学出版社2007年版，第283页。

第六章 高等教育选择的复杂性思维

彼此之间的信号传递是曲线式的,"环境发出的某个 A 察觉不到的信号可能被 B 收到,B 把它转变成另一种刚好 A 可以接收的信号,这样 B 起了中转站的作用,A 就通过第二级通信感知了环境所发出的信号,从而对环境的变化作出反应。"[①] 由此可见,世界因非线性而变得复杂。但是,如果世界上只有非线性,它们不随时间而变化,即没有动态性,问题也不会很复杂。不过,如果非线性再加上动态性,时间因素在系统行为中发挥显著作用,问题的复杂性就会发生本质的变化,而"现实世界恰好既有非线性,又有动态性"[②]。"非线性+动态性"构成系统复杂性的根本原因,而是否存在非线性和动态性,也成为本体论上区别"复杂性与简单性"[③] 的基本标尺。

世界在本质上是非线性的。在现实世界中,非线性可谓无处不在,非线性系统也要比线性系统多得多和复杂得多,现在已知的非线性方程虽有若干种类型,但可解的极少,即便限定初始条件和边界条件,人们能解的非线性问题也不多。研究发现,对于非线性问题或非线性系统,"无论其演化还是其问题规模、问题与其他方面的联系,都不能按照传统的'一加一等

---

① [比]伊·普里戈金、[法]伊·斯唐热:《从混沌到有序》,上海译文出版社 2005 年版,第 17 页。

② 苗东升:《系统科学大学讲稿》,中国人民大学出版社 2007 年版,第 284 页。

③ 从认识论上看,复杂性与简单性是相对的,彼此之间的区分不仅取决于客体的性质,也取决于主体的认识能力、认识目的和需要。第一,不同的对象,其复杂性不同。第二,对于同一对象,不同的认识主体或同一认识主体在不同的认识阶段,对于简单性与复杂性的区分是不同的。研究和实验发现:在蚂蚁的眼里,世界是线性的;在普通动物的眼里,世界是平面的;而在人的眼里,世界是立体的、非线性的。第三,主体的认识目的和需要决定主体对客体的认识层次,同一对象在不同的认识层次上,其简单性或复杂性的界定也不同。——笔者注

于二'的线性思维方式加以思考和解决"①。正因为如此,"人的认识不是直线(也就是说不是沿着直线进行的),而是无限地近似于一串圆圈、近似于螺旋的曲线"。② 目前,人们对客观世界的认识和看法,正经历着一个根本性的转变,即"转向多重性、暂时性和复杂性"③。

(二) 非线性思维的认识论意义

基于非线性相互作用或非线性关系的特性,我们若想比较全面地认识非线性系统的本质状态,就必须充分运用非线性思维,尽可能采取不同的途径和方法,从不同的层次和维度把问题提出来,而不能满足于一因一果的简单解释。同时,非线性思想或思维要求人们放弃对复杂系统演化的具体形式和途径做出精确预测。其主要原因在于,复杂系统的演化对初始条件不敏感或依赖不大,我们难以依据其初始条件预见其演化的具体途径,但我们可以预见其演化的宏观趋势。当然,正如前文所述,具有"混沌事件序列的非线性系统"或"混沌系统"并不排除局部的可预测性,比较精确地对混沌系统的短期演化作出某种程度的预测,不仅在理论上成立,而且在实践上也可行。

目前,人们已逐步认识到非线性系统的客观性与普遍性,但线性思维的力量依然非常巨大,非线性思维常常被放逐和搁浅。当下流行的经济决定论、技术决定论、效益优先论等,无疑都是受线性思维统摄和支配的重要表现。从选择论的视角

---

① 吴彤:《多维融贯——系统分析与哲学思维方法》,云南人民出版社2005年版,第3页。
② 《列宁全集》第55卷,人民出版社1990年版,第200页。
③ [比]普利高津、[法]斯唐热:《从混沌到有序》,上海译文出版社1987年版,第26页。

第六章 高等教育选择的复杂性思维

看,线性思维容易酿成"非此即彼"的选择。如经济决定论认为,只要经济问题解决了,其他方面的社会问题都可以迎刃而解。然而,我们经常见到的事实是,经济增长的同时,人口爆炸、贫富两极分化发展得越来越快,能源消耗和环境破坏日益严重,人们对自然的榨取似乎已经到达极限。也就是说,单纯的经济增长并没有解决所有的社会问题,相反在某种程度上加重了某些社会问题,在不少领域还引发了一系列新的社会问题。又如,技术乐观主义认为,依靠技术的发展,人类没有解决不了的问题。当然,事实并非如此。技术进步只是也只能以极其有限的方式弥补或解决少数问题,或者说最多只能暂时推迟某些破坏的到来,"人类没有解决不了的问题"只是一种假设或人类的过度自信,"在狭隘的自我中心的价值观和近似的国家制度的框架中实行技术修补,无补于世界问题的解决"[1]。在高等教育领域,线性思维同样拥有很大的市场和数量庞大的坚守者。比如,当下许多人相信,教育问题根本上是由经费短缺而引起的,加大经费投入就可以解决所有的教育问题。正是存在这样的思维和逻辑,他们认为单靠金钱就足以"堆"出世界一流大学,或认为世界一流大学就是钱"堆"出来的。殊不知,包括政治、经济、文化、教育等在内的社会问题都是相当复杂的,它们的存在和发展与多种因素相关,企图通过某种因素的破解而达到解决所有问题的目的,几乎是不现实的。同时,就整个社会系统的生存与发展而言,各个社会子系统之间唯有形成"功能耦合"关系,才能真正发挥其功能,才能彼此相互搭建广阔的平台。这就是说,无论是经济决定论,还是技

---

[1] [美]欧文·拉兹洛:《人类的内在限度:对当今价值、文化和政治的异端的反思》,社会科学文献出版社2004年版,第6页。

术决定论，抑或效率优先论，都既没有现实的依据，也不能得到现代科学的支持。

当然，非线性也并非万能的答案，非线性思维也并非无所不能的思维。不过，我们谁也不能否认，非线性思维是一种比线性思维更好的思考问题和探究问题的思维方式。从比较分析来看，线性思维的局限是显而易见的，"当原因和结果在时间和空间上并不接近时，明显的介入不会产生预期的结果"①，因为原因和结果的隔离，各种变化使得问题变得更加复杂。在非线性系统中，通常不存在直接的原因和结果，即原因和结果之间往往存在中间环节，不可直接推导。因此，对于非线性系统，我们必须看到各种复杂的非线性因果关系，而不是简单的线性因果链；必须看到事物发展的整个过程，而不是一闪而过的单个画面或片段。否则，尽管我们有良好的愿望，也难免总是把事情搞糟，以至于"做了"反而比什么事情都"没做"还要糟糕，即造成"愿望是好的，结果却是坏的"。事实上，这种情况在社会各个领域经常发生。

二、非线性思维中的高等教育选择

（一）作为非线性系统而存在的高等教育

社会系统是典型的非线性系统。作为社会系统的子系统，高等教育的非线性不仅表现在它与外部环境系统之间关系的非线性，也表现在其内部各组分之间、各子系统之间关系的非线性，还表现为高等教育母系统与各子系统之间关系的非线性。高等教育中各种非线性关系或问题的客观存在，要求我们在研

---

① ［加拿大］迈克尔·富兰：《变革的力量——透视教育改革》，教育科学出版社 2005 年版，第 28 页。

第六章　高等教育选择的复杂性思维

究高等教育以及进行高等教育选择时，必须采取非线性的复杂性探究方式，而不能把高等教育复杂性本质的非线性方面近似为线性的简单性加以处理，"化曲为直"固然可以使问题简化，但偏颇和错误也在所难免。正因为如此，系统哲学家拉兹洛深刻地指出："从今日世界许多趋势和进程的非可持续性可知，应用于未来的发展动力，不是古典推测法的线性动力学，而是复杂系统进化的非线性混沌动力学。"[①] 作为开放的复杂性系统，高等教育的运动发展遵循非线性动力学原理，刻意地"化曲为直"只能是一种自欺欺人的做法和选择。高等教育的非线性表现在多个方面，但我们仅从以下两个维度对其进行解读：

1. 高等教育与外部环境系统之间关系的非线性

高等教育嵌套在复杂的社会环境系统之中，同其他社会子系统诸如经济、政治、文化以及各种社会因素存在着密切的联系（当然，社会各子系统和因素之间也是密切联系的、相互制约的），其运行发展要受到经济、政治、文化以及各种社会因素的制约。但是，"制约"都不等于"决定"，经济、政治、文化以及各种社会因素都不能单独地"决定"高等教育的运行和发展状态，它们通常以合力或组合的形式"影响"或"制约"高等教育的生存与发展。因此，将高等教育发展的快慢或成败与否，单纯归因于政治、经济、文化、制度、政策等某一因素，都是片面的和不客观的，都是对高等教育发展多动力的变相否定，都是对复杂的高等教育非线性关系的漠视或有意忽视。殷鉴不远，1978年以前，当我们将政治置于决定教育乃至一切的支配地位时，它所产生的结果是什么？毋庸讳言，历史已经告诉我们十分明确的答案。今天，当人们将经费视为学

---

① [美]欧文·拉兹洛：《巨变》，中信出版社2002年版，第9页。

高等教育选择论

校生存与发展的唯一或最主要的决定性因素时,最终我们所看到似乎也并不像预想的那样乐观。

经济可谓是与教育或高等教育关系最为密切的领域,或者说经济之于教育的基础作用是相当明显的。借用经济学家王亚南教授的话说,"我们如果展开了社会经济的基本变革,一切传统的教育思想,都将变为无力的挣扎;我们如果不允许社会经济的基本改革,舶来的崭新的教育思想,亦只能表示一些不易在社会上生根的空想"。[1]但我们也要看到,教育与经济之间并非简单的线性因果关系,很多高等教育现象和问题都不能用经济发展水平的高低来解释。从本质上看,经济与高等教育几乎是平行关系,密切只是反映两者之间关系的"程度",并不反映两者之间关系的"性质"。例如,12世纪中国经济发展水平明显高于欧洲大陆,但大学却并不在中国诞生,相反却孕生于欧洲大陆,而中国直到1896年才有了第一所大学——南洋公学(西安交通大学和上海交通大学的前身),足足迟了近700年。在经济更为落后的北美洲,1636年就有了哈佛学院,与之相比中国也足足晚了260年。又如,中国2003年世界排名前500位的19所大学中,经济发达的香港占有5所,但经济相对比较发达的广州却一所也没有。以色列在亚洲无论就GDP总量还是人均都不是最高的,但在亚洲进入世界前100名大学的仅有的两个国家中就有以色列。[2]事实上,不仅经济与高等教育之间的关系如此,经济发展与社会发展之间的关系又何尝不是如此,那种"国民收入增长迟早会解决所有社会和政治问题"的假说早已证明不成立。但令人遗憾的是,当下人们

---

[1] 王亚南:《社会科学新论》,经济科学出版社1946年版,第60—61页。
[2] 张楚廷:《教育哲学》,教育科学出版社2006年版,第283页。

第六章 高等教育选择的复杂性思维

论及世界一流大学的建设时,几乎都绕不开一个"钱"字,似乎所有的世界一流大学都是用钱"堆"出来的。当今世界的许多一流大学的确富可敌国,但在这些用钱"堆"起来的世界一流大学的背后,还有着深刻的文化、制度等方面的原因。如果真的能用钱"堆"出世界一流大学,我们相信所有经济发达的国家,当然也包括像中国这样的发展中国家,肯定能在短期内建成若干所世界一流大学。当然,也有可能存在与此类似的奇迹,我们也不排除未来会发生这样的事情,但那绝对是一种"小概率事件"。

经济对高等教育的作用是巨大的,但这种作用是相对的,只是一种制约作用,而不是决定性作用,更不是唯一的决定作用。这一如本·戴维所言:"高等教育数量规模的发展速度并不单纯由 GNP 的水平决定,而是受各自社会的阶级结构、职业结构、教育结构三者及其相关结构所左右。"[1] 日本著名的高等教育研究专家田野郁夫也类似地指出,日本高等教育数量规模的急剧扩张之所以成为一种必然,在于受流动化的阶级结构、职业结构和教育结构等因素的"综合影响"[2]。

---

[1] [日]天野郁夫:《高等教育的日本模式》,教育科学出版社 2006 年版,第 119 页。

[2] 天野郁夫认为:"近代高等教育产生时期,同时也是由于传统的身份等级制度的崩溃而导致社会阶层结构流动的时期,彻底抛弃旧幕府时期的'遗产'而产生出的新高等教育机构,成为各种高级专门人才的主要培养与供给机构,以从这里输送出去的高学历者为中心的群体形成了新的中产阶级。当时我国的 GNP 水平与欧美国家相比处于非常低的水平上是不言而喻的,但流动化的阶层结构产生了具有强烈向上(出人头地)欲望的众多希望入学者,以及近代化、工业化的开始,也带来了对相对多数的以高级专门人才为主的新人才的需求。我国高等教育由于有效地结合并满足了这种'推力'和'拉力',使得数量规模的急剧扩张成为必然。"(参见[日]天野郁夫《高等教育的日本模式》,教育科学出版社 2006 年版,第 119 页。)

2. 高等教育系统内部各种关系的非线性

高等教育本身由多种内在联系的子系统构成，各子系统之间相互作用、相互联系，彼此共处于复杂的非线性关系网络之中。由于存在复杂的非线性相互作用，高等教育系统的整体行为并非各子系统或局部或个体行为的简单相加，往往是组成高等教育系统的一切要素、单元、子系统的相互依赖、相互结合、相互渗透、相互制约的交互作用的结果。正是因为如此，"整体的有序与局部的无序"或"整体的无序与局部的有序"，在高等教育领域都普遍存在。譬如，一个国家的高等教育状态通常不等于各区域高等教育的状态之总和，一所大学的教育状态也往往不等于各学科专业的教育状态之和。因此，一个结构与功能优化的高等教育系统，应该是由彼此互补的高等教育子系统构成，这种互补绝不只是简单的强强互补，它可以是优势互补，可以是特色互补，还可以是结构互补，抑或其他。

高等教育内部关系的非线性，可以从大学内部的学科关系直接考察到。大学是由多个学科构成的生态系统，学科与大学、学科与学科之间彼此相互作用、相互影响。然而，不同学科对于大学的作用往往不具有可加性，各学科的发展变化往往并不绝对同步地引起大学系统发生相应的变化，而某一学科的变化也并不必然引起另一学科发生相应的变化，尽管学科与大学、学科与学科彼此经常互为发展的条件与结果。

3. 高等教育非线性问题的普遍性与隐蔽性

正因为高等教育是一个充满非线性关系的复杂系统，所以高等教育领域存在大量的诸如公平与效率、数量与质量之类的"非线性关系问题"。这类问题的非线性关系比较隐蔽，直观上很难看清它们之间的本质联系，容易被人们划归为"彼此对立且可以相互解释"的范畴。然而，大家所熟知的高等教育的公

第六章　高等教育选择的复杂性思维

平与效率，两者之间不存在简单的线性因果关系，彼此并不能相互解释，即高等教育效率的提高并不意味着公平状况的必然改善，高等教育公平的增加也不意味着效率状况的必然提高，高等教育不公平问题也不一定是由高等教育效率不高所引发的。从这个意义上说，若将高等教育的不公平归因于效率低下，就难免会掩盖高等教育不公平的真正根源。

对于高等教育的数量与质量，人们最容易产生这样的误解：数量的增长必然导致质量的下降，或者高等教育规模扩张必然引起高等教育质量下降，即将数量和质量视为一对完全对立的范畴，数量增长必然要以牺牲质量为代价，质量提高首先必须控制数量，似乎数量增长与质量提高之间存在解不开的"死结"。从表象看，似乎确实是这样，数量与质量的矛盾性远远要大于二者之间的统一性。但从本质上看，数量与质量是辩证统一的，即任何质量都表现为一定的数量，没有数量也就没有质量；没有质量，数量再多也没有用，这样的数量也只是表面的和暂时的。因此，高等教育的发展应该是一种有质量的数量增长，数量增长和质量提高都是高等教育发展的要素指标，但数量增长是第一要素指标，因为没有高等教育数量的增长，高等教育的质量和发展都无从说起。从这个意义上说，高等教育的数量增长与质量提高之间，并不存在人们想象的那种解不开的"死结"。当然，数量的增长不等于发展，数量上暂时的零增长或负增长也并非一定不是发展。因为数量增长是一种"震荡式"的上升趋势，是在一定区间内的"波动式"增长，而不是永无止境的上升。在一定的时空条件下，为了使高等教育更好地发展，我们有必要对高等教育的增长速度和规模做适当的收缩和调整，只要总的趋势表现为增长即可。因此可以说，"从大幅度规模扩张到规

· 315 ·

高等教育选择论

模扩张放缓与提高教育质量"①,既是一项基于数量和质量辩证关系的战略选择,也是一项具有战略思维和长远眼光的决策,更是我国高等教育可持续发展的内在要求。

今天,绝大多数人都能够洞悉高等教育数量与质量之间的辩证关系,主张高等教育应该适度发展。现在新的问题是,由于受线性思维的影响太深,不少人误以为适度发展就是控制规模和速度。事实上,虽然适度发展与发展的速度和规模有关,但不等于一定与加快发展和大规模发展相矛盾。那种符合高等教育规律和目的的加快发展和大规模发展,也属于适度发展的范畴。某些不快不慢、不多不少的发展,看起来似乎是适度

---

① 我国高等教育规模大幅度扩招始于1999年,持续七年之后,普通高校数由1998年的1071所,发展到2005年的1792所,年均增长7.63%;普通高校本专科招生人数从159.68万增加到504.46万,年均增长率为17.86%;普通高校本专科在校生人数由413.42万上升到1561.78万,年均增长率为20.91%;高等教育的毛入学率由1998年的9.8%,提高到2002年的15%、2005年的21%,高等教育按计划提前进入大众化发展阶段。高等教育规模的持续扩张引发了一系列问题,尤其教育资源配置增长滞后,数量增长与质量提高的矛盾日益突出。针对这些问题和矛盾,2006年5月10日,国务院总理温家宝主持召开国务院常务会议,在全面听取高等教育工作汇报之后,做出了对高等教育发展规模进行重大调整的决策,同时指出高等教育规模扩张要放缓,把重点要放在提高质量上。对此,教育部新闻发言人王旭明于5月25日表示,2006年国家下达的高等学校招生规模增长幅度不超过5%,各地要严格执行国家下达的计划,不能突破;教育部将对招生计划执行不好的省份加大调控力度,如对2006年普通高校招生仍然没有按照5%计划执行,超计划、违规招生的,在博士点、硕士点新增高校备案审批,包括基本建设投资等方面都要进行限制;对超过指标多招的学生,将不予电子注册。5月底6月初,中组部、中宣部、中编办、教育部、发改委、公安部、民政部、财政部、人事部、劳动保障部、人民银行、工商总局、国务院扶贫办、团中央等十个四部门联合下发了《关于切实做好2006年普通高等学校毕业生就业工作的通知》(以下简称《通知》),《通知》强调,各省级政府有关部门要适当控制高等学校招生增长幅度,相对稳定招生规模。此外,围绕高等教育规模扩张放缓与提高教育质量问题,教育部召开的教育部直属高校和新建本科院校教学工作会议都明确提出,要深化教学改革,实施高等教育"质量工程",全面提高教育教学质量。——笔者注

第六章　高等教育选择的复杂性思维

的，但实际上却不符合高等教育的规律和目的，自然不属于真正的适度发展范畴。除了规模和速度适度外，高等教育的适度发展还包括高等教育各部分的适度发展和高等教育整体的协调发展。高等教育各部分的适度发展，出于各部分自身发展、其他局部发展和系统发展需要的最佳匹配，是一种综合的权衡，包含了中和的意旨；高等教育整体的协调发展，是凭借相互关联、相互照应、相互促进和相互制约所达到的高等教育的局部与局部、局部与系统、系统与环境都很耦合的发展，是一种合乎高等教育发展规律和目的的发展，显示了中和的结果。高等教育的适度发展，是一种恰到好处、过犹不及的状态，它类似于宋玉《登徒子好色赋》中的东方处子：增之一分则太长，减之一分则太短，施粉则太白，施朱则太赤。

（二）高等教育选择对非线性思维的诉求

高等教育的非线性已逐渐为人们所认知，但长期以来深受机械决定论的影响，高等教育研究者和行动者依然习惯于从"秩序"或"定则"的角度，审视高等教育的各种关系和问题，俨然将高等教育过程视为一种程序化的可操作过程，相对放逐高等教育的无序性、偶然性和不确定性。事实上，高等教育在本质上是复杂的和非线性的：线性相互作用和规则简单的秩序，只是高等教育运行发展的一种特例，是暂时性的，并非固定的和永恒的法则。既然是这样，我们在处理高等教育各种关系和解决高等教育各种问题时，就应该告别线性的因果关系思维，灵活运用非线性思维，因为一味地"化曲为直"，只能限制我们的思维和视野，最终毫无理性地将复杂的高等教育关系或问题简单化。对于复杂的高等教育系统，如果我们想比较全面地认识其本质状态并做出各种理性的选择，就必须从不同的层次和维度将各种关系与问题揪出来，而不能为了追求简单的线性因果解释而把复杂的关系与问题隐藏起来。当然，由于高等教育中存在太多的非线性，要穷尽它们并获得理想的效果也不现实，适当地采用某种简化的方式是必要的。但是，这并不等于可以忽视或不考虑高等教育的复杂性和非线性，必要的简化只是要求我们不能"淹没"在高等教育纷繁杂乱的关系之中而没有自我。

运用非线性思维就是对高等教育的演化发展，持一种宏观的、有限精确的预测观和选择观。因为对于包括高等教育系统在内的复杂系统，"即使我们已知初值和边界的约束，系统仍有许多作为涨落的结果态可供'选择'"①，人们通常难以对其具体的演化路径和形式做出长期预测，但可以在宏观层面对其演化发展的总体趋势作出弹性的预测。因此，面对复杂的非线性高等教育改革与发展问题，"解决的办法并不在于设计较好的改革方案，从某些具体的革新和政策上搞再多的花样也无济于事"②，而在于能够根据时空条件的变化适时地调整策略和措施。因为高等教育的改革犹如一项充满不确定性的旅程，而非一张程序化的蓝图，其运行发展经常违反常理。事实和经验也告诉我们，高等教育实践或行动很难被严格确保在初始轨道上长久实施，许多教育政策或教育制度出台后，不久便发现无法继续推行就是此理。之所以会出现这种情形，根源在于制定一项好的高等教育政策或制度，总是需要一定的时间来收集数据、分析结果并提出相应的立法和行政措施，但是有关的数据常常是零乱的、非定量的，甚至是缺失、错误或不完整的。而

---

① ［比］普利高津：《确定性的终结》，上海教育科学出版社1998年版，第55页。
② ［加拿大］迈克尔·富兰：《变革的力量——透视教育改革》，教育科学出版社2005年版，第9页。

以这样的数据分析为基础,生成的政策或制度当获准实施时,自然早已经时过境迁。

从现实来看,当下几乎所有的大学都潜心于制定发展规划,但为什么多数大学的发展规划难以付诸实施,或者实施一两年便停止,最终被搁浅或流于形式。根源在于,这些发展规划的生成没有充分考虑到高等教育或大学运动发展的非线性特征,完全是一种程序性规划或线性规划,集中表现为由预先确定的不可改变的行动序列构成。这样的规划只能在具有很少随机性和无序性的环境中付诸实施,在出现预料之外的情况或危险时只有中止。在现实中,大学的运行发展非常复杂,既包含着决定性的和可逆的因素,也包含随机性的和不可逆的因素,具有有序和无序交混的性质。然而,我们制定大学发展规划时很少考虑这些,潜心探求的是如何构建可操作的线性行动序列,但现实大学的运行发展走的却是一条非线性的发展轨迹,遵循的是非线性因果律。因此,如果要提高大学发展规划的科学性与时效性,在制定发展规划时,就必须考虑大学运行发展的非线性特性,力求使发展规划做到"程序性与策略性相统一"。因为有序性决定了大学的运行发展应按一定的程序和计划来展开,而其无序性又决定了大学的运行发展不能完全按程序和计划来进行,恰切的选择是将有序与无序都纳入视野,生成程序性与策略性有机结合的发展规划。不然的话,若只强调有序性,只按严格预制好的程序来经营大学,实质上就是把大学运行发展的一切无序性、偶发性因素还原为简单性,这样就不可能有大学系统的"新质事物的产生"和"罕见的有利机遇"的出现。

(三) 程序性与策略性统一的学科建设与发展规划

大学是以学科建制为基本特征的,无论是大学的科学研究还是人才培养，都是按学科类别分类进行，都是以学科形式进行组织和管理。因此，大学的改革与发展惟有得到学科的支持，才有可能获得成功。然而，高水平的学科不是自然生成的，而是大学科学规划、长期有效投入建设的结果。大学的学科建设与发展是一项集学科设置、梯队建设、科学研究、人才培养和条件改善等多项建设于一体的综合性建设，其目的在于规范学科建设管理，优化学科结构，提升学科功能，提高学科发展水平。如此复杂的系统工程，假若缺乏科学规划，其行动和实践必然缺乏理性，最终造成不必要的浪费和损失，降低学科建设与发展的质量和效益，最终影响学科乃至大学的可持续发展。因此，根据学科发展的内在逻辑和社会发展需要，结合学校实际，以系统科学为指导，灵活运用复杂性思维探究方式，生成一个既切合学校发展实际又富有远见的学科建设与发展规划，是学科乃至大学可持续发展的必然要求。用今天的眼光看，大学学科建设与发展规划是一种关于大学学科如何发展与建设的长远计划，它不仅仅是一套规定好的目标、程序、步骤、方法和措施，还是"一种对未来的态度，一种活动方式，有了规划，学校的学科建设行为就得基于对未来的考虑，就要坚决地将其作为大学管理不可分割的一部分进行持续、系统地规划"[1]。

正因为学科建设与发展规划具有如此特殊的意义，20世纪80年代后期以来，我国一直非常重视大学学科建设与发展的规划工作。1987年国家教委颁发了《关于做好评选高等学校重点学科申报工作的通知》，继而根据《关于评选高等学

---

[1] 张慧渊、徐枞巍：《关于高等学校学科建设规划若干问题的探讨》，《学位与研究生教育》2003年第5期。

校重点学科的暂行规定》遴选了一批国家级重点学科，之后几年国家教委多次组织专家分期分批对重点学科进行评估检查。1993年国家教委成立"211工程"办公室，其目的就是加强对国家重点建设的100所大学和重点学科的宏观指导。各省区为了促进本地区大学学科的发展，也相继设立专门机构，加强了对学科建设工作的统筹规划和指导。经过20多年的努力，我国许多大学、尤其是一些名牌大学的学科建设与发展取得了可喜的成绩。但我们也看到，由于学科建设与发展规划不尽合理和科学，许多大学在学科建设与发展中走了不少弯路，致使许多资源不经意被浪费，降低了学科建设与发展的质量和效益。

规划与发展是有机统一的，假如规划不科学，学科建设与发展自然效果不佳。如果将国内高校的学科建设与发展规划做一个简单对比，我们不难发现，各高校的规划设计"从框架结构到操作程序"具有相当高的雷同性，好像用一个模板印刻出来似的，缺乏学校的个性和特色，只是一种理想性的宏伟蓝图，或者说只是学校各部门计划的"简单拼凑"。深层次地看，绝大多数大学的学科建设与发展规划主要是一种程序性规划，即由一系列固定的行动序列组成，整个规划指向确定性因素而忽视不确定性因素，注重线性关系而忽视了非线性关系，只注重学科系统的单一要素而忽视了系统的整体性和战略性，整个规划只是某几个人和某个部门的单一行动而不是集体的信念。从实践效果看，程序性规划的最大弊端在于，当环境发生变化或系统某个要素发生变化时，行动的序列就会停止，整个规划就会无所适从。导致大学学科建设与发展规划程序化的原因很多，有历史与现实的原因，有高校自身主体性缺失的原因，有对学科本质特征和复杂性认识不清的原因，有对学科发展宏观走向把握不准的原因，有思维方式的原因，抑或还有其他。但当务之急，我们要认清大学学科的本质特征和复杂性特征，准确把握学科发展的宏观走向，革新学科建设与发展的思维方式，引导学科建设与发展规划从程序性规划走向包含程序性规划内核的策略性规划。[1]

与程序性规划相比，策略性规划是在正视学科发展的确定性和不确定性、有序与无序、线性和非线性交混之特性的情况下制定的行动方案，可以根据在执行过程中搜集到的信息、遭遇到的偶然事件而适时修改。也就是说，策略性规划是在非线性思维引领下生成的行动计划，是我们对学科发展远景和规律认识的产物。既然学科的演化发展经常表现为局部的杂乱无序和整体结构的有序，那么大学的学科建设与发展规划就应该使程序性与策略性统一起来。但长期以来，受机械决定论和科学主义的影响，人们相对厌恶无序性和不确定性，偏爱或习惯于强调有序性与确定性而放逐无序性与不确定性，希望通过降低复杂性或不确定性来增强学科系统发展的可预测性和可控性，达到可以按程序性规定开展学科建设的目的。在我们看来，强调学科系统的结构性、有序性和确定性，虽然可以提高学科建设的运作效率，但它也会降低学科系统的创新能力，因为降低不确定性或复杂性本身意味着可供选择方案的减少，而选择方案的减少无疑意味着适应性的下降，而适应性恰恰是学科系统可持续发展的有力保证。[2]

---

[1] 姜凤春、李枭鹰：《从程序性序列走向策略性规划——复杂性视野中的大学学科建设与发展规划》，《辽宁教育研究》2007年第10期。

[2] 李枭鹰：《论大学学科系统建设与发展机理——复杂性科学的视角》，《中国高教研究》2007年第7期。

第二节　高等教育选择的整体思维

一、还原论思维的历史命运

(一) 还原论的兴衰

从总体上看，在近代尤其是 20 世纪上半叶，西方哲学的主流思潮是分析性的和还原论的。这种思维方式的特征是：把自然现象还原为机械运动，把事物的整体分解为基本的零部件来认识其结构和功能。① 对此，阿尔文·托夫勒曾有过精到的描述："在当代西方文明中得到最高发展的技巧之一就是拆零，即把问题分解成尽可能细小的部分。我们非常擅长此技，以致我们竟时常忘记把这些细部重新装到一起。""在科学中，我们不仅习惯于把问题划分成许多细部，我们还常常用一种有用的技法把这些细部的每一个从其周围环境中孤立出来。"②

从思想或理论根源看，还原论是以原子论和机械决定论为基础的，即认为"世界是由可以分割开来的大小不等的实体组成，这些实体之间由某种作用力来维系，较高等级的实体属性都能从组成它的较低级的那些实体的属性和相互作用中得到解释，它们都受某些决定论的规律的支配，沿着单一轨线进化"③。与此相对应，还原论思维就是把世界分解得尽

---

① 彭新武：《复杂性思维与社会发展》，中国人民大学出版社 2003 年版，第 40 页。
② ［比］伊·普里戈金、［法］伊·斯唐热：《从混沌到有序》，上海译文出版社 2005 年版，第 1 页。
③ 闵家胤：《进化的多元论》，中国社会科学出版社 1999 年版，第 424 页。

可能小、尽可能简单,然后再为理想化的问题寻找解题的答案。从本质上看,还原论思维是一种分解和隔离因果链的分析方法,即首先把所要研究的事物分解为若干小的部分,再把这些部分从环境中割裂出来,可以不问部分与部分之间复杂的相互关系,甚至把部分重新组装到一起也忽略掉和忘记掉。从逻辑上讲,运用还原论思维取决于两个基本条件:"首先是'部分'之间的相互作用不存在或者微弱到某些研究任务可以不考虑的程度。只有在这种情况下,部分才能实际地、逻辑地、数理地'求出'来,然后'放在一起'。第二个条件是描述部分的行为的关系式是线性的;只有这样才有累加性条件,即:描述总体行为的方程和描述部分行为的方程具有相同形式,可以通过部分过程相加来取得总体的过程。"[①]

还原论方法及其思维的局限性是昭然的:它假定实在的基元是孤立的、独立不变的,而忽略实在的关系特征和整体性,背离了真实世界的本来面目,让人们看到的是"被箱格化"和"被肢解"了的世界,以致人们对它的认识面目全非。从思维路径看,每一步还原可以说都是一种对整体、过程和复杂性的抽象和切割,都是一种对原有的部分关系和属性的丢弃。今天,当科学在研究日益变得复杂的过程和关系时,纯粹的分析方法或还原论是有局限性的,"它对观察到的或推理出来的过程不断地追溯到其最小单元,并用因果的相互作用来解释它们。这种做法尽管对获得孤立事件的详尽知识起重要作用,但可能对理解特定现象具有决定性意义的较大的相互关联却不加

---

① [奥]贝塔兰菲:《一般系统论:基础·发展·应用》,社会科学文献出版社1987年版,第16页。

第六章 高等教育选择的复杂性思维

考虑。它造成了专门化和与其相伴随的种种特征：专门的语言、方法、观念以及注意焦点等等。总之，还原主义造成范围有限的理论的多样性，其中每一样只适用于高度专门化事件的一个很小范围，而对其余范围则无所适从了"。[1] 哈肯借用歌德的话，对还原论的不足进行了精妙解说："部分已经掌握在我手中了，可惜还缺少那精神纽带。"[2] "只见树木，不见森林"，没有比这更言中还原论的要害了。但不可否认，在某些特殊的领域内，分析方法或还原论的思维方式曾经相当成功地指导了理论的形成和实验的开展，尤其为一系列被理想化了的问题找到了解决方案，而且有不少通往诺贝尔奖的康庄大道也是用还原论方法开辟的。

（二）整体论思维的孕生

现代科学不断地发现和证明，现实世界并不像原子论者所想象的那样简单，"一切事物和一切人都是互相关联的。每一件事物影响另一件事物。不管差别多么大，不管距离多么遥远，我们都是相互关联这个整体的一部分……事实上，在我们中间，在其他人群和我们周围的世界找不到真正的分隔——除非在我们的思想里制造这种分隔"。[3] 比如说，地球就像我们每一个人，是一个不可分割的整体。自然界也包括人类并不是在整体内由各"部分"构成，而是在整体中由各个"整体"组成。国家的边界乃至一切的边界，几乎都是人为的划定。具

---

[1] ［美］欧文·拉兹洛：《系统哲学引论——一种现代思想的新范式》，商务印书馆1998年版，第19页。

[2] ［德］赫尔曼·哈肯：《协同学——自然成功的奥秘》，上海科学普及出版社1998年版，第5页。

[3] ［加拿大］迈克尔·富兰：《变革的力量——透视教育改革》，教育科学出版社2005年版，第118页。

有讽刺意味的是，我们创造了它们，但同时又受它们的限制和框定。

依凭还原论的思维方式，不能对变化的复杂世界做出科学、合理的解释，我们必须有一种整体主义的视野，将世界的整体与部分统一起来考察。理由正如德国当代社会学家弗兰克所言："尽管历史拼图中的每一片看上去都可能绚丽多彩，但是只有把它们放在整合的宏观历史中的适当位置，才能更充分地鉴赏它们。"①"科学就是长期努力用系统的思想把这个世界可感知到的各种现象凝聚到一起，变成尽量首尾一致的体系"（爱因斯坦）②。

随着系统科学的兴起，还原论的思维方式因其固有的局限性，日益遭到指责和批判。在系统科学看来，系统尤其是复杂系统的行为，并不是子系统行为的简单叠加，而是子系统相互作用对总系统贡献的结果。因此，人类不能仅停留在细枝末节上，必须学会掌握总的来龙去脉，最终力求在处理复杂性问题时减少复杂性，找到最便捷的途径。宇宙全息论揭示，部分存在于整体中，整体存在于部分中；不认识部分就不能理解整体，不认识整体也不能理解部分。单纯地从部分认知整体或单纯地从整体认知部分的思维方式，都是线性的因果思维，我们必须与之分手。对此，帕斯卡曾精辟地指出："天地万物既为果亦为因，既取之于人又予之于人，既间接也直接，一条浑然不觉的纽带将天下最遥远无缘不同的事物结为一体，我认为不了解全体就无法获知部分，不特别地了解各个部分也不能认识

---

① ［德］弗兰克：《白银资本：重视经济全球化中的东方》，中央编译出版社2000年版，第347页。
② ［美］欧文·拉兹洛：《人类的内在限度：对当今价值、文化和政治的异端的反思》，社会科学文献出版社2004年版，第9页。

第六章 高等教育选择的复杂性思维

全部。"① 列宁也曾指出："如果从事实的整体上、从它们的联系中掌握事实，那么，事实不仅是'顽强的东西'，而且是绝对确凿的证据。如果不是从整体上、不是从联系中去掌握事实，如果事实是零碎的和随意挑出来的，那么它们就只能是一种儿戏。"②

整体思维倡导用整体观点考察系统或事物，要求我们建立起相应的整体方法论，即要求我们从系统内部诸要素之间、整体与部分之间、系统与环境之间的辩证关系去考察和探究对象，要求我们从事物的普遍联系来认识和理解对象，以获得对事物的整体把握。如何获得事物的整体状貌？对于复杂系统，若想看清其全貌，就必须跳出系统或站到系统之外对其进行鸟瞰式或远距离观察。因为假若站在系统的内部，观察者只不过是系统的一个元素或要素，那就无法看到系统的整体。"不识庐山真面目，只缘身在此山中"，道出的正是此理。"会当凌绝顶，一览众山小"。只有站到系统之外，我们才能既见"森林"，又见"树木"。经验也告诉我们，站在地球表面看地球发现地球是扁平的，但在太空中看地球则发现地球是球状的，而此时看到的才是地球的本来面目。为什么会这样？原因在于，人在太空中看到的是地球的整体。此外，系统的整体功能不仅有各部分的功能，而且有由各部分相互联系形成结构而产生的新功能，即系统的整体功能不只表现为各部分的"叠加功能"，而且还表现为各部分的"组合功能"。马克思曾经指出："个人的力量是很小的，但是把这些微小的力量结合起来，就

---

① 转引自［法］埃德加·莫兰《反思欧洲》，生活·读书·新知三联书店2005年版，第17页。
② 《列宁全集》第28卷，人民出版社1990年版，第364页。

会得到一个总力，比一切部分力量的总和更大。"① "拿破仑描写过骑术不精但有纪律的法国骑兵和当时无疑地最善于单兵格斗但没有纪律的骑兵——马木留克兵之间的战斗，他写道：'2个马木留克兵绝对能打赢3个法国兵，100个法国兵与100个马木留克兵势均力敌；300个法国兵大都能战胜300个马木留克兵，而1000个法国兵总能打败1500个马木留克兵。'"② 这种"总体大于部分之和"，所展露的正是各部分的"组合功能"。

值得注意的是，整体思维虽强调整体，但它并不忽略"部分与整体内在的有机关联性"③，并不排除对系统采取分析方法，只是反对解剖系统时采用单纯的分析方法。毕竟系统是由各种不同的要素按照一定的比例构成的，对各要素进行分析，有助于我们从整体上、宏观上把握系统。任何思维方式和科学研究方法都有两面性，分析和解剖复杂系统，整体思维或综合方法或许比还原论思维或分析方法具有优势、更先进，但对于组织程度和复杂程度较低的简单系统，还原论思维或分析方法在认识的初级阶段则更容易见效。不管怎么说，认识复杂系统的恰切路径在于：将部分与整体有机结合起来，通过从部分到整体、整体到部分的双向透视揭示系统的原貌。因为整体的可理解性恰恰在于必要的部分化，整体把握也恰恰必须经过部分化的过程才不至于停留在僵死的、虚无的"空相"之中。但是，部分化的目的和意义不在于自身，而在于认知整体，更何况部分脱离整体后不再是部分，正所谓"砍下来的手不是手"。

---

① 马克思：《资本论》第1卷，人民出版社1953年版，第348页。
② 《马克思恩格斯选集》第3卷，人民出版社1995年版，第471页。
③ 彭新武：《复杂性思维与社会发展》，中国人民大学出版社2003年版，第43页。

换言之，对整体的认识不能取代对局部的认识，对局部的认识也不能取代对整体的认识，人的认识通常是在两者之间来回走动的，我们应该把它们有机结合起来。

二、整体思维中的高等教育选择

（一）树立正确的局整观

高等教育不是彼此孤立的各组成部分堆成的"机械聚集体"，而是相互关联的各组成部分结成的"有机集成体"。因此，用整体思维方式处理高等教育选择问题，关键在于树立正确的局整观，从整体与部分的辩证关系出发，审视高等教育系统不同领域、不同层面的选择行为。

所谓局整观，就是指人们对整体与部分、全局与局部、系统与组分的关系所持的基本看法。从概念关系看，整体与部分、全局与局部、系统与组分是"互为对位"的概念，三组概念所描述的关系是同一事情或同一关系，系统科学称之为"局整关系"。整体与部分是两个相对的概念，两者相互依存、相互定义，即整体是相对部分而言的，部分也是相对整体而言的。作为系统的构成部分，组分或要素是系统之为系统的存在基础和前提，没有要素就没有系统。反过来，没有系统，要素也不成其为要素。一个系统解体后，原来的组分也就不再作为部分而存在了。不过，系统的整体与部分的地位是不同的，彼此之间的相互依存和需要也是不对称的。部分构成整体，要素构架系统，两者之间首先是统属关系，即整体统摄部分，部分服从整体；系统整合要素，要素隶属系统。无论是统摄与服从，还是整合与被整合，都是非对称关系。这种不对称性的根源在于，"部分之所以会聚合起来形成整体，人之所以把零件整合成整机，为的是获得系统的整体涌现性，以便各部分都能得到发挥自身作用的平台,并从中受益"①。

  数百年来,科学家虽经常与系统打交道,但他们总体上是重局部而轻整体的,即看重的是系统的可分解性或可还原性,而不是各构成要素或组分之间的相关性、互动性。可以说,重分析而轻综合,是近代科学方法论的突出特点,也是近代科学方法论的最大弊病。与科学家截然不同,军事家、政治家等相对看重整体对部分的制约性、权威性、支配性,把局整关系基本归结为局部服从和服务于整体,整体支配和用好局部。应该说,这两种局整观都是狭隘的、片面的,辩证的局整观不仅要求局部服从全局,还要求全局服务于局部。对此,邓小平精辟地指出:"我们的一切工作都会涉及全局与局部的关系……全体和局部缺一不可,全体是由局部组成的,如果只有全体,没有局部,则全体也就不成其为全体了。……局部是在全体中的局部。"②

  作为复杂系统而存在的高等教育,其性质、功能和运动规律只能从整体上方能显示出来,否则那种部分或子系统所没有的新特征,就很容易被遮蔽或忽视,因为复杂现象大于因果链的孤立属性的简单总和。"解释这些现象不仅要通过它们的组成部分,而且要估计到它们之间的联系的总和。有联系的事物的总和,可以看成具有特殊的整体水平的功能和属性的系统。"③当然,仅仅强调从整体上把握高等教育的现象和过程,忽视对高等教育组成部分进行认识和考察,也是笼统的和含糊的。况且,高等教育本身又是作为更大系统的子系统而存在

---

① 苗东升:《系统科学大学讲稿》,中国人民大学出版社2007年版,第25页。
② 《邓小平选集》第1卷,人民出版社1994年版,第198—199页。
③ 魏宏森:《系统科学方法论导论》,人民出版社1983年版,第24页。

第六章 高等教育选择的复杂性思维

的。当我们强调高等教育的整体性时，不能忽略高等教育本身也是作为部分而存在的，也不能忽视构成高等教育的部分中亦有整体性。比如，大学可以看成是高等教育系统的子系统，也可以看成是由多个学科构成的系统，而每一个学科又可以看成是大学的缩影。事实上，认识和理解高等教育系统的整体属性或功能需要如此，进行高等教育选择更需要如此。运用整体思维方式考察高等教育选择，要求我们应改变"只见树木、不见森林"的思维方式，养成一种"看见整体"的思维习惯，力求既见树木又见森林，自觉走出局部思考的藩篱，真正明了局部目标之和不等于整体目标，局部成功不等于整体成功，局部失败也不等于整体失败。如果高等教育的某个具体领域出了问题，不要归咎于某个局部或个人，应该从组织的结构或政策上抑或制度上，即从不同局部互动方式上去寻找原因。同时，学会同时从高等教育系统的内部和外部寻找问题的原因和答案，即既要看到外部原因，也要强调内部原因，还要在内因与外因的互动关系中找寻高等教育问题的解决之道。

然而，在现实的高等教育研究与行动中，我们常常只看到问题的局部原因或事物的局部，时常犯以偏概全的错误。近几年来，我国大学生就业难的问题越来越凸显，众多媒体和社会人士将其"源头"归结为高校扩招，认为是高等教育大幅度扩招直接造成了大学毕业生就业问题。我们不否定高校扩招与大学生就业困难有一定的关系，但绝对不赞成将扩招视为造成就业窘境的"源头"，因为如果承认扩招造成了就业困难，那无异等于说"高等教育制造了就业困难和就业矛盾"。很显然，"高等教育制造了就业困难和就业矛盾"是一个假命题。历史与现实都证明，高等教育的产生及其发展是在促进就业，是在帮助年轻人实现就业，而不是在制造社会就业问题和就业矛盾。以2004年每万人拥有的大学生数为例，加拿大为580人，美国为520人，韩国为571人，而我国只有120人；按毛入学率计，1997年欧美等发达国家为61.1%，其中美国、加拿大高达80.7%，韩国为71.69%，泰国为31.92%，[①]而我国2007年为23%，2009年才到24.2%。这些数据充分说明，我国当前的大学生相对数量不是太多而是太少，高等教育规模扩张并非就业难的直接原因。那么，在看似"过剩"的表象下面隐藏的造成大学生就业困难的原因究竟是什么呢？是高等教育的质量出了问题，还是社会的容纳能力有限？是规模扩张得太快，还是用人制度障碍所致？问题出在高校内部，还是出在高校外部？我们认为，原因是多方面的，既有外部原因，也有内部原因；既有社会或政府准备不足的原因，也有学校和学生准备不足的原因。回过头去看，我国的高等教育大众化进程是在社会、学校和学生都准备不足的背景下启动的，扩招持续数年之后的今天，这种准备不足的现状依然没有从根本上改变，大学生就业的严峻性也就可想而知了。当下大学毕业生技能与就业系统需求的不一致，或者说大学生结构性失业的事实，足以证明我们对扩招准备不足，也反映就业困难原因的复杂性。大学生结构性失业的事实，致使"通才与专才"成为人们讨论的热点话题，而前者在今天似乎更加流行，"建立大学科平台，拓宽专业口径，培养复合型人才"成为对应的人才培养理念。主要理由有二：一是认为专业知识老化的速度比过去更快，我们很难确切知道经过一段时间之后，掌握的各种专业知识哪些还会有用；二是认为越来越多的职业以及企业和公共机构里的

---

① 姜凤春、李枭鹰：《走出高等教育大众化的就业困境》，《黑龙江高教研究》2007年第5期。

第六章 高等教育选择的复杂性思维

岗位没有明确区分，往往是以不同的"大学科"而不是"小专业"的知识为基础的。此外，还值得我们注意的是，不充分就业可能不是一种"短期现象"，也不仅仅是某一时期"经济衰退"或"毕业生供给过量"的结果，可能是未来世界劳动力市场的一个"长期特征"。果真如此的话，那么我们对大学毕业生就业问题，是否应该持另外一种更为客观的态度呢？

（二）用科学的局整观统领高等教育选择

高等教育是由多类型、多层次的子系统构成的巨复杂系统，我们可以从不同的维度和层面去解读高等教育的整体与部分、全局与局部、系统与要素之间的辩证关系，并以此为分析框架去考察高等教育的选择问题。从整体与部分、全局与局部、系统与要素的辩证关系出发审视高等教育选择，涉及的范围和对象相当广泛，具体问题需要具体分析和分别对待。我们以建设高等教育强国、大学学科建设为例，解读如何用科学的局整观统领高等教育选择。

1. 高等教育强国是由结构优化与功能互补的高等教育强省构成

建设高等教育强国，实现从人口大国到人力资源强国的转变，是我国一项富有远见的战略选择。目前，我国不少省区借助国家启动建设"高等教育强国"的契机，也相继启动或正在启动建设"高等教育强省"工程，部分落后省区纷纷向发达省区学习和取经。学习和借鉴无疑取道便捷，可以少走弯路，原本无可厚非。但是，如果我们不甚明了"高等教育强国"和"高等教育强省"之间的辩证关系，那么非理性的简单"模仿"和"复制"就在所难免，最后就可能在全国形成清一色的区域高等教育格局，即各省区都建立起了相对独立的、有序的、大而全的高等教育体系。从表象看，这似乎是一件令人欣慰的事情，但事实可能并非如此。因为"清一色"不仅意味着区域高等教育趋同、缺乏个性和特色，同时也意味着整个国家教育资源的重复投入和不经意浪费，还意味着国家高等教育系统难以产生新质和形成新的"组合功能"，正所谓"差异减少，组分趋同，系统与环境趋同，没有任何矛盾，系统将失去活力，也不是健康的有序。唯有不同而和谐者方为富有生命力的系统"①。另外，简单的模仿和复制会"导致高等教育系统的集中（convergence）和整合（integration）"②，最后可能形成对国家和政府高等教育多样化政策的无意识抵制。国际经验已经表明，假如存在一个统一的高等教育价值体系，就很难有分化的或多样化的高等教育系统存在。在英国，由于以牛津大学和剑桥大学为代表的高等教育体系，排斥现代科学特别是技术，"新大学运动"中诞生的高等教育机构因无法与传统大学相抗衡，被迫模仿和复制传统大学的办学模式，最终走向与牛津、剑桥等传统大学"合流"的道路，导致英国双轨制的失败乃至消失。当前，我国按"统一标准"或"统一的价值体系"开展的本科教学评估，是否也存在类似的情况？这是一个敏感而富有挑战性的问题，也是一个值得深思的问题。

从局整关系或高等教育结构的视角看，真正的"高等教育强国"应该由多样化的、特色和优势互补的、结构合理的"高等教育强省"构成，而不是由"清一色"的"高等教育强省"构成。我们追求的不只是各省区高等教育的"叠加功能"，还

---

① 苗东升：《系统科学大学讲稿》，中国人民大学出版社2007年版，第81页。
② ［英］玛丽·亨克尔、布瑞达·里特：《国家、高等教育与市场》，教育科学出版社2005年版，第23页。

第六章 高等教育选择的复杂性思维

应包括各省区高等教育通过优化结构而形成的"组合功能"。如果高等教育的结构合理,那么组分互动就可以促进高等教育系统的功能产生"正的整体涌现性",产生"整体功能大于部分功能之和"之功效。"看万山红遍,层林尽染,漫江碧透,百舸争流,鹰击长空,鱼翔浅底,万类霜天竞自由",所展现的正是自然生态的整体涌现性或自然万物的组合功能。诚如此理,如果我们一味地强调各省区高等教育的独立性和有序性,引导它们各行其是,最终可能会因结构不合理或因局部的有序而造成整个国家高等教育的无序。系统科学认为,"任何复杂系统既有独立的运动,又有相互影响的整体运动。当系统内各个子系统独立运动占主导地位时,系统呈现为无规则的无序运动;当各子系统相互协调,相互影响,整体运动占主导地位时,系统呈现为有规律的有序运动状态"。[1] 作为一种整体性,高等教育系统的功能不是"加和式"的,而是一种特殊的"涌现式整体性"——高等教育子系统及其总和所没有的功能或属性。因此,我们要从整体与部分的辩证关系出发,交替使用从部分走向整体、从整体走向部分双向思维路径,审视高等教育强国的本质与特征,然后理性地选择高等教育强国的建设之路。

事实上,从教育生态看也莫不如此。一个国家若想建立起强大的高等教育,就必须形成多样化的、特色和优势互补的高等教育体系,特别是不同区域高等教育之间要有合理的分工与合作,而不应该各行其是,追求自身的独立性和有序性。换言之,整个国家的高等教育与多样化的区域高等教育形成"和谐

---

[1] 桂慕文:《人类社会协同论:对生态、经济、社会三个系统若干问题的研究》,江西人民出版社2001年版,第5—6页。

共生"关系,即整个国家的高等教育为各区域的高等教育提供良好的内部生态环境,而各区域高等教育的发展与互动以维护整个国家高等教育的生态平衡为准则。质言之,强大的高等教育系统是一种功能结构系统,即不同区域的高等教育能够按照一定的功能关系整合为一体,产生高等教育功能的"结构效应"。

当然,这仅仅是一种从整体与部分之间辩证关系的视角对高等教育强国所做的简单解读。高等教育强国是一个综合性概念,它不但蕴涵着深刻的数量关系和质量内涵,而且渗透着结构优化和功能耦合的深意。具体而言,一个国家之所以可以称得上"高等教育强国",在于它建有若干所世界一流的大学或一批世界一流的学科,在于它拥有较大的高等教育规模和较高的高等教育普及率,在于它的高等教育整体质量处于世界领先地位,在于它已经形成多样化、多层次、多类型、布局结构合理、开放的高等教育体系,在于它的高等教育已与社会各子系统形成功能耦合系统,在于它能够全面适应经济社会发展的需要,在于它是世界知识创新、科技创新和高等教育创新的"集散地"。当然,这是一种关于高等教育强国的"时代性"解释,它是以现代世界高等教育强国为考察对象而抽象和提炼出来的基本特征。事实上,当我们回到历史的长河中去考察世界高等教育中心或高等教育强国时,看到的可能是另外一种景象,得出的也可能是另外一种结论和判断。众所周知,历史上的意大利、英国、法国、德国等,都曾经是世界的高等教育中心或高等教育强国,但如果用今天的标准去衡量它们,恐怕谁也算不上真正的高等教育中心或高等教育强国。从这个意义上说,高等教育强国既是一个综合性概念,是一个群体性概念,更是一个历史的比较性概念。

第六章 高等教育选择的复杂性思维

2. 大学学科建设不是简单的"单子"建设,也不是少数几个核心要素或项目的建设,而是一种群体性、整体性与综合性建设

我们若将考察的视线转移到微观层面的大学学科建设,同样会发现树立科学的局整观对高等教育选择具有特殊的认识论与实践论意义。从组织形态看,单体的大学学科可视为由学者、学术信息和学术物质资料等组成的具有实体性质和关系属性的组织系统,而大学则可看成多个单体学科构成的具有复杂关系的集合体。现在的问题是,人们能够普遍认识到大学学科系统组元多样而异质的特性,但在现实中又习惯于将学科建设简化处理,把复杂的学科建设看成少数几个核心要素或项目的建设,将学科系统的整体属性等同于各组成要素属性之和,忽视了各组成要素之间的非线性作用,相对缺乏系统观念和整体意识。

犹如大学或高等教育系统的建设一样,学科建设既不是简单的"单子"建设,也不是少数几个核心要素或项目的建设,而是一种集学者、学术信息和学术物质资料等于一体的整体性与综合性建设。任何只专注于学者梯队建设而忽视知识信息或学术物质资料建设的学科发展思维都是片面的,任何只注重要素实体建设而忽视学科各组成要素之间相互关系的实践更是不可取的。虽然各组成要素在学科系统发展中的地位和作用不同,有的处于主要地位,有的处于次要地位,但它们都是学科系统不可或缺的重要组成部分,彼此之间既相互支撑、相互促进,又相互影响、相互制约。众所周知,学术大师之于学科发展是至关重要的,他像一块透镜一样,能把发散的光聚集到一起。但就一个学科而言,仅仅有大师是远远不够的,我们不能为了凸显透镜的"聚焦"作用而放弃其他的一切,那种拥有学

· 337 ·

术大师就拥有一流学科的思维是线性的。从这个意义上说，大学在集中力量建设那些决定学科发展水平的核心要素的同时，决不能忽视那些对学科发展有支撑作用或干扰作用的要素，因为在学科系统从一种状态过渡到另一种新的状态的临界点上，决定学科系统发展态势的有时不是那些所谓的"核心要素"或"大量元素"，而恰恰是那些看似不起眼的"边缘要素"或"微量元素"。实践也证明，由于某些要素没有得到适当或充分发展，常常使学科系统的整体发展受阻甚至受损。因此，我们必须时刻提醒自己要树立整体意识和系统观念，用战略眼光"远视"学科建设。如果简单地把影响学科系统发展的多种因素归为某种单一因素，或者在其中确定一个主导因素而低估或忽视其他因素，都是对学科建设本质的误读，必将最终影响学科系统的可持续发展。一句话，要树立整体意识和系统观念，把握学科系统各组成要素之间的内在联系，按规律构筑网络式学科发展平台。[1]

当然，我们还必须关注整个大学学科的群体结构，所制定的大学学科建设与发展规划绝不仅仅是对局部、个别学科的谋略，而是对全校所有学科的谋划，即大学的学科建设与发展规划既要关注"单体学科"的发展，也要注重"群体学科"的发展；既要关注大学学科水平的提高，更要重视大学整体学科结构的优化。虽说任何一所大学其资源都是有限的，但是如果学校在分配资源方面对所有的学科一视同仁，齐头并进地搞学科建设，就会造成资源配置分散，无法促进学科发生质的飞跃。大学的学科建设与发展应该坚持"有所为有

---

[1] 李枭鹰：《论大学学科系统建设与发展机理——复杂性科学的视角》，《中国高教研究》2007年第7期。

所不为",把有限的资源用在刀刃上,而不是"撒芝麻"、"撒胡椒面",尤其是在学科队伍的建设上要"看人下菜"。大学在特定的时空条件下可以也应该采取非均衡发展战略,集中建设某些重点学科和特色学科或某些影响学科竞争力的核心要素。不过,"有所为,有所不为",并不意味着可以置其他学科于不顾,相反还应该积极发展多学科群,毕竟"花好还需绿叶扶"。从系统的角度看,如果一所大学的学科结构不合理,仅有少数几个重点、优势和特色学科,不仅不能形成高水平的整体办学实力,而且这些学科本身的发展也会受到其他学科发展水平的钳制。因为大学中各学科是一个统一的有机体,学科之间存在"共生"现象,任何一门学科的发展都离不开其他学科的支持,也没有一个研究领域可以与其它领域完全分离。各学科之间需要在同一平台上互相借鉴、互相对话和互相融合,在良好的学科生态环境中共同发展。况且,大学学科建设的目的,绝不限于少数几个学科,而在于通过重点学科、优势学科和特色学科的示范、辐射作用,带动大批一般学科和新兴学科共同发展,最终推动全校所有学科上水平、上台阶。

第三节 高等教育选择的关系思维

一、关系思维的本质解读

"实体"、"属性"和"关系"是三个密不可分的概念范畴,其中"实体"与"关系"通常在对立或对位中使用。从逻辑上看,"实体"规定"属性","属性"规定"关系"。若从认识论上看,三者的关系则要反过来,即"实体"要通过"属性"来认识,而"属性"则要通过"关系"来认识。[1] 也就是说,只有从根本上把握事物的关系特性,才能真正揭示事物的实体特性。难怪列宁认为,真理是全面的,是"由现象、现实的一切方面的总和以及它们的(相互)关系构成的"[2],独立的和单个的真理"只是在它们的总和中以及在它们的关系中才会实现"[3]。

从历史的长河看,从对事物"实体"的认识过渡到对事物"属性"的认识,再过渡到对事物"关系"的认识,经历了漫长的岁月。当然,"关系"认识也可能并非认识的终态,人类认识的兴趣正在转向"信息"和"时间"。但不管认识怎么变化或转移,若不立足于"关系",就无法真正认识和把握事物的本质。世界是普遍联系的,事物或系统惟有在"关系"中才能得以存在、定义、描述和认识。因此,学会从关联中看问题,从联系中去发现和探寻事物的本质和特性,是相当有益的。譬如,我们不用直接去探究别的星球上有没有生命,只要先探讨它上面有没有水即可,因为没有水就不可能有生命存在。又如,要了解一所大学的办学水平,只要把握该学校的师资队伍状况,就可以做出一个基本的判断。

在过去很长一段时期内,人们认为各种"实体"是独立存在的,它们的一切性质都是在自身以内存在,与其他实体毫不相干。回溯科学发展史,无论是第一次工业革命还是第二次工

---

[1] 高剑平:《系统科学思想史研究》,博士学位论文,南京大学,2006年版,第10页。
[2] 《列宁全集》第55卷,人民出版社1990年版,第166页。
[3] 同上书,第165页。

第六章　高等教育选择的复杂性思维

业技术革命①，无一不是围绕"实体"而展开的。近代科学把自然实体作分门别类的研究，通过一个个实体之"属性"的分析达成对"实体"的认识，即在近代科学的理论框架内，只要认识了实体的属性，就可以认识实体。现代科学认为，仅仅通过分析"属性"还不足以认识"实体"，还必须从更深层的"关系"中去理解和认识"实体"乃至宇宙世界。因为宇宙世界的万事万物是互相联系、互相作用的，我们不能将万事万物看成一个个单子，也不能将宇宙看成是各种事物的简单堆积，必须看到它们之间的有机联系。换言之，各种演化的单元并不是孤立的实体，而是关系中的实体，我们只有以一种关系思维或关联性思维方式来考察事物或系统的运行状态，才能揭示它们的运动发展规律。所谓关系思维就是立足于部分与部分、整体与部分、系统与环境的关系特征去考察系统的结构和功能演

---

① 18世纪从英国发起的技术革命是技术发展史上的一次巨大革命，它开创了以机器代替手工工具的时代。这场革命是以工作机的诞生开始的，以蒸汽机作为动力机被广泛使用为标志的。这一次技术革命和与之相关的社会关系的变革，被称为第一次工业革命或者产业革命。从生产技术方面来说，工业革命使工厂制代替了手工工场，用机器代替了手工劳动；从社会关系来说，工业革命使依附于落后生产方式的自耕农阶级消失了，工业资产阶级和工业无产阶级形成和壮大起来。第二次工业革命起于19世纪40年代，电气的广泛应用（即电气化）是其主要标志。1870年以后，科学技术的发展突飞猛进，各种新技术、新发明层出不穷，并被迅速应用于工业生产，大大促进了经济的发展。这就是第二次工业革命。当时，科学技术的突出发展主要表现在三个方面，即电力的广泛应用、内燃机和新交通工具的创制、新通讯手段的发明。第三次工业科技革命是人类文明史上继蒸汽技术革命和电力技术革命之后科技领域里的又一次重大飞跃。它以原子能、电子计算机和空间技术的广泛应用为主要标志，涉及信息技术、新能源技术、新材料技术、生物技术、空间技术和海洋技术等诸多领域的一场信息控制技术革命。这次科技革命不仅极大地推动了人类社会经济、政治、文化领域的变革，而且也影响了人类生活方式和思维方式，使人类社会生活和人的现代化向更高境界发展。正是从这个意义上讲，第三次科技革命是迄今为止人类历史上规模最大、影响最为深远的一次科技革命，是人类文明史上不容忽视的一个重大事件。——笔者注

变规律，以达到最佳处理问题的思维方式。可以说，关系思维是系统思维的核心和灵魂。虽然构成"系统科学的不同学科"①的背景知识和研究对象各不相同，所揭示的客观世界规律各异，但它们无不把系统内外部关系作为自身的理论基础，无不蕴涵着鲜明的"关系思想"。

在社会科学领域，人们早已注意到事物之间的关系特征，当下的各种研究也越来越关注"关系"，通过对各种复杂关系的考察以揭示事物的本质。黑格尔认为，"只有作为有机体的一部分，手才获得它的地位"②，否则手就不成为手，更谈不上具有手的属性与功能。当代法国社会学家布尔迪厄非常重视"关系"的地位，认为方法论上的一元论，更适合于表达"事物"而不是"关系"，更适于呈现"状态"而不是"过程"。由此，他拒斥方法论上的一元论，提出了"场域"的概念。所谓场域就是附着于某种权力形式的各种位置间的一系列客观历史关系的构成，它就像磁场一样，是某种被赋予了特定引力的关系构型。同时场域也是一个冲突和竞争的空间。根据研究对

---

① 系统科学不是指某门具体的学科，而是指由一系列学科构成的学科群，主要由系统论、控制论、信息论、耗散结构理论、协同学、自组织理论、突变理论、混沌学、分形理论等组成。系统科学的发展经历了三个不同时期：一是系统存在论的时期。此时的系统科学包括系统论、控制论、信息论，主要研究系统是什么的问题，对系统进行既成或静态的考察，给出一系列关于系统的重要概念与基础理论。二是系统演化论的时期。此时的系统科学包括耗散结构理论、协同学、自组织理论、突变理论、混沌学、分形理论等学科，主要研究系统的演化机制，对系统进行动态的考察，给出一系列关于系统的演化规律。三是复杂性理论或复杂性科学阶段。此时的系统科学已进入一个实质性的突破阶段，更自觉地揭示事物从低级到高级运动的重要机制"涌现"或"突现"，把人类系统从系统的还原转换到系统的综合。（参见黄小寒《世界视野中的系统哲学》，商务印书馆2006年版，第7—8页。）

② ［德］黑格尔：《美学》第1卷，商务印书馆1981年版，第156页。

第六章　高等教育选择的复杂性思维

象的不同，场域也具有不同的类型，如权力场域、学术场域、艺术场域、宗教场域、科学场域等，在每一场域中，都有其独特的垄断资本和权威。比如，文化场域里是文化权威，在科学场域是科学权威，在宗教场域是司铎权威，如此等等。场域中各种位置之间存在的关系就是研究对象在现实社会中所具有的各种客观关系，用场域的概念来研究社会问题，就是要充分考虑所研究的对象在现实社会中所具有的各种客观关系，以便全面客观地把握研究对象，避免孤立地看待问题。① 不难看出，根据场域的概念进行思考，就是从关系的角度进行思考。

马克思、恩格斯对以往的科学与哲学重新审视和独立研究后尖锐地指出："在形而上学者看来，事物及其在思想上的反映即概念，是孤立的、应当逐个地和分别地加以考察的、固定的、僵硬的、一成不变的研究对象。""初看起来，这种思维方式对我们来说似乎是极为可取的，因为它是合乎常识的。然而，常识在它自己的日常活动范围内虽然是极可尊敬的东西，但它一跨入广阔的研究领域，就会碰到极为惊人的变故。"② 这种思维方式"虽然在依对象的性质而展开的各个领域中是合理的，甚至是必要的，可是它每一次迟早都要达到一个界限，一超过这个界限，它就会变成片面的、狭隘的、抽象的，并且陷入无法解决的矛盾，因为它看到一个一个的事物，忘记它们相互间的联系；看到它们的存在，忘记它们的生成和消逝；看到它们的静止，忘记它们的运动；因为它只看见树木，不见森林"③。大家熟知，世界是普遍联系的，不断运动和发展的，

---

① 张广利：《后现代主义与社会学研究方法》，《社会科学研究》2001年版第4期。
② 《马克思恩格斯选集》第3卷，人民出版社1995年版，第360页。
③ 同上。

高等教育选择论

我们不应该把世界"看作彼此隔离、彼此孤立、彼此不依赖的各个对象或现象的偶然堆积,而是把它看作有联系的统一的整体,其中各个对象或现象相互有机地联系着,互相依赖着,互相制约着"①。

今天,人们已基本形成共识或逐渐认识到:考察一个系统,必须关注要素之间的互动,子系统之间的互动,层次之间的互动,部分与整体之间的互动,系统与环境之间的互动,抓住系统内外部的各种复杂关系,即既从系统内部的本质联系去考察系统,也从系统的外部联系去考察系统。借用马克思主义经典著作中的话说,"思维既把相互联系的要素联合为一个统一体,同样也把意识的对象分解为它们的要素"。② "正如从简单范畴的辩证法运动中产生群一样,从群的辩证运动中产生系列,从系列的辩证运动中又产生出整个体系。"③ 唯有如此,我们才能真正理解和揭示系统的生成与发展规律。

二、关系思维中的高等教育选择

教育是作为一个关系集合体而存在的,它是多层次且不断变化的,是在教育机构、社区、家庭等这些不同的环境的相互作用中进行的,各种不同的群体和政治力量都会对教育产生影响。这恰如法国思想家德里达所言:"大学存在于它企图思考的世界之中。"广而论之,高等教育不是纯粹的实体世界,构成它的各种元素以及它本身都处在复杂的关系网络之中,因而高等教育只有在关系中才能得以存在、定义、描述和认识。也

---

① 《斯大林选集》下卷,人民出版社1979年版,第425—426页。
② 《马克思恩格斯选集》第3卷,人民出版社1995年版,第381页。
③ 《马克思恩格斯选集》第1卷,人民出版社1995年版,第141—142页。

第六章　高等教育选择的复杂性思维

就是说，将高等教育的构成元素以及它本身孤立起来考察和认识是远远不够的，我们必须把它们置于关系或背景中才能真正解读它们。埃德加·莫兰认为，孤立地认识信息或资料是不够的，"必须把信息和资料放置在它们的背景中以使它们获得意义。为了获得含义，词语需要构成它们的背景的文本，而文本需要它们在其中被宣读的背景"①。对高等教育的认识也是如此，考察一个国家的高等教育只有同该国的政治、经济和文化背景结合起来，才能获得客观的结论，才能把握其特殊性。

对象性或实体思维方式是认识事物所必需的，但仅仅有对象性或客观性的考察难免失之肤浅。就具体的高等教育研究而言，实体思维也许适合于表达和呈现高等教育的某些状态，但却不适合描绘和揭示高等教育的复杂关系和演化过程。因此，对待复杂的高等教育问题或现象，我们"永远不要使概念封闭起来，要粉碎封闭的疆界，在被分割的东西之间重建联系，努力掌握多方面性，考虑到特殊性、地点、时间，又永不忘记起整合作用的总体"②。从历史与现实的资料考察来看，高等教育的某一领域不仅与相邻领域交织在一起，而是往往与其他所有领域相互交织在一起，我们只有将它们联系在一起，才能完全理解高等教育的这一领域。比如，许多高等教育问题不是单纯的教育问题，它往往既是政治或经济问题，同时又是复杂的社会问题。从这个意义上说，单纯靠教育本身通常难以解决教育领域的问题，需要我们灵活运用关系思维，从教育系统的内外部复杂关系中去寻找解决教育问题的答案。用关系思

---

① ［法］埃德加·莫兰：《复杂性理论与教育问题》，北京大学出版社2004年版，第25页。

② 同上书，第151页。

维处理高等教育选择问题，关键要学会从系统内部各子系统间、系统与环境间的辩证关系出发，审视复杂的高等教育选择行为。

（一）高等教育选择要立足于高等教育各子系统间的内在关联性

高等教育选择是主客体之间的双向行为，用关系思维审视高等教育选择，首先要求我们把握主体与主体、主体与客体、客体与客体之间的关联互动方式，看到它们之间的内在关联性。尤其是作为高等教育选择的发出者和实施者，主体不能把选择客体当成孤立的实体或单子来处理，必须充分考虑到各选择客体之间的内在关联性和结构关系，潜心挖掘它们的"组合功能"和"协同效应"。因为"任何一个巨系统，如果它的组分各行其是，互不合作，甚至相互拆台，把资源和精力都花费在内耗上，它在整体上必定是无序的，不可能涌现出精良高妙的整体性质、模式、能力。相反，如果巨量组分相互合作，协同行动，互补互惠，就能够形成有序的整体结构，涌现出精良高妙的整体性质、模式、能力"[①]。动物界和植物界常以其形态的繁多、结构的精致以及结构中各组成部分极其巧妙的协作，常使我们惊叹不止。人类由于协同合作而产生语言，建立了民族国家，创造出了动物世界没有的人类文明。可见，协同导致有序，有序需要协同。当然，我们强调高等教育各子系统之间的协同合作，但并不等于可以轻视或否定各子系统之间的竞争。只要是复杂系统，它就必然包含有存在差异的不同组分或子系统，而有差异就必然有竞争。从长远来看，高等教育系统的有序性或自组织，是合作与竞争共同作用的结果。

---

① 苗东升：《系统科学大学讲稿》，中国人民大学出版社2007年版，第318页。

第六章　高等教育选择的复杂性思维

高等教育是组分和层次多元的关系集合体，不同类型和不同层面的高等教育选择所涉及的选择主体、选择客体和选择环境各有不同，各子系统之间的关联性也各异。但是，无论选择的主体、客体和环境如何不同，也不管它们彼此之间的关联性怎样，高等教育选择之于关系思维的诉求是相同的和永恒的。比如说，假如要判定高等教育是否获得健康发展，就必须从人的发展与社会发展、高等教育与人的发展、高等教育与社会发展等多重关系互动中去寻找答案。如果抛开教育、人和社会三者之间的三角互动关系，单凭某种单一要素的变化，是无法评价高等教育是否发生了真实的进步的。

关系思维具有方法论的意义，无论高等教育研究还是高等教育选择，都应该将探究对象或选择对象纳入各种关系之中，特别是进行高等教育选择时，我们要考虑不同主体或不同客体之间的竞争与协作，设法求得它们最佳的整体效应和组合功能。为了不让研究和讨论流于空洞和抽象，我们以大学的学科选择为例加以解说。作为社会系统的子系统，大学学科系统是由许多要素或子系统构成的开放系统，系统内部各子系统（或要素）之间存在的错综复杂的非线性相互作用，不仅使学科系统形成各种形式的相干结构，而且表现出特定的功能。在大学学科系统中，多目标、多层次、多变量和多关系的存在，决定了各子系统的运动发展具有非常复杂的相互依赖和相互制约关系，即各个目标之间既相对独立又彼此协作一致，各层次之间以及层次内部诸要素之间相互联结成结构复杂的网络，各个变量、各个层次的行为彼此竞争、相互耦合，又会产生更加错综复杂的系统整体性行为，或适者生存，或协同进化。假如从大学的不同学科之间的关系看，类似的竞争与协同行为更加明显。大学中的每一个学科因研究对象和研究方法不同而有自己相对独立的边界，但这种边界不是绝对的，而是相对的，不同学科之间存在或近或远的"血缘关系"，正所谓"科学是内在的统一体，它被分解为单独的部门不是由于事物的本质，而是由于人类认识能力的局限性，实际上存在着从物理到化学，通过生物学到人类学到社会科学的链条"[1]。不同学科之间这种"血缘关系"的客观存在，使得各学科在争夺有限资源的同时，也可以"可以互为输入、输出，彼此影响，互为营养，并能交叉、繁殖，产生新的学科"[2]。无论是"单体学科"还是"群体学科"的发展，都要受到来自内在组成要素和外部客观环境的交错影响，与学科系统相联系的每一个因素的变化都可能导致整个学科系统发生变化，而学科系统正是在内外部各种要素或子系统之间的协同中获得发展的。自然万物并育而不相害，社会千人千面而相依相靠，高等教育千姿百态方可协同发展。

大学中不同学科之间既竞争又共生的特性与原理表明，大学的学科建设应充分发挥不同学科之间的协同效应，按照学科之间的竞争与共生机制，积极推进学科集群化发展。实践也表明，如果大学孤立地发展某些学科，而忽视另外一些支撑学科或相关学科的发展，即便能够取得暂时的快速发展也难以持久，更谈不上构筑结构优化的学科生态环境、培育复合型人才和开展跨学科研究了。今天，我国许多大学的办学水平之所以难以上台阶，与其说是因为没有优势学科和特色学科，倒不如说是因为学科结构不优化，没有较强的基础学科和相关学科作

---

[1] 转引自赵文华《高等教育系统论》，广西师范大学出版社2001年版，第22—23页。

[2] 《中外大学校长论坛》，高等教育出版社2001年版，第93—94页。

第六章 高等教育选择的复杂性思维

支撑，缺乏必要的学科发展环境。① 各学科的范围与布局对大学来说是至关重要的，"一所'大学'如果不包括哲学、纯数学、理论物理、历史和古典学科的教学与研究，那么就根本不能称其为大学"②。从世界范围看，绝大多数世界一流大学具有学科结构优化，基础学科与应用学科、人文学科、社会学科与自然学科协调发展的显著特征。虽然单科性院校和独立设置的院校中也有世界一流水平的大学，但必须承认当今世界一流大学的主体是综合性大学，而且水平最高的单科性学院（如医学院）也大多设在综合性大学里。当然，提倡学科集群化或综合化发展，并不等于说学科越多越好。假如大学仅仅为了追求学科设置门类齐全而搞随意"拼盘"，不注重学科之间的相关性和整个学科系统结构的优化，不仅不能发挥多学科的整体优势，相反会因有限资金的分散投入而降低学科建设的质量和效益。③

大学的学科选择要立足于学科之间的关系，充分考虑不同学科之间的内在关联。法国哲学家、实证主义创始人孔德认为，各门科学以它们之间的依赖关系为基础存在着明显的等级，学科阶梯从下到上依次为数学、物理学、化学、生物学、社会学，即"数学是各门学科的皇后，因而是所有其他学科赖以存在的基础。物理学明显地依赖于数学，同时，如果人们要想在化学领域取得成功，物理学就必须得到较大的发展。接下

---

① 李枭鹰：《论大学学科系统建设与发展机理——复杂性科学的视角》，《中国高教研究》2007年第7期。
② [英]玛丽·亨克尔、布瑞达·里特：《国家、高等教育与市场》，教育科学出版社2005年版，第160页。
③ 李枭鹰：《论大学学科系统建设与发展机理——复杂性科学的视角》，《中国高教研究》2007年第7期。

去，若要充分理解生物学就必须掌握化学，若要理解社会学就必须掌握生物学。"① 我们姑且不论孔德的观点是否正确，但他所揭示的不同学科之间存在关联性和依存关系是毋庸置疑的。时至今日，人们不仅认识到不同学科之间存在线性的链状关系，同时也觉察到不同学科之间存在立体交错的网状关系。学科之间内在关联性的客观存在，首先意味着大学中的所有学科都不是孤立的"单子"，每一学科都联系着其他学科，某一学科发生变化会直接或间接影响到其他学科的发展变化。其次，学科之间内在关联性的客观存在，意味着大学的学科选择不能随意"拼盘"，必须充分考虑不同学科之间的结构关系和互补性，否则就不利于学科发展和人才培养。比方说，假如大学中基础学科和应用学科失衡，或人文社会学科与自然学科孤立存在，那么则明显不利于构筑良好的学科生态环境，不利于复合型人才培养和跨学科研究。因为不同的学科知识既有相对的独立性，但又是知识整体的组成部分，所有的知识分支是相互联系、交融合一的，因为知识在本质上统一的。当知识分得越来越细时，它将不再成其为知识。"群体学科"之间的关系是这样，"单体学科"的内部关系的构建也莫不如此，即学科方向的设置、学科队伍构建、科学研究类型与范围、软硬条件的建设等都应考虑其"整体结构"与"组合功能"。比如说，学科方向的设置既要有学科本体研究，也要有特色和前沿问题研究；学科梯队的年龄结构、学历结构、职称结构、学缘结构、性别结构等要多样，尽可能形成群体异质结构；科学研究既要重视基础研究，也要关注科研成果的开发和利用等应用研

---

① ［美］约翰·S. 布鲁贝克：《高等教育哲学》，浙江教育出版社2002年版，第110页。

第六章　高等教育选择的复杂性思维

究；学科条件建设既要注重硬件建设，更要强化软件建设。第三，学科之间内在关联性的客观存在，意味着大学的课程设置不应按照严格的等级结构来组织，而应以一种跨学科的方式进行组织，以增强课程结构的灵活性和"序变能力"，促进课程设置去适应学生，而不是像过去那样让学生去适应课程。高等教育实践也反复证明，无论学科选择还是课程设置，关注不同学科之间的关系与作用都是极其必要的，因为掌握各种学科之间是怎样相互联系的，就容易掌握和遵循学科选择和课程设置的规律。

（二）高等教育选择要把握高等教育与环境之间的相互依存性

组分与结构是系统的内部规定性，系统与环境的关系互动方式是系统的外部规定性。系统的整体涌现性，不仅取决于内在的组分和结构，而且取决于外在的环境。因此，我们只有同时了解内部规定性和外部规定性，才能完整地认识系统和把握系统运行发展的规律，才能在系统的演化发展过程中做出各种理性的选择。

作为系统之外一切同系统有关联的事物的总和，或者说作为系统边界以外的存在，环境与系统的关系是嵌套关系，即系统总是嵌套在环境之中，而环境总是嵌套在系统周围，形成层次嵌套的关系。远离平衡的开放系统不仅从环境中获取资源和条件，同时也为环境提供相关的支持。也就是说，"作为功能主体的系统和作为功能对象的系统都不是孤立存在和运行的，只能依托一定的环境条件来展开两者之间的功能关系。"[1] 从这个意义上说，单纯地认为"结构决定功能"是非常片面的，

---

[1] 苗东升：《系统科学大学讲稿》，中国人民大学出版社2007年版，第67页。

因为功能作为系统的一种整体涌现性是由组分、结构和环境共同决定的，或者说是由组分效应、结构效应和环境效应综合决定的。作为开放的复杂系统，高等教育嵌套在一定的环境之中，与不断变动着的环境系统"互塑共生"，尤其与社会系统同生共存，不可分离。社会系统之于高等教育，一如高等教育之于社会系统，都是兴亡攸关。高等教育的环境系统可谓巨大而复杂，由大量的自然子系统和社会子系统组成，而且这些子系统之间也是普遍联系的，彼此相互作用、相互影响。高等教育与外界环境的互动，主要表现为与这些自然或社会子系统之间的互动。

高等教育与环境之间的互动具有必然性。从系统生存与发展看，没有一种生命有机体是可以孤立存在的，它必须不断地从环境中获取物质、能量和信息，否则就会因能量耗散枯竭而解体。有诗云："半亩方塘一鉴开，天光云影共徘徊；问渠哪得清如许？为有源头活水来。"渠水清清，根源在于有源头活水不断，所揭示的正是开放之于系统存续的意义。高等教育具有典型的生命有机体特征，因而要生存和发展就必须开放自己，不断同外部变化着的环境，如经济系统、政治系统、文化系统等交换信息，不断从环境中吸取物质、能量，以补充内部资源的消耗、抵消系统的增熵。比如说，大学中的学科要实现跨越式发展，就不能只靠学科发展的内在推动力，更要靠外界力量的强力推动，尤其是大学对学科的强势投入、重点扶持和有组织、有计划地围绕学科领域中提出的重大或前沿课题开展多学科、跨学科的研究与合作，以实现学科的重大突破。与此同理，如果把高等教育系统孤立起来，断绝它与外界环境之间的一切联系，高等教育系统必将陷于混乱与无序，最终难免衰竭而解体。难怪克尔说："大学的生命是和它周围社会中被认

第六章 高等教育选择的复杂性思维

可的专门行业联系在一起的,而且它将继续对新出现的专门行业作出反应。"① 另外,高等教育系统结构的建立与优化,也是在与环境的互动中完成的,离不开与环境的影响和支持,因为"组分之间如何结合,如何联系,如何互动互应,一种构型是否有效,并非系统关起门来自己能够独立决定的,而是必须以环境为参照系,以尽可能适应环境和利用环境为准则"②。当然,环境对高等教育的塑造不仅在于提供资源和条件,也在于施加约束和限制。高等教育系统要从无限的环境中分离出来,成为一个确立的对象并能维持自身,就不能没有必要的环境限制和环境约束,这是环境为高等教育提供资源所不能替代的。从理论上说,有限制和约束才有特性,不同的限制和约束造就不同个性的系统,没有任何限制的系统无法同外部环境区分开来,也就无法确立自己的特性。总之,无论环境对高等教育系统提供的是资源和条件,还是施加的是限制和约束,都会产生环境效应,对于高等教育整体涌现性的形成不可或缺。

高等教育与环境的互动也是有条件的。作为系统而存在的高等教育必须有自己的边界,否则就会完全消融于环境之中而没有自我。"边界首先起着一种隔离系统与环境的作用。边界之内是系统,边界之外是环境;没有边界,系统无法存在,无法演化发展。"③ 边界除了把系统的内部和外部分隔开来以外,同时也把系统的内部和外部联系起来。边界的双重意义或作用

---

① [美]克拉克·克尔《大学的功用》,江西教育出版社1993年版,第78页。
② 苗东升:《系统科学大学讲稿》,中国人民大学出版社2007年版,第49页。
③ 吴彤:《多维融贯——系统分析与哲学思维方法》,云南人民出版社2005年版,第108页。

的客观存在，意味着真实的系统对于环境既是依赖的，又是自主的，兼具开放性与封闭性双重属性。因此，作为复杂系统而存在的高等教育，既不能完全封闭，也不能完全开放。恰切的选择是该开放的开放，该封闭的封闭，让高等教育既能从外部环境获取所需资源，同时又能确保高等教育的独立性和个性。总之，"应该竭尽全力解决大学自身的经济问题以及和社区的关系问题，开发出一种既能使大学作出特殊贡献又能使大学的基本教学和科研受益的项目"。① 明白了此理，可以帮助我们辩证地处理类似于大学与政府、学术权力与行政权力、自发秩序与社会干预等问题之间的关系，并做出客观的选择。比如，大学学科系统的对外开放不是无限度的，应该而且必须有一定的限度，因为开放毕竟是一把"双刃剑"，一方面它是学科系统实现自组织运作的必要条件，但另一方面过度的开放也会导致学科系统边界及其结构的瓦解。为了避免完全封闭或过度开放而导致系统僵死或瓦解，大学学科系统必须在导向自身解体的开放倾向与维持自身存在的封闭倾向之间求得平衡，使两者之间保持适当的张力。这正是复杂性科学所揭示的：复杂系统运行在一对矛盾统一的作用力之中，一方面它必须具有一定的稳定性和封闭性，即使系统的一部分已经瓦解或死亡，但它依然要能够保持自己的运动形态；另一方面，它还必须适当地开放自己，从外部环境不断汲取物质、能量和信息，同时随时间不断地变化自己，以适应其环境的变化。② 系统的边界还具有过滤和筛选作用，即将系统不需要的对象阻挡在系统之外。比

---

① ［美］德里克·博克：《走出象牙塔——现代大学的社会责任》，浙江教育出版社 2001 年版，第 89 页。
② 李枭鹰：《论大学学科系统建设与发展机理——复杂性科学的视角》，《中国高教研究》2007 年第 7 期。

如，大学招生的分数线就是一种边界，它对学生进入大学具有过滤和筛选作用。

第四节　高等教育选择的过程思维

高等教育是一个完整的连续的统一体，是一个动态的过程集合体，它在历史中演化生成和发展。这意味着，我们必须以变革的思维和动态的过程思维考察高等教育以及高等教育选择问题。不然的话，高等教育就会形成"一个不断改变的主题和一个持续保守的系统并存的局面"①。在保守占据主导地位的高等教育系统内，任何选择或变革都将趋于排异或流于形式，各种教育决策以及教育运作方式都容易导致维持现状和难以变革的教育制度，最终导致僵化的无生命力的高等教育。因此，走出静态的思维框架，牢固树立动态的过程思维，是高等教育选择取得长效的逻辑要求。

一、过程思维的理路

演化生成的哲学思想早已有之，赫拉克利特所言的"人不能两次踏进同一河流"，孔子面对川流不息的河流所发出的"逝者如斯夫"的长叹，无疑都是对世界动态变化图景的深刻描绘。虽然古代哲学家早已意识到世界的演化生成性，但这种演化生成思想没有一以贯之地得到继承和发展，在近代曾有过一度的"断裂"。对此，马克思主义经典著作进行过批判，认

---

① ［加拿大］迈克尔·富兰：《变革的力量——透视教育改革》，教育科学出版社 2005 年版，第 8—9 页。

为"在希腊哲学家看来,世界在本质上是某种从混沌中产生出来的东西,是某种发展起来的东西、某种生成着的东西。在我们所探讨的这个时期的自然研究家看来,它却是某种僵化的东西、某种不变的东西"①。与东方民族相比,古希腊以来的西方民族不太习惯于处理动态、连续的现象,他们将连续的运动轨迹分割为不连续的、静止的"质点"。回眸历史,"近代自然科学的崛起,在很大程度上正是得益于这种思维模式的鼓励,牛顿力学所处理的对象,就是一个无数质点的总和,其间缺乏真正的连续性、动态性,它在哲学上的表达即为时间的外在性、间断性,从而将真正的时间排除在科学的视野之外"。②

马克思和恩格斯通过对社会现象和自然现象的广泛考察,认为世界并不是一种静止的稳定态,而是一种不断生成和演化的动态过程。恩格斯指出:"整个自然界被证明是在永恒的流动和循环中运动着。"③"世界不是既成事物的集合体,而是过程的集合体。"④"转化过程是一个伟大的基本过程,对自然的全部认识都综合于对这个过程的认识。"⑤我们要把握自然或人类历史的本质,就得从某一变化过程的"开始"出发,即"历史从哪里开始,思想进程也应该从哪里开始"⑥。马克思也指出:"如果物质生产本身不从它的特殊的历史的形式来看,那就不可能理解与它相适应的精神生产的特征以及这两种生产

---

① 《马克思恩格斯选集》第4卷,人民出版社1995年版,第265页。
② 彭新武:《复杂性思维与社会发展》,中国人民大学出版社2003年版,第47—48页。
③ 《马克思恩格斯选集》第4卷,人民出版社1995年版,第270页。
④ 同上书,第244页。
⑤ 《马克思恩格斯选集》第3卷,人民出版社1995年版,第352页。
⑥ 《马克思恩格斯选集》第2卷,人民出版社1995年版,第43页。

第六章　高等教育选择的复杂性思维

的相互作用。"① 很显然，马克思和恩格斯为我们提供了一条唯物主义的认识路线，即从历史本身出发研究事物的运动变化，而不是从某种预设的思想原则出发去框定和规范现实生活，避免了唯心辩证法"本末倒置"的认识缺陷；以事件的"发生"作为认识的逻辑起点，从而形成一种动态的考察事物运动变化的思维方式，避免了将"存在"作为事物运动变化的逻辑起点的静态思维方式。

20世纪以来，科学发现反复证明宇宙世界是不断生成的，如相对论、量子力学揭示了客体性质的生成性，粒子物理和场论揭示了大多数基本粒子的不稳定性和生灭转化性，而自组织理论的诞生则全面揭示了世界的演化生成性。受相对论、量子力学以及伯格森的生命哲学的影响，怀海特创立了著名的过程哲学，他认为现实实有的"存在"是由它的"生成"构成，因而最好不要把这个世界看成是单个物体的集合，而要看成是一个复杂的动态过程。亦即说，世界并不是由物质实体构成的，而是由性质和关系组成的有机体构成的；有机体具有内在的联系和结构，具有生命与活动能力，并处于不断的演化和创造中，这种演化和创造表现为过程。在过程哲学的基础上，系统哲学家詹奇提出了"空间—时间结构概念"。时间维被加到空间维之上具有里程碑的意义，它使"进化着的事物代替了无时间的事物的结构，从而把进化着的事物过程，或者更确切地说，把事物的进化组织过程推到了最引人注目的地位"②。

今天，宇宙学研究已获得普适性的结论：整个宇宙处于演

---

① 《马克思恩格斯选集》第26卷，人民出版社1972年版，第296页。
② [美]埃里克·詹奇：《自组织的宇宙观》，中国社会科学出版社1992年版，第88页。

化过程之中，只要时间尺度足够大，一切系统都是作为过程而展开的过程系统。既然世界是一个不断演化的动态过程，那么认识过程就是一个无限逼近客观世界的过程，那么就应该坚持生成论和动态的过程思维。对此，列宁曾指出："认识是思维对客体的永远的、无止境的接近。自然界在人的思想中的反映，要理解为不是'僵死的'，不是一般抽象的，不是没有运动的，不是没有矛盾的，而是处在运动的永恒过程中，处在矛盾的发生和解决的永恒过程中。"[1] 当然，我们强调过程思维，并不意味着静态的逻辑分析不再有立足之地，或者说已变得可有可无，不然，它依旧是认识事物的基本途径和手段。但是，这种静态的逻辑分析思维只有与动态的系统整体观结合起来，才具有真正的认识价值，并且静态的逻辑分析本身是为动态考察服务的。因此，对静态思维的保留和承认不能像以往一样，让它独当一面或自行其是，而是让它与动态思维配合使用，共同应用于现实问题的考察和认识。

二、过程思维中的高等教育选择

（一）作为过程集合体的高等教育

马克思认为，社会是一个新陈代谢的有机整体，是一个能够变化并且经常处于变化过程中的机体，而它向总体发展的过程就在于，"使社会的一切要素从属于自己，或者把自己还缺乏的器官从社会中创造出来。有机体在历史上就是这样生成为总体的。生成为总体是它的过程即它的发展的一个要素"[2]。

---

[1] 《列宁全集》第55卷，人民出版社1990年版，第165页。
[2] 《马克思恩格斯选集》第30卷，人民出版社1995年版，第237页。

第六章　高等教育选择的复杂性思维

因此,"辩证方法要我们把社会看作活动着和发展着的活的机体"①。

高等教育作为社会的子系统,同样具有典型的动力学特性或动态特性,它的演化生成过程并非只有一种状态,它有起点、中间过渡点和终点,是初态+过渡态+终态的集合,而且起点和终点可以转换。作为一种过程的集合体和关系的集合体,高等教育的演化生成过程伴随着高等教育内外部环境及其各种内外部关系的变化。正因为如此,今天我们所看到的高等教育相对于古代高等教育,无论是组分、结构、属性和功能,还是内部环境和外部环境,抑或各种内外部关系,都发生了巨大变化。比如,大学由原初的"一个居住僧侣的村庄",经由"一座由知识分子垄断的工业城镇",已发展成为今天"一座充满无穷变化的城市"。② 既然高等教育或大学是动态发展的过程集合体,如若我们仍旧用静止不变的眼光看待高等教育的一切问题与关系,那么就难以甚至根本不能从古今高等教育的矛盾和冲突中解脱出来。

高等教育始终"在路上",总处于演变的过程之中。因此,无论是高等教育理论研究,还是高等教育实践探索,都离不开动态思维和过程思维,即我们不仅要充分理解高等教育的生成性与过程性,也要高度关注高等教育的发展历史与现实环境。但长期以来,在包括教育科学在内的社会科学中,占主导地位的方法论在分析问题时,常常删除了"时空"的概念。时空被看成是"一种自然的常态,因此属于外生变量而并非连续性的

---

① 《列宁选集》第1卷,人民出版社1995年版,第55页。
② [美]克拉克·克尔:《大学的功用》,江西教育出版社1993年版,第26页。

社会创造,然而事实上,'时空'不仅是纯内生变量而且还是我们理解社会结构和历史变迁的关键所在。甚至到了今天,我们也很少认识到我们所面临着的时空的多元性,因此在解读社会现实时也基本从来不把它们纳入思考范围"。[1]

高等教育的生成性与过程性表明,高等教育的意义不可能离开具体的教育情景与特定语境而存在,人们对高等教育的理解和把握不能脱离历史与现实。高等教育的历史从哪里开始,我们的研究和探索也应该从哪里开始。同时,我们还必须密切关注高等教育实践,走进高等教育改革现场,在场景中感受和领悟高等教育的本质与特征。由于高等教育是不生成的,那么无论是教育者还是受教育者都应该不断形成与调整自己的行动计划,而不是一劳永逸地固守预先设定的行动方案。尽管包括高等教育在内的所有教育都存在确定性的一面,需要一定的预期与计划,但也存在不确定性的一面,因而一旦进入教育过程,教育的运作不应该只是对外在于过程的种种预期与计划的执行,不应死守计划且为计划所束缚,最终成为教育者按严格计划"制造"和"装配"受教育者的过程,而应根据教育过程中不断呈现的新情况适时调整计划,使教育成为一个不断涌现创造性的过程。从这个意义上说,把教育过程比作"农业过程"要比将其比作"工业过程"恰当得多,因为比作"农业过程"更能反映教育过程的复杂性和创造性。如果我们把教育过程视为工业化的零件生产和机器装配过程,那么必将扼杀了学生的能动性和创造性。我们不否认,高等教育存在也需要一定的程序和方法,但若一开始便用所谓的"正确"或"科学"

---

[1] [美]伊曼纽尔·沃勒斯坦:《否思社会科学——19世纪范式的局限》,生活·读书·新知三联书店2008年版,第3页。

第六章　高等教育选择的复杂性思维

的方式来规范教育行为，就容易导致教育过程的机械化和程序化。正因为如此，陈桂生教授对教育目的的预先设定进行了有力批判，他认为"把教育目的作为指令性的教育工作方针，遂产生一种错觉，以为教育目的不过是一句或几句口号式的成文的表述；又由于这种成文的表述一经权力机构确立，在相当长的时期里是一成不变的，遂又产生一种错觉，以为教育目的只是一次性的预想。……这种格局似乎无视为数众多的教师在其工作中各有自己的预想"[1]。我们也认为，高等教育的目的是在人才培养过程之中不断生成和调整的，绝对不应该把人才培养的"中点"当作"终点"，更不能以人为设定的"目标"取代高等教育的真正"目的"，否则就会偏离高等教育应有的轨道。

（二）高等教育选择的动态性与过程性

高等教育的生成性与过程性，决定着高等教育选择具有动态性与过程性。从认识论与实践论相结合的视角看，高等教育选择既是一个由客观到主观再到客观再到主观（即客观→主观→客观→主观）的过程，也是一个从实践到认识到再实践到再认识（即实践→认识→再实践→再认识）的循环反复的螺旋式上升的过程，还是一个认识上的选择和实践上的选择交互进行、反复循环（即认识上的选择→实践上的选择→认识上的选择→实践上的选择）的过程。既然如此，那么动态思维和过程思维之于高等教育选择，无疑具有方法论的意义。

高等教育选择有着丰富而广泛的对象，涉及高等教育的各个层面和领域，我们仅以大学学科发展规划的生成为例，对过程思维在高等教育选择中的运用加以解说，希望能够获得"以

---

[1]　陈桂生：《"教育目的"的逻辑》，《当代教育科学》2006年第2期。

点带面"的效应。从本质上看，大学学科发展规划的制定或生成过程就是一个选择过程，即通过学校实际和学科现状分析，分类统计学科结构与布局、学科的优势与潜力、教师队伍数量及结构、科研成果的数量与水平、重大科研项目数量、图书资料及其实验设施等有关数据，并在此基础上对学科和学校的人才培养质量、科学研究水平和社会服务能力进行纵向与横向可比性分析，从而把握学校的发展现状，准确认知学科存在的问题与不足，确立学科发展目标、发展要素和保障措施，决定优先发展哪些学科，稳定哪些学科，收缩哪些学科，决定各类资源在学科间如何配置，如何在学科间进行协调和组合。

若从基本流程看，大学学科发展规划的生成包括现状调查与分析、形成规划、组织实施规划和修订规划等环节。首先，立足于客观实际，调查和分析现状。大学学科发展规划不是纯粹的书斋里的设想，其生成根植于学科发展的内在逻辑、社会发展需要以及学校实际，三者共同构成大学学科发展规划生成的基本依据，而学校实际则是大学学科发展规划生成内外依据的结合点。没有广泛深入的学科调研和大学现状分析，学科发展规划的生成就没有立足点和平台。因此，在生成大学学科发展规划之前，必须对学科现有的基础以及学校能够提供的条件进行全方位梳理，对学科的优势和劣势、面临的主要矛盾和问题有一个清醒的认识，对学科和大学的实际有一个准确的判断。因为只有把握学科的发展现状，找准了学科在同行中所处的位置或坐标，才能进一步设计学科未来的努力方向和发展水平；只有明确了学科优势和特色，认清学科存在的问题与不足，了解学科面临的困难与挑战，才能扬长避短，有的放矢，对症下药；只有从现实出发，着眼于未来，对学科乃至学校所处环境作出科学的、准确的分析和判断，才能在学科现有的基

第六章 高等教育选择的复杂性思维

础上,提出切合实际的发展目标,理清发展思路,明确发展重点,采取切实可行的发展措施,确保学科建设与发展的效益。其次,结合学校实际,形成学科发展规划。根据现状调查与分析,认清学校学科发展的现状及趋势,认清自己的优势、不足和可能性,然后根据需要与可能提出学科发展的目标、发展重点和保障措施,形成学校的学科建设与发展规划。事实上,一所学校在制定发展战略时,又何尝不应如此,即必须从现有的条件和实力出发,要和客观环境、社会需要以及自身的文化积淀和师资实力相适应,这是一所高校生存发展不可逾越的规律。第三,组织实施生成的大学学科发展规划,检验其成效与恰切性,找出差距与不足。第四,根据大学学科发展规划实施的结果及问题,总结学科建设与发展的经验教训,提高对大学学科发展规律的认识,调整学科发展规划或修订、制定新的大学学科发展规划。由此可见,大学学科建设与发展规划的制定过程,是一个不断生成的过程,是一个不断调整的过程,是一个不断选择的过程。不同大学的学科建设与发展规划之所以存在这样或那样的差异,原因在于不同学校生成或选择规划的条件、方式、过程不同。

后 记

原以为教育选择是一个"知音难觅"的研究领域，但正当我完成博士论文《高等教育选择问题探究》的初稿时（2008年2月底），我欣喜地看到了张洪生的博士论文《教育选择论》（2007年12月答辩，2008年3月出版）。这一突如其来的发现，令我既兴奋又紧张，何以紧张自然不必言说，兴奋之因在于发现从事教育选择研究不再是一件令人感到"孤独"的事，而自己也不再是教育选择研究的"独行侠"。张洪生博士从教育的自身出发，灵活运用教育学与选择学的原理与方法，探讨了教育选择的理论解读、教育选择的理论基础、教育选择的依据、教育选择的过程及特征、教育选择的水平判断、教育选择的代价等基本理论问题，并对教育选择实践进行了个案研究，提出了不少创新性的观点，研究成果在形式与内容上具有理论与实践相结合的特点。从论文框架看，他所研究和分析的这些问题，是我曾经考虑过但却没有专门深入研究的问题，而我的论文或著作主要侧重于探讨高等教育选择领域的宏观理论问题，其中包括一些具有元理论性质的问题，如高等教育选择研究的理论支点、高等教育演化的选择性、高等教育选择的规律性等。从这个意义上说，我们俩的论文在结构和内容上是互补的，分别以有限的篇幅探讨了教育选择领域的一些重大理论与实践问题。这也正好印证了这样一种观点：同一种现象或问题可以有不同的分析视角，而且从不同的视角对其展开研究和考察，往往具有完全不同的意义，并获得迥然不同的研究成果。

从事某项研究有时既要讲机遇，也要讲缘分。我不知道张洪生博士是怎样与教育选择结缘的，我能与高等教育选择打上交道，有点机缘巧合，但偶然之中也有其必然性。为什么这么说？十余载从事高校管理工作的经历，虽让我深刻地体悟到高等教育选择的普遍性和必然性，但我从来没有对其进行过真正的理性分析和思考，头脑中也从来未曾有过要专门研究高等教育选择的意识和念头。我之所以最终能走进高等教育选择这片亟待开发的"原野"，主要基于导师邬大光教授的发现与引领，源于他敏锐的理论创新意识和长期对高等教育选择的理性思考。20世纪80年代末，当时选择本身还是哲学领域的一片"处女地"，邬老师就有了研究高等教育选择的意识和想法，但在当时的社会历史条件下，主体选择是一个非常敏感的话题，研究选择问题也容易引起误解，这方面的研究也因此而被搁浅。近20年来，邬老师虽然没有专门的时间和合适的机会来开垦这片埋藏着珠宝的荒地，但他一刻也没有忘记它的存在。2006年4月，不知道是什么原因刺激他抛出这一陈年已久的话题，并决心正式研究它。为了辨明高等教育选择研究的意义和价值所在，邬老师特意以"高等教育的理论与实践：选择论的视角"为主题，专门召开了一个学术沙龙。当时的情景迄今记忆犹新，整个沙龙气氛很活跃，争论也颇为激烈，但由于大家缺乏相应的知识储备，关于这个话题的讨论无法深入，几乎都是在高等教育选择问题的边缘徘徊，没有触及高等教育选择问题的核心。沙龙之后，近两个月内没人再去理会和深究这一话题，沙龙留给大家的那点记忆随着时间的流逝也逐渐消失。世界上昙花一现的事情很多，高等教育选择研究开始时似乎也属于此类事情，但事实并非如此，因为有些事大伙都忘记了，但有心人是不会忘记的，而邬老师就属于高等教育选择研究的"有心人"。2006年6月底，邬老师和我们几位博士生一起在逸夫楼大厅商讨博士论文的选题问题，当时在座的几位学兄都明确了自己的研究志趣和研究领域，唯独我不知研究什么为好。也许是"无奈选择"，也可能是"有意安排"，邬老师问我能否考虑研究高等教育选择问题，而我还真的把它当成了光荣而特殊的任务。自此开始，我便与高等教育选择正式打上了交道，同时也开始了艰难的博士论文跋涉之旅，也就有了今天的故事。现在回想起来，当时的我还真有点"初生牛犊不怕虎"的味道，竟然敢"冒天下之大不韪"研究此类毫无根基的理论问题。好在我与邬老师都有一种强烈的探究未知的好奇和欲望，这为我们最终能够获得今天的研究成果提供了不竭的动力，尽管它是那么微不足道。

寻找智慧之旅是艰辛而漫长的，而且结果可能并不尽如人意。以高等教育选择为博士论文的主攻方向，不仅让我付出了巨大的时间和精力代价，同时也让我更加明白了一个大家熟知的道理，即没有足够的理论储备和长年的实践积淀，贸然从事一项富有挑战性的理论研究，是要缴纳昂贵的学费的。回眸《高等教育选择论》的整个生成过程，无论是研究框架的设计，还是研究方法论的选择，抑或具体问题的探索和研究结论的提升，于我而言都是那么地艰难和费劲。单单是论文框架的设计与确立，我就足足花了约八个月的时间。面对疆域广阔的高等教育选择，真不知该从何谈起，又如何谈起，即究竟该研究哪些问题，不该研究哪些问题；从宏观层面展开研究合适，还是

后　记

从微观层面展开研究合适；从理论维度进行探索比较恰切，还是从实践维度进行探索比较恰切；整个研究建立在教育科学理论的基础上，还是其他学科理论的基础上……当然，这一切最后是如何选择和安排的，整个论文已经给出了明确的答案。现在需要反思的是：当下的设计与研究真的合理和恰切吗？学术界有句大家熟知的话：学术研究要"顶天立地"。此话的意思是，科学研究既要"仰望星空"，又要"俯视脚下"；既要关注宏观问题，又要重视微观问题；既要讲究理论品格，又不能无视实践而流于空谈；既要立足于本学科的理论与方法，又要不忘记借鉴其他学科的理论与方法。客观地说，为了达到这样的境界，我们已经做出最大的努力。尽管如此，理想与现实之间的差距依然是那么明显，即我们的研究对宏观的高等教育选择问题探讨较多，而对微观的高等教育选择问题探讨略显不够；对高等教育选择理论探讨较多，而对高等教育选择实践探讨显得不够；借鉴其他学科的理论与方法分析问题较多，而运用高等教育科学的理论与方法分析问题不够。我们可以将这些看成是本研究的特色，但它们也是本研究的不足之处。

　　高等教育选择研究已暂告一段落，但困惑与疑问似乎并没有随着研究的深入而减少，旧的疑问没有彻底解开，而新的疑问却在不断增加。当下的主要困惑和遭受质问较多的问题是：这种看不见和摸不着的研究成果其功用何在？事实上，我们也在反思此类的问题。对于理论研究的功用问题，关键在于判定的标准是什么。如果以能否直接当饭吃为判定标准，答案是昭然的。当然，问题不会如此简单，否则我们就没有必要从事任何抽象的理论研究。同时，对诸如陈景润的哥德巴赫猜想、爱因斯坦的相对论、门捷列夫的元素周期表、徐悲鸿画的马匹、

高等教育选择论

帕瓦罗蒂唱的《我的太阳》等之类不能直接食用的东西的意义和价值，恐怕就要重新进行痛苦的评价。我们认为，与阿司匹林可以直接用于治疗头痛不同，很少有教育理论能够被直接应用于实践情景中去，那种认为"好的理论能够直接应用于实践生活"的假设值得人们反思。同时，有用存在直接有用和间接有用之分，理论的意义恐怕不在于其直接功用，而在于也只能在于其间接功用，在于它是否揭示了事物的内在联系和发展规律，在于它是否能够界定困难、提出澄清问题或寻找解决问题方法的理智建议，扫除人们认识上的困惑、引领实践走出困境，而不是直接提供答案，即断言理论与实践之间存在相互联系，绝不是说两者之间存在直接的或一一对应的关系。另外，理论具有多方面的实践功能是无可争议的。如果理论与实践结合得不好，也许不是而且常常不是理论本身的原因，而是理论应用过程中出现的问题。退而言之，如果说理论不能直接改变世界，但它可以改变人，而人则能够改造世界，从而使理论的意义和价值得到彰显。我们相信，凡是卓越而完善的理论总有一天会外溢，把自身的价值扩散和渗透到周围的实践，从而产生实际性的功用。我们的研究虽然还没有达到卓越而完美的境界，尚未揭开高等教育选择的奥秘，但我们将用永不满足的努力朝此方向迈进，力求通过对高等教育选择内在规律的探究和解剖，帮助人们在面对纷繁复杂的高等教育世界时能够做到：从多元中选出一元，从互斥中印证互补，从相对中掌握绝对，从环境中观照系统，从部分中理解整体，从结构中改变功能，从振荡中感受稳定，从竞争中找寻协同，从混沌中觅出有序，从破缺中审视对称，从随机中看到确定，从偶然中表现必然，从可能中过滤现实，从形式中反思内容，从现象中透视本质，从结果中追溯原因，从有限中窥视无限，从瞬间中领略永恒、

后 记

从伪似中辨识真谛，从虚无中洞察意义，从丑陋中体验美丽。[①]当然，我们也可以而且还应该从与此反向的逻辑去认识选择的意义，如从美丽中发现丑陋，从一元中看到多元，等等。

大凡理论都是在历史中逐渐逻辑化生成的，而理论特别是系统而成熟的理论的生成过程，往往伴随着研究平台的不断跃升，即首先从经验的层面先跃上技术的层面，然后再跨越科学的层面而进入哲学的层面，最终实现方法品质和理论境界的互生共进。研究平台的这一跃升过程可以形式化为：经验层面→技术层面→科学层面→哲学层面。同时，研究平台的跃升伴随着理论架构的变化，即从单质平面构架到多质平面构架再到立体系统构架。我们的研究虽然越过了经验和技术层面而直接跨入了科学和哲学层面，但基本上还是一种单质平面式的理论研究，距离多质立体式的理论探究尚远。在后续的研究中，我们将聚焦于高等教育选择领域乃至高等教育领域中的重大或核心问题，灵活运用选择学以及其他相关学科的理论与方法，力求对高等教育理论选择、高等教育道路和模式选择、高等教育制度选择、高等教育体制选择、高等教育政策选择以及大学的定位、学科专业设置、课程设置、教学方法选择、教育教学管理制度安排、教育质量评估指标体系的构建等进行专门探讨，以获得宏微渗透、动静结合和理论与实践相统一的研究成果，同时使它们与本研究互生共进，共同生成立体化的高等教育选择理论体系，实现高等教育选择之研究平台的真正跨越与跃升，使所构建的高等教育选择理论既能承担起高等教育选择论的认识与实践功能，又能承担起高等教育选择论自我认识和自我反省的功能，最终达到"顶天立地"的境界。纵然如此，本人也

[①] 王振武：《开放的选择：选择学引论》，三联书店1990年版，第8页。

高等教育选择论

从来没想过要指手画脚，也从未奢望要引导别人，只希望能够站在巨人的肩膀上凭借自己的努力感悟高等教育选择的真谛。

"路漫漫其修远兮，吾将上下而求索"。高等教育选择如同一座刚被发现的"冰山"，而我们当下的研究仅仅是"冰山一角"，若要完整地刻画和描绘这座"冰山"，还需做艰苦的长途跋涉。尽管如此，我们仍然希望自己这点"星星之火"能够点燃那些正在或即将步入高等教育选择领域的同仁们的"智慧之火炬"，与我们一道找到一条走出高等教育选择之"洞穴"①的捷径，彻底揭示高等教育选择的本相与奥妙，最终达到能够从不同的高等教育现象中找出普遍规律并按规律推进高等教育选择的佳境。

最后，借本书出版之际，我要特别感谢尊敬的潘懋元先生和导师邬大光教授的精心培育，感谢唐德海教授多年来无微不至的呵护和教诲，感谢湖南师范大学原校长张楚廷教授为我主持博士论文答辩并给予我研究方法论和研究思维上的指导，感谢卢晓中教授、史秋衡教授、武毅英教授等答辩委员启智性的提问，感谢陈武元、周孟奎、李平、赵庆年、姜凤春、陈厚丰等给予我兄长般的关照，感谢付八军、卢彩晨、朱平、王育培、温松岩、林莉、唐卫民、庞振超、饶爱京、游淑芬、何雪莲、张宝蓉、何宏耀等师兄师姐的帮助，感谢同窗彭旭、刘小

---

① 在柏拉图的《理想国》中，有一个著名的洞穴比喻来解释理念论：有一群囚犯在一个洞穴中，他们手脚都被捆绑，身体也无法转身，只能背对着洞口。他们面前有一堵白墙，他们身后燃烧着一堆火。在那面白墙上他们看到了自己以及身后到火堆之间事物的影子，由于他们看不到任何其他东西，这群囚犯以为影子就是真实的东西。最后，一个人挣脱了枷锁，并且摸出了洞口，第一次看到了真实的事物。然后，他返回洞穴并试图向其他人解释，那些影子其实只是虚幻的事物，并向他们指明光明的道路。但是对于那些囚犯来说，那个人似乎比他逃出去之前更加愚蠢，并向他宣称，除了墙上的影子之外，世界上没有其他东西了。——笔者注

后　记

强、周国平、俞俏燕、罗丹等的真挚友谊，感谢钟海青教授、袁鼎生教授、赵世怀教授、郑华生教授、欧以克教授、刘焕文教授、周建新教授等的鞭策和帮助，感谢广西民族大学多年的关心和支持，感谢中国社会科学出版社的大力支持。我还要特别感谢我贤惠的妻子符艺女士的无私奉献。多年来，她单独承担了照顾家庭、管教女儿的重任，让我安心于学习、研究和工作。

李枭鹰

2011 年 3 月 26 日于广西民族大学